积极职业教育研究丛书　丛书主编◎崔景贵

职校生心理和谐
与幸福教育策略

高　慰　杭国金◎主　编
马　岚　季红霞◎副主编

知识产权出版社
全国百佳图书出版单位

图书在版编目（CIP）数据

职校生心理和谐与幸福教育策略/高慰，杭国金主编. —北京：知识产权出版社，2018.8

（积极职业教育研究丛书/崔景贵主编）

ISBN 978 - 7 - 5130 - 5659 - 5

Ⅰ.①职… Ⅱ.①高… ②杭… Ⅲ.①心理健康—健康教育—教学研究—中等专业学校②德育—教学研究—中等专业学校 Ⅳ.①G444②G711

中国版本图书馆 CIP 数据核字（2018）第 145725 号

内容提要

本书立足职业学校人才培养现状和目标，面向职业学校德育未来发展方向，从"95后""00后"职校生成长的环境和发展的特点出发，对德育教育进行了探索。并尊重职业教育规律和技术技能人才成长的特点，重视身心体验和活动实践，倡导并实施幸福教育，在幸福文化引领、幸福班级打造、幸福活动体验、幸福校园生活、幸福团队建设、幸福创业实践和幸福健康成长 7 个方面深入开展行动研究。实践者、研究者和编著者均为职业院校一线的教育教学和德育管理人员，他们积累了丰富的职业教育实践案例，也取得了显著的教育管理经验和成效。

责任编辑：冯 彤　　　　　　　　　责任校对：谷 洋

装帧设计：张革立　　　　　　　　　责任印制：孙婷婷

职校生心理和谐与幸福教育策略

高　慰　杭国金　主编

出版发行：	知识产权出版社有限责任公司	网　　址：	http：//www.ipph.cn
社　　址：	北京市海淀区气象路 50 号院	邮　　编：	100081
责编电话：	010 - 82000860 转 8386	责编邮箱：	fengtong@cnipr.com
发行电话：	010 - 82000860 转 8101/8102	发行传真：	010 - 82000893/82005070/82000270
印　　刷：	北京虎彩文化传播有限公司	经　　销：	各大网上书店、新华书店及相关专业书店
开　　本：	787mm×1092mm　1/16	印　　张：	16.25
版　　次：	2018 年 8 月第 1 版	印　　次：	2018 年 8 月第 1 次印刷
字　　数：	250 千字	定　　价：	78.00 元

ISBN 978-7-5130-5659-5

目　录

目 录

概　论

职业教育是我国教育体系的重要组成部分。目前，接受中等职业教育和高等职业教育的学生人数分别占高中阶段和高等教育总人数的一半左右，我国正在经历史上规模最大的职业教育，职校生越来越成为一个庞大而且重要的群体，他们是未来经济社会建设、改革与发展的主体，是构建中国梦的生力军，是美丽中国、幸福社会的贡献者和共享者。

多年来，我们一直强调职校生应以技能的习得和运用为主要目标，以就业为根本导向，并造就了职校生居高不下、令人羡慕的高就业率。我们也越来越发现，无论是在校园，还是走上社会，学生的综合职业素养显得尤其重要，它就好比职校生专业技能之外的另一只翅膀，决定了他们未来更加平稳和谐、自由幸福地飞翔。

作为应试教育背景下分流出来的职校生，他们无论在中考还是高考的过程中都与好成绩擦肩而过，在选择学校、专业、学历层次等方面缺乏自主性，甚至有时是无奈的。实施有效的教育策略，帮助职校生走出过去的阴影，构建和谐的心理，是职业学校的职责所在，也是职校生走向成功、走向幸福的前提和关键。

第一节　概念界定

一、职校生

联合国教科文组织的解释：培养技能型人才的教育一般称职业教育，培养技术型人才的教育称为技术教育，综合称为"技术与职业教育"，我国现在通称为"职业教育"。职校生，也就是职业学校的学生，目前主要指"95后""00后"出生的中、高等职校学生。鉴于笔者所在学校的特征，本书探讨的对象主要侧重五年制高等职业学校学生，他们已经接受了完整的九年制义务教育，刚刚接受中考后的分流，选择了一个专业进行五年的学习，年龄一般为15~21周岁。

二、心理和谐

心理和谐指一个人的心理健康状况，一个人能经常正确对待自己、他人和社会，正确对待困难、挫折和荣誉。心理和谐是心理以及直接影响心理的各要素之间在总体意义上的协调统一、积极稳定的关系。其主要包括个体内部、人与事、人与人以及人与环境四个方面的心理和谐。

（一）个体内部心理和谐

心理构成在认知、情感、意志、个性等要素之间的协调一致、和谐发展和持续稳定，并已构成了一个人相对稳定的特质。

（二）人与事心理和谐

看待问题能辩证思维，分析问题能客观公正，处理问题能冷静理智。

（三）人际心理和谐

交往主动积极，正确处理人际关系，遇到矛盾冲突能换位思考，把控好自己的情绪，没有或很少有过激行为。

（四）人与环境心理和谐

自然环境和社会环境适应能力强，心态积极阳光，生活中积极愉悦的体验始终占主导地位。

三、幸福教育

幸福教育应当是以人的终生幸福为目的，在人才培养过程中采用积极的教育策略，整合、创造、生成和体验丰富的幸福资源，最终培养出鸵够创造幸福、享受幸福的人。幸福教育的核心，必须是把教育当作一件幸福的事情来做，幸福地教、幸福地学、幸福地成长。让教师享受教育的幸福，让学生体验幸福的教育，让每一个职校生在快乐中获得成长、成功和幸福。感悟幸福、理解幸福、珍惜幸福，从而使学生的人生充满幸福，成就一个幸福个人❶。对于艺术类职业学校来说，我们始终把幸福当成目标，学校秉承"崇艺尚美"的校训，建设以"美"为核心的校园文化，实施"我学习、我体验、我创意、我时尚、我成功、我快乐"的"6W"职交生成长策略，在感悟美、理解美、传承美、创造美的幸福教育过程中，每一个职校生将具有体验幸福的机会、理解幸福的思维、创造和分享幸福的能力，逐渐成为和谐社会里的"幸福人"。

四、策略

策略，指计策、谋略。一般指可以实现目标的方案集合、根据形势发展而制定的行动方针和工作方法，以及有工作艺术、能注意方式方法。本书中的策略是指学校在人才培养过程中，整合家庭、社会的资源和力量，为实现教育目的、完成教育任务而采取的方法与技巧，它具体体现在学生的学习、生活和实践体验等各个方面。

幸福教育策略是在积极心理学的启发下，反思传统教育策略的基础上建构的一种教育理念和范式，它主张采取积极的理念、措施、行动和影响，激发和引导职校生积极生活、积极求知、积极体验、积极合作、积极成长，并获得积极的情感体验，培养积极的人格特征，促进身心健康和谐发展。

---

❶ 陈碧波. 什么是幸福教育. 2011（5）.

第二节　研究背景和意义

职校生是一个特殊而重要的群体，一方面，职业院校的生源质量要比普通高校相对低一些，进入职校读书的学生普遍学科成绩不理想，文化素质较低；另一方面，由于职校生正处在生理、心理发展的重要阶段，半成熟、半幼稚的特点明显。现有研究表明，从基础教育到职业教育，职校生受考试分流、专业选择、学习生活方式改变、成长目标调整等诸多因素的影响，其心理处于不稳定期。著名心理学专家崔景贵教授认为"职校学生是个性独立自主、自我意识较强的青年群体，他们正处于人生心理断乳和人格再构发展的关键时期，所以才更需要学校和教师了解'需求'，认清'问题'所在，帮助他们建构以自信、希望、乐观和韧性为核心的心理资本，引导其幸福成长"。

"职校生心理和谐与幸福教育策略"的研究，是在积极心理学的视野下探讨促进当代职校生心理和谐发展与幸福成长的教育策略，它基于当代职校生成长发展的实际和学校德育工作有效开展的要求，最终指向"幸福人"的培养。本书具有如下的意义与价值。

一、弥补职校生心理和谐研究的空缺

国内对职校生心理和谐的研究主要是针对现状和影响因素的研究，但对五年制高职校学生这个特殊的群体的研究较少。此外，许多研究多从传统角度提出相应的教育策略。本书根据职校生心理特点，结合国内大学生幸福感的相关研究成果，从积极心理学的角度，反思职业教育的现实和传统观念，探索幸福教育的策略，一定程度上可以弥补五年制高职学生心理和谐研究的空缺。

二、为职业院校学生管理工作提供决策参考

本书通过对五年制高职校学生心理和谐度及影响因素的调查，反映职校生生活质量与心理健康状况，以期为职业学校的相关教育管理者开展相

应的学生管理工作提供决策参考。

三、促进艺术高职校特色人才的培养

本书立足校本，体现艺术专业特色和职校生时代特点，聚焦艺术类高职校学生心理和谐的体验、追求和表达；以点带面，关注职校生学习生活状态和心理发展规律，着力增强他们感悟幸福、传递幸福、创造幸福的能力。

四、有效提升德育管理工作的内涵

近年来，我们依托国家、省、市课题研究，已经在五年制高职校班主任队伍培养、积极德育模式构建、校园文化建设等方面取得了一定的成绩，为本书的研究撰写奠定了理论和实践基础。促进学生心理和谐是一个全新的课题，它是艺术人才培养的出发点和归宿，它要求我们必须更加关注校园工作的主体和他们的未来发展，探索实施幸福教育策略，调整教育者的行走方式，改变职校生的生活、学习状态，在促进职校生心理和谐的同时有效提升德育管理工作内涵。

第三节　理念准备与理论基础

面对特殊的"95 后""00 后"职校生，我们需要做到的是读懂他们的心理，发现并放大他们心理取向中的积极因素，比如性格开朗、思想解放、好奇心强、个性突出、乐于交往、善于接受新鲜事物等；找到并扭转心理取向中的消极因素，比如方向感不明、自卑感严重、存在感缺乏等。这些都必须在先进理念和理论的指引下，通过积极的教育实践达成职校生心理和谐、幸福成长的目标❶。

---

❶ 杭国金. 谈职校生心理和谐的重建 [J]. 教学研究，2016（5）.

一、积极德育理念

积极德育的理论基础是积极心理学，积极心理学最早在 1954 年出现于马斯洛的《动机与人格》一书中，但直到美国心理学家马丁·赛利格曼在 1998 年美国心理学会年度大会上，明确提出把建立积极心理学作为自己任职内的一大任务，积极心理学才开始受到广泛关注❶。积极心理学将心理学的研究关注点放在心理健康和良好的心理状态方面，是一门旨在促进个人、群体以及整个社会发展完善和自我实现的科学。积极德育是以焕发人的主动发展力为出发点，以提升学生道德境界为价值取向，充分尊重学生的主体地位，将积极教育理念与学校德育工作融为一体，使学生在文化的熏陶下、在教师的引领下、在活动的参与体验中、在特色班集体的创建过程中，主动用积极的眼光审视生活，用积极态度发展自我，用积极心理迎接未来。

二、"三创三能"理念

职业学校人才培养的目标不能仅仅满足专业技能的习得和运用，应该指向人的健康成长和和谐发展。作为艺术类高职校的学生，未来职业的根本特质是创造的产品必须能够影响人们心灵并使人获得美好的精神体验。因此，我们引导并培养学生用心做心灵的职业、用心做情感的产业、用心做人生的艺术，我们创造性地提出"三创三能"人才培养的新目标，即培养学生具有创新的意识、创意的技巧、创造的实践。而支撑其"三创"目标的三种技能即为"专业工具性应用技能""人文内涵性拓展技能"和"把握幸福生活的心智技能"。

三、"蓝海理念"

"蓝海理念"的关注点不是赶超别人，而是超越自己。它是围绕自身面临的发展基础和发展目标，为克服困难掣肘而采取的切实的、有效的，

---

❶ 苗元江，余嘉元. 积极心理学：理念与行动 [J]. 南京师大学报（社会科学版），2003（2）.

与众不同的想法与做法，并最终付诸实施而达到目的的过程。为此我们提出了"我学习、我体验、我创意、我时尚、我成功、我快乐"的"6W"学生主动成长策略，创造条件、搭建平台，鼓励并支持学生根据自身特点和成长需求自主参与到学习、活动和交往中来，锻炼、展示和提升自己，做最优秀的自己。

四、维果茨基的文化发展论

人的心理机能正是随着文化活动的发展而发展、变化而变化的。文化和心理有一种天然的、密不可分的联系，文化成为心理的外化，而心理成为文化的内化。文化由人的观念、激情与意志创造，反映人的价值意识；同时文化又塑造人的心理行为。从文化的作用机制来看，人的心理是在社会文化环境的制约和作用下建构起来的。人有怎样的心理世界，在很大程度上取决于其置身于何种社会文化环境之中。我们根据专业特点和艺术人才培养的规律要求，学校确立了构建以"美"为核心的校园文化。有机整合各种教育资源，以美为核心和主线，系统构建环境美、制度美、队伍美、专业美、活动美、生活美的积极校园文化。使人与人、人与景、物与人、内与外和谐相生，合作共进，美不胜收。

五、罗杰斯人本主义理论

罗杰斯的人本主义强调人的尊严和价值，强调无条件的积极关注。他认为，在对待学生的时候，无论这个孩子的品性是好是坏，作为学校和教师，都应该给予其积极的关注，并且要主动挖掘这个学生身上的闪光点，促进学生的自我实现。另外，罗杰斯还强调来访者中心原则，即老师对待学生的时候，必须从学生的角度来考虑问题，而不能只从自己的角度出发，要充分考虑学生的心理发展和需要，给予学生足够的关怀和照顾，让每一个学生都有机会获得发展和自我实现。

第四节　职校生心理和谐概述

心理和谐是心理要素以及直接影响心理各要素之间在总体意义上的协调统一、相对稳定的关系。从产生的背景和研究的内容两方面看，我国学者对心理和谐的研究尽管和风靡西方的积极心理学没有渊源上的关系，但在内涵本质上与后者不谋而合，二者都在研究人的积极心理，积极是心理和谐的灵魂。心理和谐与心理健康的区别：心理和谐存在于两种或两种以上心理要素的相互联系之中，侧重于要素之间的横向关系；而心理健康则侧重于各要素相互作用所呈现出的总体功能状态或特性。两者的联系：都要求各种心理构成要素上的协调性，心理健康包括心理和谐，心理和谐是心理健康的重要内容和体现。

一、职校生心理和谐的意蕴

职校生心理和谐与学生个体对自我生活学习的总体评价有关，包括认知判断和情感评价两方面。具体来说，职校生心理和谐的认知判断即在个体经验下的校园生活满意度判断，也就是学生在校期间对校园生活的主观评判；而情感评价则涉及职校生学习生活的心境和情绪体验，如积极或消极事件所带来的正性或负性的情感体验。相关的研究报告表明，较高的心理和谐度预示着职校生未来会形成良好的社会适应能力和心理健康水平；反之，心理和谐度较低的个体很可能伴随一定的心理疾病和社会交往障碍，如抑郁和社交不适应症。通常情况下，乐观开朗并对校园生活评价较高的学生，往往有较好的应变能力，有好的学习表现，拥有正面积极的社会交往关系，同时也具有宽容、慷慨等良好的心理品质。那些抗压能力差、不敢面对困难和挑战、同时伴有易怒等消极情绪体验的学生，往往给出较低的心理幸福感反馈。关注职校生心理，积极干预并帮助职校生提升心理和谐度，最终使学生个体主动地获得认知、心理和社会行为的良性发展，是职业院校和教育工作者的长期目标。

二、职校生心理和谐的基本特征

职校生心理和谐一般具有四个基本特征，即个体协调性、空间适应性、时间稳定性和主体成长性。

（一）个体协调性

每位职校生都是鲜活的个体，身高体重有明显不同，认知水平、脾气性格也有较大差异，价值取向、好恶评判都有很大的区别，这就形成了职校生的多元个性。但每一个个体只要身体各脏器之间以及身心之间都能和谐相处，各种营养元素、能量等做到均匀、协调分配，那么就为心理和谐奠定了有效的物质基础。如果，其心理构成要素中认知、情感、意志、个性等之间都能协调一致，那么职校生心理和谐的个体协调性就充分体现了。

（二）空间的适应性

职校生都是生活在特定空间中的主体，他们不断地在学校、家庭、社会之间变换着角色，他们适应着各种空间并成为其中的一部分。人与人之间的区别，并不仅仅因为自身的区别，而是更多源于空间环境差异产生的多样性。要做到心理和谐，一是要与自然环境相适应。气候、温度、湿度，阳光、空气、植被……都会直接影响我们的身体和心理，正所谓"一方水土养一方人"。二是与社会环境相适应。社会环境不同，造就了个体的身心机能的不同和体质的差异。校园小社会，社会大校园，校园的环境、文化、活动、课程等都会给学生的生活条件、学习方式、师生交往、思想意识和精神状态带来相应的变化，从而影响人的身心机能的改变。职校生为了自我的成长和发展，需要采取积极措施调整认识和行为，使自我身心与空间环境达到平衡和适应。

（三）时间的稳定性

心理和谐是指人的心理状态，也是人的心理调整和适应的能力，即对内能悦纳自我、平衡认知失调、化解心理冲突，对外能适应社会、调整挫折反应、化解人际冲突。这种状态和能力是在生活中长期形成的，具有很强的稳定性。心理像生理一样也有周期，心理周期中有心理低潮期、心理高潮期和心理稳定期。一个心理和谐的人，他（她）的心理状态经常处于一种平和的状态，情绪波动比较小，稳定持续时间长。心理和谐的人也会出现喜怒哀乐，但积极愉悦的心情和体验占主导地位；心理和谐的人也有心理矛盾、冲突的时候，心理的某些成分之间也有一定程度的不和谐，但他（她）能将这样的冲突和矛盾控制在尽可能短的时间和尽可能小的范围内。

（四）主体的成长性

一个人心理行为的发展，总是随着年龄的增长而发展变化的，职校生的认识、情感和言语举止等心理行为表现要基本符合他的年龄特征，而年龄是变化的，心理和谐的特征也是具有成长性的。

心理和谐作为个体心理健康的衡量指标，不是固定不变的。职校生一般在校期间有 5 年的跨度，随着年龄的增长，外部因素的影响，以及学校和教育工作者进行的积极心理干预，职校生的心理和谐将得到有效提升。不难理解，职校生的心理和谐与积极向上的心理品质呈正相关，如高内控、外向性及自我效能等；与一些心理疾病的症状体验呈负相关，如焦虑、神经过敏症和孤独症等。同时，职校生的心理和谐与生理、心理所表现的正性行为呈正相关，如规律的体育锻炼和积极的学习实践活动；与一些危害性的行为表现呈负相关，如打架斗殴、旷课逃学等。在日常生活中，教师应当鼓励学生多交朋友，参与各类校园社团组织，帮助学生稳固社会支持系统以满足学生社会亲和的需求；引导学生避免去思考消极事件所带来的不快，进行心理控制；学习并实践工具性的目标策略，满足学生求知欲和成就感的需求；鼓励学生参与主动式的休闲活动，舒缓压力，放松心情等。从内因控制和外因干预两方面入手，帮助和支持职校生心理和谐的正向生长。

三、心理和谐对职校生成长发展的意义

我国的职业类学校大多采用寄宿制，甚至封闭式管理，除周末和节假日，职校生的学习及生活行为均发生在校园。因此，职业院校教师和心理教育工作者肩负着学生从十六七岁青春期进校到二十一二岁成年毕业期间

的身心健康发展的重担，义不容辞地帮助学生完成青少年期向成年期的平稳过渡，顺利地走向社会，开启新的人生。职校生在校期间心理和谐的水平高低将直接影响个体的身心发展水平。

一是心理和谐会促进职校生的专业学习和职业发展，预防旷课、厌学、退学等问题的出现；

二是心理和谐会稳定职校生的个人品质和心境体验，减少消极情绪体验导致的不良应激反应；

三是心理和谐可以增加职校生的社会交往，避免出现小团体暴力行为等；

四是心理和谐促使职校生为今后踏入社会做准备，避免社会性交往不适应症，减少突发事件的发生。

提高职校生心理和谐实则解决职校生心理和行为上的不平衡发展及矛盾冲突，引导职校生实现身心发展过程中的自我完善❶。因此，提高职校生心理和谐要从学生个体（内因）和校园文化生活（外因）两方面入手，进行"补救性、预防性和发展性"的心理干预，鼓励职校生更加积极探索未来世界、勇敢接受各种挑战、正确处理矛盾冲突、不断挖掘自身潜能，努力做最优秀的自己，为今后的健康成长和顺利发展做好人格和素养的积累。

第五节　职校生心理和谐面临的挑战和机遇

经常听到职业学校老师抱怨，学生不好教、不好管，最近几年，网络上五花八门的"职校门"事件，似乎也印证了这一说法。在这些以校园欺凌、游戏暴力与师生冲突为主的事件中，职校生往往既是实施者又是受害者。职业学校是否真的成了"问题学生"的"集中营"，职校生是否真的"心理不和谐"或者"心理有问题"，职业教育心理专家崔景贵教授认为

❶ 崔景贵. 职校生心理发展与职业学校心理教育［J］. 职业技术教育，2004，25（31）：64－66.

"在职业学校，确实有些学生可能存在这样或那样的问题，比如行为习惯不良、学习状态不佳、心力心智不全或思想品德不好，但我们不能因为他们表现出的一些'异常行为'就将他们标识为'问题学生'或者定义为'心理不健康'。其实这些'问题'，都是这个年龄阶段学生成长和发展过程中所常见的，并随时都会发生的普遍问题"。

一、职校生心理和谐面临的挑战

依据我国教育现状，与同龄的普高学生相比，很大一部分的职校生过早地卸下了文化学习和升学的包袱，这就意味着他们把更多的时间和注意力放在校内外的专业学习和人际交往等方面，也会对个体本身多加关注，以自我为中心的现象较为突出；同时，与普通高校的学生相比，一些职校生对于专业学习的动机和认知度不足，学习意志和学习方法也远远达不到专业课程的要求。因此，除了学业本身的困扰之外，职校生更多地面临自我认知、是非观判断、情绪控制、抗打击能力、抗干扰力、人际交往及生活技能薄弱等多方面的问题，并由此引发了一系列心理、言语及行为上的矛盾与冲突。

（一）自卑感严重

作为应试教育背景下第一批被分流出来的学生，他们在过去九年的基础教育中不能算是成功者，由于总是处于班级中的"后进"状态，他们的思维模式是"我不行""我不能"，容易产生"我无能为力"的判断，常常以"我不会""我不懂"作为托词，即使成功了也认为是偶然的，而非自己努力的结果❶。在人际交往方面，他们表现得相对被动，尤其是和升入高中的同学联系会急剧减少。

（二）方向感不明

进入初三的后半个学期，有些难以考上高中的同学会认为自己是被嫌弃、遭淘汰的对象，没有理想前途、没有发展目标、没有专业志向；进入职业学校之后，对自己的专业学习也很迷茫，对未来的专业课程、专业发

---

❶ 翟帆. 职业学校里"问题学生"的误读. 中国教育新闻网—中国教育报，2015 – 06 – 25.

展、职业取向、行业背景更是无从掌握，甚至认为即使自己努力，未来也不会有什么改变，因而在专业学习和校园生活中抱有得过且过、听天由命的心态。

（三）是非感淡薄

职校生的年龄正处于从青春期向成年期过渡的特殊时期，也就是我们常说的似懂非懂的阶段。面对当今信息海量的网络时代，各种正面的、反面的信息扑面而来，在各种利益和诱惑面前，他们缺乏经验和心理准备，一旦交友不慎或一念之差，在思想、道德、价值、行为等方面往往会做出错误的选择和判断，最终会走上违规违纪甚至违法的道路。

（四）责任感弱化

目前在校的职校生大多是"95后""00后"，他们大多是独生子女，"6＋1"的特殊家庭模式使部分学生责任担当意识淡薄，行动表现漫不经心，缺少自觉性。在生活和学习中经常有"等待、拖延、依赖"的习惯，有的甚至觉得生活、生命没有意义和价值，陷入失望、无望甚至绝望的境地，对自己严重缺乏信心，对家庭和社会更难拥有责任和担当。

（五）存在感缺失

传统的班级授课采取"着眼中间、兼顾两头"的"齐步走"的教学组织形式，使得学习困难学生总是感觉拖了班级的"后腿"，无形中造就了"失败者"的形象。他们在班级群体中很难获得关注，有的时候甚至处于"被放弃""边缘化"的状态。他们对学习失去兴趣，整天无所事事，有的沉溺于网络虚拟世界，有的游走于违纪违法的边缘，有的出入歌厅、舞厅、网吧等未成年人禁止进入的场所，通过早恋、游戏、抽烟、酗酒等行为麻痹自我、逃避现实。

二、职校生心理和谐面临的机遇

（一）职业教育目标的改变

长期以来，我们对职业院校的人才培养目标定位不准确，主要是重视技术教育和技能训练，忽视人文教育和综合素质的培养。教育的主要目标是帮助学生养成某项专业技能，以期毕业后在社会上能找到谋生的职业，往往忽视学生的心理发展，忽视学生获得创造幸福、享受幸福的能力。这样的职业教育是"饭碗教育"而不是"素质教育"，培养出来的学生是"技能人"而非"社会人"，不利于学生的终身发展。

职业教育应培养什么样的人才？一个把致力于民族和社会的文明进步作为最高价值追求的职业教育，应该是既服务于国家和社会，同时也关注每一位职校生"个体"的发展。因为社会就是由一个个"个体"组成的，社会的文明与进步就是为了每个个人自由全面的发展，教育对每个"个体"的关注也在培育着每个人对他人和社会的关注与责任感。因此，从职校生个体发展目标的角度分类，根据不同教育对象对职业教育需求的不同，针对未来就业和发展趋向的不同，可以把职业教育人才培养方向分为应用型人才、复合型人才、实践型人才等，依据培养方向的不同建立不同的人才培养体系。但唯一不变的培养重点则是必须加强人文素养的提升和综合职业能力的培养，因为教育的终极目标是培养合格的公民，是为每一个学生的终身发展和幸福生活奠基。

（二）社会家庭期待的调整

社会上一直存在一种现象：一方面，随着高校的扩招，许多本科毕业甚至研究生毕业的学生找不到理想的工作，他们宁可待业在家，也不愿意先就业再择业；另一方面，企业的高级技术人才紧缺，尤其是掌握信息化技术、工艺技术等方面的高级技能型应用人才—"匠"难求，企业往往买机器设备容易，但是引进懂技术、会操作的人才困难，这样不利于机械自动化、智能制造业的快速发展，不利于产业的转型升级。传统的观念是大多数家长不愿意让自己的子女做技术工人，给出的理由几乎都是工作强度大、技术要求高、社会地位不高等。绝大多数的家庭都希望孩子上高中、考大学，认为这才是孩子成长发展的唯一"正路"，从而导致职业教育长期不被看重，职业学校不被看上，职校生的发展不被看好。

随着社会的发展和进步，家庭教育的理念也在更新。如今我们常听到这样一句话，"适合的才是最好的"。在一年一度的中考到来之际，很多家长在为孩子的发展思谋着，是读一所普通的高中，迎接三年后激烈的高考竞争，还是去职业学校选择一个喜欢的专业学习？越来越多的家长会客观地分析自己孩子的综合情况，并能遵循孩子们自己的意见。职业教育正在得到普遍重视，职业学校也是升学选项，职校生一样能成长成才。2016年，李克强总理在政府工作报告中提出"培育精益求精的工匠精神"，让社会和家庭更加尊重和接受职业教育，期待职校生能够通过自己努力掌握"一技之长"，不断提高综合职业能力，也能够把握和创造自己的幸福人生。

（三）职校生自身心理的积极取向

近几年，常州艺术高等职业学校（以下简称"常高艺"）一直对新生入学后的身心状态进行跟踪了解，对校园生活满意度进行抽样调查，观测了解职校生从中学生转换为职校生之后的适应情况和对未来成长发展的心理期待。从表1－1新生入学两周后校园生活满意度调查汇总情况中我们可以看到，除"生活饮食"的不满意度达20%以外，其他"课程设置""所选专业""日常教学""学校环境""班级管理""人际关系"和"活动体验"7个方面的不满意度均小于10%，"比较满意"和"非常满意"两项加起来均超过90%，"学校环境"的满意度更是达到了100%。也就是说学生对职业学校新的校园生活总体上是适应的、满意的。

表1－1 2014级245名新生入学两周后校园生活满意度调查情况

项 目	不满意		比较满意		非常满意	
	人数	比例（%）	人数	比例（%）	人数	比例（%）
课程设置	15	6	86	35	144	59
所选专业	20	8	110	45	115	47
日常教学	18	7	94	38	133	55
学校环境	0	0	50	20	195	80
班级管理	33	9	74	30	138	61
人际关系	10	4	75	30	160	66
生活饮食	50	20	134	55	61	25
活动体验	5	2	45	18	195	80

一直以来，我们对职校生都有一种明显的成长担忧，总是把他们和"问题学生"联系在一起，其实职校学生是个性独立自主、自我意识较强

的青年群体，尤其是"95后""00后"职校生，他们的身上有着独生子女、市场经济、网络时代等鲜明的时代烙印，在心理取向方面拥有众多的积极因素，作为学校和教师要善于发现职校生心理的积极取向，学校、家庭和社会要共同加以引导和激发，帮助他们建构以自信、希望、乐观和韧性为核心的心理资本，全面促进职校生健康幸福成长。

1. 独立意识强

随着年龄的增长、生理的发育、知识的扩展以及远离家庭等因素的影响，很多职校生对家长、教师的崇拜开始逐渐减退，他们在寻找同龄偶像的同时，转而注意自己的言行和情感体验，对家长、老师的言行存在主观判断与取舍，对过多的提醒或教诲甚至产生反感情绪。一部分学生在学校专业选择、成长发展规划等方面已经开始尝试独立思考、自主设计，有些孩子更加倾向于离开家庭，住进学校的集体宿舍，每周独立安排自己的学习和生活，"我的地盘我做主"的意识和行为更加突出。

2. 参与意识强

职校生心理发展的阶段一般正处于青年初期，他们对未来有憧憬、有梦想，努力走出那个应试背景下不太成功的自己，积极投身新的学校和班级，对班级、社团以及各种活动表现出前所未有的关注和兴趣，在全新的学习和生活模式下，他们意志的坚强性与行动的自觉性有了较大的发展，只要有适宜的环境条件和舞台空间，他们就会积极地投身其中，充分地锻炼、展示自我。

3. 自我意识强

职校生的成长目标变得更加具体现实，不仅能比较客观地看待自我，而且能明确表现自我，敏感地防卫自我，并不断地完善自我，形成了较理智的自我意识。他们开始关注自我在群体中的形象，对美的认识评价和要求也更加具体、现实和丰富。为了获得更多关注，他们开始讲究穿戴，穿着打扮标新立异，其中艺术表演、艺术设计等专业的学生表现最为突出。他们把自己作为载体来为"美""青春"和"时尚"代言。

4. 交往意识强

作为年轻的一代，职校生喜欢多结交一些朋友，期待建立自己的"朋友圈"，除了本班同学，同专业的学长、社团的学友、同宿舍的舍友等都是他们联系和交往的重点对象。他们愿意和身边的人友好相处，甚至希望家长、老师与他们志趣相同，能够成为相互理解、相互帮助的朋友。他们又是互联网背景下成长起来的一代，在使用手机、上网等方面几乎不受任何限制，对介于虚拟与真实之间的网络世界表现出更大的亲近和认同，博友、吧友、微友、Q 友等一批网上朋友成为职校生新的交往对象。

5. 创新意识强

职校生成长的时代正处于社会改革开放、观念价值多元、中西方文化交织、网络技术迅猛发展的特殊时期。他们崇尚个性，思想独立，思维活跃，喜欢标新立异；他们善于接受新鲜事物，不愿受传统束缚，不在意成年人的眼光和评价，敢于表达展示，我型我秀；他们有强烈的好奇心和求知欲，想象力丰富，敢于尝试，不怕失败❶。在校园内，每个人选择一个专业进行学习，又不断尝试跨界的体验和锻炼，活动实践的多样化和结果评价的多元化打破了原有学习的标准化、单一化模式，给他们带来了全新的感受。他们敢想、敢做，崇尚非主流，有较强的创新意识。

第六节　职校生幸福教育策略概述

幸福教育策略基于积极教育的理念和职校生身心发展的实际，是对传统职业教育范式的一次变革，是幸福教育的基础上建构的一种教育理念和范式，必将给职校生的幸福成长和职业教育的创新发展带来巨大的推动。幸福教育策略的实施是对传统职业教育模式的一种合理继承、积极超越和发展创新，它需要职业学校和教师在积极心理学的引领下，不断反思传统职业教育策略存在的优点和不足，客观分析当代职校生心理的消极取向和积极取向，趋利避害，因势利导，紧密结合职校生的专业特点和成长目标，积极探索并有效实施相关策略，全面促进职校生身心发展和幸福成长。

---

❶ 姜飞月. 职校生的心理特点及学习策略指导. 百度文库，2014（7）.

一、正确认识职校生幸福教育策略

幸福教育策略需要科学化系统构建、持续化创新推进和动态化调整发展。

（一）幸福教育策略的实施是全方位育人的系统工程

幸福教育策略是立体的、多元的，是引导和促进职校生成长成人成才的系统工程，它包含校园文化建设、班集体建设、活动平台构建、德育队伍建设、校园生活体验、创业实践锻炼、心理健康教育等多个方面。教育工作者应树立幸福教育的理念，围绕育人的"点""线""层""面"和"体"，创新变革教育策略。要把握职业教育目标的"支点"抓手，促进职业教育实践的"在线"运作，推进职业教育对象的"分层"培养，引导职业教育内容的"全面"优化，构建职业教育力量的"立体"格局，追求职业教育过程的"艺术"智慧❶。必须以文化为引领、班级为基点、活动为载体、生活为主线、队伍为支撑、实践为手段、健康为目标，科学化系统构建幸福教育策略，以行动导向为举措推进现代职教转型升级。

（二）幸福教育策略的实施是持续建构的创新过程

幸福教育策略的实施，是职业教育模式持续建构、自觉提升的创新过程。一是把握职教定式，坚持传承优良的职业教育传统，以实施与深化职业素质教育为抓手，大力开展服务全面发展、促进就业创业为导向的现代职业教育。二是寻求职教变式，突破传统教育的整齐划一发展，优化专业特长与特色教育，倡导鼓励学生个性化发展，着力培养有一技之长、发展特长的学生。三是引导职教样式，尊重职校学生存在的多元差异，理解和包容学生发展的差距，发掘学生固有的潜能，发现学生潜在的优势。四是建立职教通式，坚持育心育德一体，以培养现代化人格为主线，以职业人格教育为重点，引导学生努力成为人格健康的现代人。五是建设职教心式，职业教育教学就是从"心"开始的积极沟通，提倡用心导心的心本管理与教育，为学生赢得职场竞争优势积淀坚实的心理资本，让学生成为人

---

❶ 崔景贵. 育人为本：我国职业教育创新变革的基本策略 [J]. 教育与职业，2007（30）.

格健全的现代"心理人"。六是建构职教范式，培养习惯优良、勇担责任、积极和谐的社会人，提高职场与家庭生活的幸福能力❶。

（三）幸福教育策略的实施是追求幸福的发展历程

幸福教育策略的实施，是职业学校和教师自觉走向专业成长，不断超越自我、追求幸福的发展历程。理想的现代职业教育自然不会自动向我们走来，职校教师应坚定而自信地向幸福教育的理想走去。一是走近积极的专业视窗，职校教师要学会用积极心理学的理念与技术理解职业教育，树立幸福教育的基本信念，坚定幸福教育的价值取向。二是走进职校生心灵，真正读懂学生心灵这本书，理解学生的个性心理特征和多元需求，建立民主平等的积极师生关系，做学生需要的、人格高尚的职校好教师。三是走出消极教育误区，自觉认识与深刻反思职业教育存在的问题，直面职业学校教育实践存在的"误区"，理性正视专业发展与自我成长存在的"短板"。四是走秀职教教学改革创新，重点关注职校生专业学习过程中的学力欠缺，科学认识与积极引导职校生存在的问题与不足，让教学过程充满生机和活力。五是走起职校校本行动研究，树立"我是一个研究者"的意识，自觉开展持久的校本行动研究，从幸福班级打造、幸福活动体验等方面寻求职业教育管理创新的有效策略。六是走入和谐幸福的专业团队，建设团结合作的专业团队，培育互助高效的团队精神，借助团队正能量实现幸福教育目标❷。

二、有效实施职校生幸福教育策略

传统职业教育重技能、轻素养，重就业、轻发展，在专业教学方面过多强调重复性训练，在德育管理方面过分强调矫治功能，习惯从学生的"问题"入手开展工作，实施的教育策略具有明显的消极特征。我们倡导幸福教育，它与传统职业教育有着本质的区别，传统教育旨在纠错，重在修补，而幸福教育贵在建构，重在发展，我们常用的基本策略有以下几种。

---

❶❷ 崔景贵. 积极职业教育范式的基本理念与建构策略［J］. 教育研究，2015（6）.

（一）幸福文化引领

校园文化作为一种在教育活动中产生、形成和发展的特定的文化形态，对实施心理健康教育以及师生的和谐发展具有重要的作用。职业学校的校园文化有其特殊性，首先，要根据自身专业特色，做好规划，努力创造一个和谐优美的物质文化环境，建筑规划讲究个性特色、环境布置彰显专业特色、教学设施突出职业特色。其次，在制度文化建设中，应根据职校生发展的特点，处处渗透人文关怀，使各项规章制度既符合学校管理需求，又能保证职校生健康成长和幸福发展的需要，对师生教育教学活动的开展和人格的发展产生持续的积极影响。最后，在活动文化方面，开展丰富多彩的校园文化活动，不仅可以作为学生紧张学习之余的体力、脑力恢复的调节剂，而且可以让学生获得积极快乐的体验，收获课程学习以外的成果和成长。积极的校园文化使整个校园营造出一种浓厚教育氛围，对学生成长起到渗透性、体验性、引领性和促进性的作用。

幸福文化，是指以幸福为理念、以提升师生主观幸福感为目的，引导个体及群体树立科学合理的幸福观，并能将其付诸实践活动为主要内容的文化形态和文化现象。幸福文化的基本内核是如何引导师生把一种正确的、科学的，并与社会所倡导的道德准则一致的幸福理念植入校园生活及实践中，使师生的各种思想与行动遵循幸福的准则，追寻幸福的目标。我们倡导"以幸福的教育培养幸福的人"的"幸福教育"文化，让幸福理念踩着"生命"的节拍，唤醒生命本质，演绎出真正的素质教育。

（二）幸福班级打造

班级是学生学习生活聚集的地方，是学生的生命是否能够顺利打开的重要空间。职校生大多以住校为主，正处于青春期向成年期过渡的特殊阶段，他们和同学、老师共同生活、学习的时间被拉长了，从白天到夜晚，周一到周五，从高职一年级到五年级，班级成了同学们共同的"家"，同学、老师成了职校生最亲密的伙伴。在这里，他们共同接受知识、掌握技能、体验活动、交往朋友、发展身心……班集体建设的基本前提是关注每位学生的生命存在，聚焦每位学生的成长方式，通过师生持续努力将班级建设成为学习、生活和成长的理想"家园"，并从中有效提升师生的生命质量，成就师生的生命价值。

幸福班级，是"以人为本"精神指导下的班集体重构，具体表现在共同目标的引领、积极文化的影响、和谐关系的建立、个性差异的尊重和发展需求的满足等多个方面。美国国家教育学会会员诺丁斯在《幸福与教育》中把"幸福作为生活和教育的目的"。当然，不是所有的教育都可以给人以幸福的感觉，只有幸福的教育，才能打造幸福的人生，而在实施幸福教育的过程中，打造幸福班级，提高学生的幸福感，对于构建幸福校园有着极其重要的作用。打造幸福班级就应该做到把幸福观逐渐融入职校生心中，用心关注每位学生，培养他们积极乐观的人生态度，用心经营班级，创设良好幸福氛围，让学生真正体会到职业教育带来的幸福感，使每位班级成员融入班集体，培养并提升发现、创造、享用幸福的能力。

（三）幸福活动体验

活动体验是校园生活的重要组成部分，一直以来在育人工作中起着举足轻重的作用，职业院校在时间、空间、专业、师资等方面有着天然的优势，丰富多彩的校园活动让职校生有了更多的"幸福体验"，这将更有利于培养学生自信、自强、自主的优良品格，有助于学生心理的和谐、健康发展。

幸福活动，是学校根据艺术类学生的身心特点和培养要求，在不断丰富学生校园生活的基础上，根据"6W"（我学习、我体验、我创意、我时尚、我成功、我快乐）学生发展策略，整合和开发活动资源，将开展时间和参与范围作为两个维度，把参观学习、主题教育、专题培训、专业展示、技能比赛、综合实践、文体活动、社团活动等划分为"我学习、我体验、我创意、我时尚、我成功、我快乐"六大板块，全面搭建幸福活动体验平台，确保学生自我展示、自我发展、自我欣赏、自我评价等目标的实现。

（四）幸福校园生活

校园是浓缩的社会，职业学校校园生活对于大多数职校生来说，是"校园人"走向"社会人"的重要经历，校园内的学习、交往、实践、生活等各种体验将为他们成功地走向社会奠定坚实的基础。近年来，我国职业教育得到了快速发展，办学的理念和方法也在发生着深刻的变化，为学生提供一个更加人性化的学习生活环境已经越来越成为共识，尤其是后勤社会化改革和互联网时代来临之后，校园的围墙已经被打通。这些变革给我国职业院校教室、食堂、图书馆、宿舍等的建设带来了许多新的要求和变化。

创建幸福校园是幸福教育赖以存在的基础，是成功进行幸福教育的前提条件。幸福校园生活体现追求一种完美的生活态度和成长方式，体现在专业学习、人际交往、活动体验、闲暇阅读、运动娱乐、餐饮住宿等各个方面。现代职业学校的校园建设和管理中，我们要多一些人本、多一些支持、多一些尊重、多一些自主，将校园生活设施向功能多元化、复合化、人性化、智能化方向发展，以生为本，将学校建成为环境优雅的公园、生动活泼的乐园、充满亲情的家园、职业实践的创业园，最终俨然成为一个职校生幸福生活的成熟社区。

（五）幸福团队建设

教育是依托于影响来实现目标的，影响力的大小直接取决于教育团队的基础力、执行力和创新力。可见，没有优秀的团队，就很难实施高质量的教育，教育的目标也不可能完全达成。教育团队应该包括教师团队、班主任团队、行政管理与服务团队、学生干部团队等，其中班主任团队和学生干部团队是学校德育工作目标组织实施的主体，这两支队伍的建设是职业学校德育团队建设的重中之重。

在教育活动中，职校生个体的激情迸发需要教育团队激情的激荡，学生的快乐拥有需要教育团队快乐的感染，学生的幸福体验需要教育团队幸福的传递。这犹如花木与阳光，唯有阳光普照，方能开出阳光般灿烂的鲜花，所以实施幸福教育离不开一支幸福德育团队。常高艺把专业化和职业化的发展理念导入德育队伍建设中，通过知识建构＋能力培养＋实践智慧＋行动研究"四位一体"的班主任培养模式，全方位、多层次、高标准、多元化帮助班主任快速成长，努力造就一支适应艺术人才培养的幸福德育团队。在学生干部培养方面，我们通过查、看、试、荐、评五部曲组建优质高效学生干部团队。认真做好学生会干部的选拔、任用、培养和管理，积极组建自主管理委员会，创新实施"班级值周制"和"班主任工作助理制度"，大胆地让学生加入到自我管理、自我服务工作中去，全面促进学生自主管理团队的形成。

（六）幸福创业实践

"大众创业，万众创新"是当前国家和社会对广大青年鼓励和推崇的要求，职校生拥有激情与活力、知识与技能，理应抓住机遇，努力实践，敢闯敢拼，勇敢地创新创业，为实现自身梦想而努力拼搏。提到"创"字，人们脑海中会迅速联想到与其相关的词汇：创意、创新、创造、创业……这是一个鼓励"创"的社会，生活中需要增加创意、工作思路需要创新、新产品的研发需要创造，创业创新的意识和能力的形成除了市场的历练，同样需要在校期间的培养。

常高艺提出了艺术类人才"三创三能"的培养目标，学校把整个校园界定为一个虚拟文化创意产业园，把一个个专业实训空间打造成与企业直接对接的工作室，将市场中真实的项目和要求引进到课堂中来，让师生得到实实在在的锻炼。在学校，创文化渗透到了空间设计、活动开展、文化布置、工作推进等各个方面。学校鼓励师生用一种与众不同的、新颖的和敢于冒险的方法和精神去解决所面临的问题，并提出新思想、新认识，探索新规律，做出新构想，创造新成果。学校开辟了创意工坊、班级文化墙、创业工作室等支持学生运用自己的专业、智慧和创意，展示个体和集体的创意作品。职校生作为未来社会发展和建设的主体，必须与时代发展要求相适应，完全可以具有较强的创新创业能力。

（七）幸福健康成长

世界卫生组织给健康下的定义为："健康是一种身体上、精神上和社会适应上的完好状态。"职校生的培养和发展重点也应该在这三个方面下功夫，幸福教育坚持把情感培养、人格健全、身心健康、人际关系和谐置于比认知更崇高的位置上，认为不管是认知活动还是实践活动，都是让学生学会倾听和表达、学会具体与抽象、学会合作与竞争、学会选择与评价、学会思考与行动。为了满足职校生健康成长、幸福生活所需，幸福教育应该成为关注人自身的生存状态、生活品质和生命质量的一种教育。

幸福健康成长是按照积极职业教育理论和实践体系，以积极、和谐和发展为取向，引领职校学生正确的认识及评价自我，帮助职校学生规划在校的学习及日常生活，增强职校学生自主意识和发展能力，有目的、有计划地增进职校生素质与幸福感，着力于让每一个职校生都有人生出彩的机会，让每一个职校生都拥有积极阳光的个性，让每一个职校生都享有和谐幸福的人生❶。具体来说，是在课程实施、专业实践、活动体验、自主管理、心理健康、人际交往等方面采取积极有效的措施和策略，营造良好的学习氛围，形成激励评价机制，增强学习兴趣动机；在校园生活中，学校和教师需积极介入和引导学生课后参与各类开发兴趣、开拓视野的职业体验类课程和寓教于乐的校园文化体育活动，让学生体验专业学习的益处和校园生活的乐趣；在人际交往方面，要正确地认识自己，鼓励并支持职校生保持一种平和、理智的心态，展现真实的自己，用真诚和努力去赢得教师、家长和同学的信任和支持。从某种意义上说，幸福教育是主体发展教育、高效优质教育、个性特长教育和成人成才教育的有机统一，最终的目标是全面促进职校生的心理和谐和幸福健康成长。

---

❶ 翟帆. 走进"95 后"职校生的心理世界（下）——追寻积极，为职校学生幸福人生奠基. 中国教育报，2015 – 07 – 02.

幸福文化引领

校园文化是学校精神的彰显，职业学校更需要建构具有特色和个性的校园文化。常高艺自1971年建校以来，历代领导班子极其重视校园文化，经过40多年的积淀，学校对接艺术职业学校师生的成长和发展需求，将幸福文化注入校园文化观中，着力打造校园"美"文化、"创"文化和"爱"文化，并在校园环境文化、精神文化、制度文化、活动文化四个方面加以内化和外显。

第一节　概　述

一、核心概念界定

（一）校园文化

校园文化是教育者按照既定的教育方针和育人目标，经过精心策划、全面部署而建设起来的，这种文化形态产生于教育活动之中，包括环境文化、制度文化、精神文化和活动文化等。富有特色的校园文化，不仅可以调节、优化学生的学习生活，而且可以进一步愉悦身心，让学生保持和谐的心理状态❶。

（二）幸福文化

幸福文化是在社会主义核心价值观的引领下，教师和学生通过理念的引导、环境的熏陶、制度的规范等，在生活和学习中一致遵循幸福准则，以提升自身主观幸福感的文化形态。

（三）校园"美"文化

"美"文化是以美的文化形式为先导，增加审美情感动力，使校园中的环境赏心悦目，教育活动和文化活动在愉悦的文化氛围中开展，达到校园文化润物无声、潜移默化的陶冶作用。这里的美存在于环境、制度、专业、队伍、活动等之中。

（四）校园"创"文化

"创"文化是以学校"三创三能"培养目标中的"三创"为引领，即培养学生创新的意识，创意的技巧和创造的实践。"创"文化不仅体现在课程体系中，更多地体现在学生的活动平台中。

（五）校园"爱"文化

"爱"文化集中体现在学校成员对学生、学校、社会高度负责和无私奉献的精神，表现为爱教之心、爱校之心、爱人之心，体现为公平正义、团结诚信的精神和爱国为民、服务社会的精神❷。围绕"爱"文化，学校在建设品位高雅的校园文化上下功夫。通过搭建校园环境载体、信息平台载体、学生社团载体、活动品牌载体等形式，加强"爱"文化阵地的建设。

二、幸福文化的研究背景

从国内研究来看，主要表现在以下几个方面：一是对职校学生心理和谐的研究主要集中于现状和影响因素研究，并且更多地是从传统角度提出相应的教育策略。二是，近些年随着"校园文化热"的兴起，一些学者开

---

❶ 齐佳. 幸福文化视域下高校校园文化建设探析 [J]. 教育与教学研究. 2012, 26, （7）：61-64.

❷ 王少安，周玉清. 大爱精神与大学文化建设 [M]. 北京：人民出版社，2008.

始注重校园文化建设的研究，提出了通过学校校园文化建设，促进师生心理健康的观点，但相关的研究往往点到为止。三是，一些论文描述了当代职校生的心理问题，进行了职业学校的校园文化建设分析和对学生心理的感染、调节功能的分析，建议从校园环境的优化、心理健康知识的普及、学生组织主体作用的发挥、个别教育的注重和学生创新精神的培养五个方面入手，开展实践与探索。尽管已经前进了一大步，但仍然不够系统，缺乏强有力的理论支持和可供参考的实证研究。

从国外研究来看，针对校园环境文化对职校生心理的影响，更加注重物质文化层面的作用，在精神文化层面涉及较少。但是这些研究成果对于我国职业院校校园环境文化的建设是一种很好的借鉴。

综上所述，国内外有关校园文化与职校生心理和谐的研究成果为我们进一步深入研究奠定了基础，而其不足也为我们提供了研究空间。因此学校根据艺术类职校生心理特点，结合提升学生幸福感的相关活动和研究成果，从积极心理学的角度，拓展了校园幸福文化的维度，探索形成更加积极有效的校园文化观。

三、幸福文化的研究意义

本章从校园幸福文化构建的角度，研究当代职校生心理和谐与幸福教育策略的关系，探索校园文化对提升职校生心理和谐的理论依据和实践意义。

从理论上讲，许多学者针对国内外职业学校如何提高学生心理和谐和实施积极的教育策略提出了许多建设性意见，但系统性研究校园文化与提升职校生心理和谐的实践做法却还较少。由于"心理学和校园文化联系"的研究目前尚处于理论阶段，所以心理学在职业学校校园文化建设中的运用研究是较为少见的。但是，作为长期从事职业学校学生管理工作的教师，我们有切身的体会和感受，职业院校的校园文化，对于职校生心理和谐发展显然具有重大而深远的意义，其作用不可忽视。本章以学校校园文化实践探索为例，框定艺术职校生这一特殊群体，从文化的角度审视职校生心理的发展、变化，从理论依据、实践做法和效果反馈三方面展开，初步探讨校园幸福文化对艺术类职校生心理成长的积极影响。

事实上，由于受到多种因素的影响，在职校生心理教育工作方面，我们往往把大部分的精力用在问题出现后的引导和处理上，即使校园文化建设也是关注的重点，但也往往停留在计划和方案层面，缺少有针对性的系统化设计。出于对艺术类职校生特殊的心理特点的思考，以及综合学校近年来的一些研究和实际做法，发现校园文化对于促进职校生心理和谐、职校生健康成长发展具有较强的优势。

四、幸福文化的现状分析

（一）创造审美化的校园环境

常高艺作为艺术类高职校，具有鲜明的专业性特征，即校园文化具有审美特性和美育功能。历经三次创业和迁址，学校环境正以全新的设计理念和崭新的面貌出现，尽可能地体现"创意、独特、美丽"的办学要求。其中包括校园的地形风貌等自然环境和校园的各种建筑、特色专业工作室、专业练功房、蓝海湾书式生活坊、Y—幻巢等文化设施和生活设施，以及校园里的大小湿地、栈道、老火车创意广场、蓬皮杜艺术码头、迷你高尔夫球场、网球场等硬件工程的美化布局。这些以物质形态存在的各种"美"文化实体，对学生起到潜移默化的教育引领作用。

（二）组建自主化的学生社团

根据"95后""00后"职校生的特点和艺术职业人才培养的要求，我们在全校组建了近30个社团，在校学生的参与面常年达到50%，学生社团组织经常自主开展一些喜闻乐见、形式多样、内容丰富、有利于职校生身心健康的活动，如诗歌朗诵、书画、摄影、手工DIY、健身、文体表演等社团活动。通过积极参与社团活动，可以有效缓解学生因生活、学习、人际关系紧张而带来的心理压力，有效地调整心理、生活状态，最终使他们能健康快乐地成长。另外，在本章中还会着重介绍学校的"爱"文化社团——暖风义工服务队和尊师敬老团队，他们常年开展学生志愿者活动，凭着自己的热情和专业特长走出校门，面向社会，在实践中接受锻炼和教育。

（三）提出创文化的特质要求

进一步凝练提升新形势下的学校办学理念、服务理念、教学观、学生观、人才培养目标等，在各种活动中渗透"三创三能"的要求。建立民主管理机制，营造和谐校园氛围，引导师生通过创新、创意、创造，追求艺术的人生和人生的艺术，逐步形成具有艺术特质的"创"文化。

（四）开展多元化的文化活动

校园文化活动在普及职校生心理健康知识、调适职校生心理、培育职校生人格、完成职校生角色社会化等方面有着重要的功能。校园文化活动积极引导学生投身于校园精神环境的构建中，潜移默化影响着学生的心理环境，进而培养学生健康、积极、乐观、自信的心理品质。当然，心理健康文化教育不可能立竿见影，而必须靠无数心理教育因素的积累。因为量只有积累到一定程度才会产生质的飞跃。学校始终注重全员、全面、全过程育人，在各类活动设计过程中始终围绕促进学生心理和谐这一中心，突出积极的心理体验在校园文化活动中的效能。如通过创新设计各种文体活动、专业竞赛活动，使学生树立竞争意识、培养生活习惯和促进身心健康等。

正如著名设计师高超一写道："第一次走入常高艺的校园，就有点惊异，继而是敬意。这个学校的领导竟然花这么多心血和精力来经营这个环境，这里的学生有福了。以我以前当学生的经历，真有点羡慕呢！其实，艺术的校园是不是都应该如此呢？对于学生，这是个实在的样板，教育他们应该怎样对待我们身边的环境。如果，对于生活其中的环境，在有可能的情况下都不去尽责把它做得更美，怎能相信他或她会替别人营造出美的东西来呢？"

五、幸福文化的理论基础

当代职校生面对当前社会变革的大环境，人们的经济生活、价值观念、思维方式、人际关系等都发生很大变化，因此，在学习、生活和社会适应等方面遇到各种困难和挫折时，容易出现各种心理问题和心理障碍。心理素质的薄弱已成为越来越多的职校生普遍存在的问题。作为职业学校德育工作者，优化职校生心理素质，增强其承受各种心理压力和处理心理危机的能力，是提高他们心理和谐度和成长幸福感迫切要去研究和解决的课题❶。

当然，要做好"幸福文化"建设，我们就必须了解其基本特征，这是工作的前提和关键。物质的满足无疑是人们的幸福感获得的基础，但是从本质来说，我们的"幸福文化"应该属于意识形态的范畴，更多的是个人理想和价值的实现等精神层面需求的满足。除此之外，综合现有研究成果中对"幸福文化"内涵的众多解释，其基本特征我们大致可归纳为以下三个方面。

（一）道德约束性

人们幸福感的实现必须是在一定的道德规范和原则范围内。古希腊伦理学家亚里士多德有一句名言，"幸福是符合德性的现实活动"❷，即"幸福"必须包含真、善、美等道德追求，并通过不断地自我完善和付诸实际行动的产物。因此在"幸福文化"的建设中我们必须对学生进行道德的教育和规范。

（二）价值取向性

人们对幸福的追求其实也是实现个人价值的体现。因为在人们追求幸福的过程中，他们会通过洞察社会现象，反思生存及生活状态，对照真、善、美等道德标准，进行善恶的评价和取舍，然后再付诸行动和实践。这说明，我们对学生的幸福教育也是帮助其树立正确的人生观和价值观的过程。

（三）动态发展性

按照马斯洛需求层次理论，人的需要应该分为生理需要、安全需要、社交需要、尊重需要、自我实现需要五个层面，而每个个体幸福的实现恰好体现在五种需要的追求过程之中。因此，正如马克思主义哲学所认为的那样，任何事物都是在不断变化、发展的。每个人对幸福追求也是在动态发展过程中不断自我完善，最终收获人生幸福这一终极价值。

---

❶ 齐佳. 幸福文化视域下高校校园文化建设探析［J］. 教育与教学研究，2012，26，（7）：61－64.

❷ 亚里士多德. 尼各马科伦理学［M］. 苗力田，译. 北京：中国社会科学出版社，1990.

第二节 校园"美"文化

一、背景分析

校园文化是民族文化的重要组成部分，它关乎每个学生的身心成长健康、关乎每一所学校的长久良性发展。自古至今，人们从来没有停止过追求美的步伐，向往一切美好的事物。美能净化人们的心灵，美是我们意识的内在部分，美激发所有向上向善的情怀，校园文化建设中不可或缺"美"文化的植入。校园"美"文化在校园文化的建设中占据极为重要的地位，它似和风细雨、润物无声般对师生们进行熏陶和引领。

常高艺作为一所艺术类的五年制高职校，专业建设具有鲜明的文化艺术特色，有别于其他理工科学校。学校秉承"崇艺、尚美"的校训，根据专业特点和艺术人才培养规律，力求将学校建成师生赖以学习、生存与发展的社区。这是一所专业的艺术学校，更是将"美"文化的建设和传播作为不懈追求的目标，因为艺术本身就意味着美的发现、传播和创造。

二、意义和目的

校园"美"文化的建设就是坚持以人为本，通过以美育人、以美启智、以美优教，引领学生在优美的校园环境中，在创意的课程学习中，在内涵丰富的各类活动中，一起发现美、体验美、践行美、欣赏美、创造美，促进学生练就一双善于发现美的眼睛，不断感知和体味美好的学习生活，为成就美好艺术人生奠基。

校园"美"文化的建设在一所专业性艺术职业学校显得尤为重要，使广大师生们不断发现美、感知美、提炼美，从而运用于更多的专业艺术创作中去。没有对美的感悟，没有对生活的热爱，怎能在艺术的海洋中激流勇进？通过营造一个充满艺术美的校园物质和精神空间，提升学生们的学习兴趣、陶冶广大师生的艺术情操、激发师生们的艺术创作热情、从而创建一个生机、人文、艺术、美好的校园文化氛围，激发和释放每位师生

"崇艺、尚美"的情怀和念想。

三、实施过程

（一）景观之美

景观之美，即为校园"美"文化的硬件条件。优美宜人的美丽校园景观为广大师生的学习和生活提供了最佳的物质和精神保障，为学生们的身心健康成长提供了良好的现实平台，培养学生们对"美"的认知和感悟能力。校园是一个传播文化，陶冶情操，提升学生修养的地方。校园景观之美涉及学校的每一栋建筑、每一处节点，同时也折射出不同学校的办学治学之道、历史文化底蕴。

学校秉承对"美"文化的追求，始终将景观之美融入塑造美丽校园的探索和实践中去，营造了无数备受师生喜爱的校园美景。

1. 寻找校园环境设计的"芯脏"，在这里外芯与内芯得到了完美的结合

外芯，即校园景观设计的核心视觉要素。内芯则是怀揣一颗"真芯"，真诚地从学生端的需求出发，一切为他们着想，发自内心，带着情感与对生活的热诚去设计的一颗"真芯"。常高艺在校领导班子的带领下，秉承NCA（常高艺简称）的蓝海战略，将"海洋之芯"设计元素巧妙地融入于校园景观的设计中。海洋元素的运用之于学生的魅力是永恒的美丽、神秘、博大、自然、航行与未来感。

（1）校门——常高艺的校园海洋景观之美在见到她的第一眼便深入人心，NCA校门的设计犹如知识海洋中升起的梦想风帆，乘风破浪，驶向理想的彼岸，激励着一届又一届学子们（图2-1）。

（2）校园摇滚音乐舞台——校园的摇滚音乐舞台的设计也是对"海洋之芯"元素的有力诠释：坚实的船身上扬起三面艺术的风帆，红白蓝三色欢呼跳跃，是学生们美丽歌声舞影的象征（图2-2）。每年的"K-SHOW"校园音乐节在这里举办，摇滚音乐舞台见证了无数学生的青春美好时光，它是学生展示自我、释放激情的校园舞台，更是孩子们共享的欢乐成长平台。

图2-1 常高艺校门

图2-2 校园摇滚音乐舞台

（3）"创美客能量补给站"——"创美客能量补给站"是校园吃货的最爱集中营，这里除了美食更有令人心旷神怡的就餐环境，"海洋之芯"的设计元素散落在补给站的各个角落（图2-3）。蓝色、瞭望塔、救生圈、皮划艇等海洋元素的植入使整个空间瞬间活跃起来，加之学生的作业展示墙、涂鸦墙、可爱玩偶、温馨灯饰、彩色桌椅的点缀，极大程度丰富了师生们的感官世界，如此美丽温馨的就餐环境赢得了广大师生的称赞。

（4）校园报告厅——报告厅的设计也没有离开对海洋元素的呈现，一面巨大的背景装饰灯箱画为大家展示了海洋的辽阔和壮美（图2-4）。

图2-3 校园能量补给站

图2-4 报告厅

（5）蓝海湾书式生活坊——将"海洋之芯"文化展现得淋漓尽致的校园书坊。这是校园最受欢迎的空间，文艺而不失小资、惬意而不失情调、独特而不失创意，是一处绝佳的阅读、冥想的校园空间。这里有古老的破旧小木船；这里有可爱的小布鱼；这里有渔网、海星、救生圈；这里有低矮而温馨的船舱，可享受阅读的乐趣；这里还有绚烂多彩的海洋主题墙绘，可见证NCA白天鹅的美丽蜕变……学生们将创意和创作洒落在这个空间的每个角落：彩绘轮胎、彩绘灯具、布艺小鱼等（图2-5、图2-6）。

图 2-5　蓝海湾书式生活悦读坊

图 2-6　蓝海湾书式生活悦读坊

（6）蓬皮杜艺术码头——创意源于对法国乔治·蓬皮杜国家艺术文化中心设计的解读。它的设计独具一格，斑斓、炫酷的外表赢得了广大师生们的喜爱。蓬皮杜码头的外立面设计借鉴了钢架元素和彩色管道元素，但是设计者传达出的不仅仅是一个形的相似，而是对世界

图 2-7　蓬皮杜艺术码头

艺术的向往，并且希望在这个学校能够做到中西方艺术的交融。这样的设计想法也为常高艺的整体设计定下一个设计基调。红黄蓝三原色的重复出现，纵横交错的装饰性烟囱掩映在一片绿意葱茏之中，变幻中充满了节奏感，个性而又张扬，无时不夺人眼球（图 2-7）。码头旁散置着休闲座椅，学生最喜欢三三两两在这里谈天说地、嬉戏打闹，沐浴阳光的同时分享各自的青春小秘密。整个蓬皮杜艺术码头的混搭设计以及金属、铝材、玻璃等材质的使用、色彩的对比等丰富了空间效果，增强了现代感，构筑了新的建筑结构的元素和视觉体验。蓬皮杜艺术码头的造型所透出的形式语言和另类的技术处理，展现了一个职业学校中绝无仅有的建筑风格样式，这种大胆的设计与变革精神将鼓励着学生和教师不断创新，走向艺术巅峰。蓬皮杜艺术码头的突破性而极具艺术化手法的设计处理，亦是常高艺对"美"文化追求的最好诠释。

（7）迷你高尔夫球场——在娱乐中释放学生天性的运动场所。在常高艺，迷你高尔夫球场的出现，更多是以一种景观的方式出现的，同时兼顾

了运动与娱乐的功能。迷你高尔夫球场的特点在于占地面积小、投资规模小，没有门槛，老少皆宜，同时也提升了校园生活的品位。学生们在娱乐中释放了天性，和谐了人际关系，这对于学习艺术的人来说都是很重要的。迷你高尔夫球场的出现为常高艺景观"美"文化增添了一道独特而又靓丽的校园风景线。

（8）美丽湿地——常高艺的湿地属于人工湿地，通过人工河道的营造，打通了原有的两个湖面，并在学校的东边开挖出一个新的湿地，盘活了原来的湖水，产生了显著的生态环境效益，对污水可以进行净化，构建了充满活力的生态系统。湿地水域中鱼儿成群结队，引来无数飞禽栖息于此，水流清澈，人们漫步在蜿蜒曲折的湿地木栈道上怡然自得，仿佛置身于郊外的大自然（图2-8）。木栈道两侧成排的水杉长势喜人，笔直向上营造出一处生态绿色的步行空间；垂柳、玉兰、菖蒲、鸢尾、玉簪、再力花等次第萌芽开放，好不热闹。湿地岸边的老火车创意广场不失时尚气息，将校园点缀得熠熠生辉，是师生们拍照留影的好去处（图2-9）。

图2-8　校园湿地图

图2-9　老火车站广场

常高艺的校园景观"美"文化的外芯和内芯集中体现在校园景观的每一节点，无声而时时地感染着每一位师生。

2. 细节决定成败——校园文化美的影响力很大程度上取决于细节的设计与表现，它将决定这种影响渗入师生心灵的深度。

景观之美的细节无处不在，置身于美丽的校园我们会发现许多意外的惊喜。

（1）同心锁小木桥——校园中很多人都路过这座小桥，但并没有多少人注意到这里镌刻着一段美好的爱情故事。在通往老火车创意广场的路上有一座小木桥，桥栏杆的铁链上不知何年何月留下了一个美好的诺言——同心锁，这也是莘莘学子留给母校的一段佳话吧！它象征着生活中的幸福、美好（图2-10）。

（2）蜿蜒的溪流——湿地、溪流贯穿着整个校园的美景，图文楼前整条溪流水岸线的设计灵感源于姿态优美的人体（图2-11）。

图2-10 "同心锁"小木桥

图2-11 蜿蜒的溪流

在这座充满艺术气息的校园中，景观之美随处可见，优美的环境、海洋文化充盈于每一个校园空间中，这是常高艺对校园"美"文化的倾力践行！

（二）人文之美

校园"美"文化的组成除了景观之美以外，还有校园的人文之美。较之物化景观之美，人文之美是一种校园美好精神文化的集中体现，它更多表现在校园制度管理、校风学风班风建设等方面。

幸福的校园文化具有正确的价值观，对学校发展起引领作用。学校人文内涵的核心体现是：要形成"学校是我家"的软环境，要能凝聚人才、人心。

校园"美"文化的创建需以景观之美和人文之美为抓手，齐抓共管，共同营造舒适宜人、优美温馨、活泼创意的校园环境。常高艺在重视景观之美的践行之余，加大了对校园人文之美的打造力度。学校在管理和教学中注重"寓美于教"、课堂"立美于教"、教师"以美育人"等要求，使学生在美的熏陶中习得技能、健康成长。校园的人文之美，最需要做的事就是如何以美为核心提升师生整体文化素养、人文素养和审美能力，具体而言，是帮助和支持师生在富有创意的"美"文化熏陶下形成美好的思维模式和行为习惯。

1. 丰富多彩的社团活动

丰富多彩的学生社团活动亦是校园人文之美的亮点之一，学校浓郁的艺术氛围也造就了这所学校社团文化繁荣的土壤。目前全校已有 30 个社团服务于全校一千多名学生，各式各样的种类可供全校学生的选择：校园运动联盟下属的五个运动社团为爱好体育的学生提供了良好的运动平台，流行社、啦啦操社、模特社等表演类社团满足了学生展示才艺、走上舞台的艺术需求，而手工社、道具社等创意类社团又为学生们天马行空的艺术想象力插上了翅膀，除此之外，志愿服务类社团、创业类社团都为学生体验不同人生角色开启了一扇大门。

2. 绚丽精彩的舞台表演

艺术表演系的学生们个个能歌善舞，经常为全校师生呈现一道又一道视听盛宴。舞台上，他们的服饰精致绚丽、妆容青春张扬、舞姿热情优雅、歌声动听悠扬、功底扎实到位，他们仿佛为舞台而生，用一场又一场的表演感染身边的每一位观众，为常高艺勾勒出一幅美丽的人文画卷。

3. 别开生面的艺术设计展

艺术设计系会定期举办各种各样的专业主题展览，在此之前学生们则通过制作各种手工请柬邀请各班级学生和老师参观。展览主题涉及服装设计、平面设计、美术基础、影视动画和环境艺术设计等各个专业，从而加强了各专业和学生间的交流，形成了良好的学习和学术氛围。

艺术设计展览中不乏义卖筹集善款的活动，如2015年年底，工美专业3个班级合力办展，大家希望通过这次义卖为15工美班的一位家庭贫困的同学筹集母亲的医药费。众人拾柴火焰高，或许筹集的善款只是冰山一角，但涌动在校园中的这股浓浓的善意和温情感动了所有的常高艺师生，也体现无处不在的校园人文之美。

4. 互帮互助的同窗情谊

校园中常能看到学生们互帮互助的身影，他们珍惜友谊，奉献爱心，展示美好更珍惜当下的青春年华。2014年，当得知设计系路露同学被确诊急性白血病后，她所在的班级面向全校发动了募捐，几个小时就募集到了万元左右，当天就送到了路露父亲的手中。紧接着学校发起全校募捐，学校的一位老师在倡议书中这样写道：当上帝给她关上一扇门，一定会为她开启一扇窗，希望天下的好心人就是这个花季少女的那扇希望之窗。个人的力量是有限的，但当每一股小小的力量汇聚到一起时，就会变成一盏照亮她生命的明灯，为路露同学燃起生的希望。我们坚信，有了大家的爱，路露一定能战胜病魔，渡过难关，重返校园。

5. 敬老爱幼的传统美德

在学校团委的牵头下，学生社团走访周边各敬老院和儿童福利院已成为每学期的惯例。更有很多学生积极主动加入这支敬老爱幼的队伍中去，他们放弃了许多美好的节假日时光，变身志愿者。他们走进敬老院，为孤寡老人打扫卫生、陪老人们聊天解闷，更有发挥专长用表演为老人们带来欢声笑语。他们充当小老师，为儿童福利院里的孩子们上课；他们亦是小伙伴，陪伴着孩子们一起成长……

四、创新措施

校园"美"文化建设任重而道远，如何将美有机融入校园文化建设中，需要从校领导班子到每一位师生的努力与智慧。

（一）优化环境，强化校园"美"文化建设基础

学校环境建设是校园文化建设的物质基础，学校在优化室内外环境设计的同时，从整体发展的高度规划校园文化建设，充分挖掘和利用校园建设成果，别出心裁地规划校园景观，突破常规设计建设了"1971 的记忆"校史展览馆，创意营造教学楼文化氛围，努力构建优美、创意、和谐的校园环境，使广大师生在充满艺术氛围的环境中受到美的熏陶，达到激发创意、启迪智慧、激励人生的教育引领作用。

（二）艺术先行，彰显校园"美"文化建设内涵

作为艺术类职业学校，校园"美"文化的建设需在凸显艺术内涵的同时，积极发挥专业优势营造不同的景观氛围。学校蓝海湾书式生活坊、NCA 创美客能量补给站、蓬皮杜艺术码头、老火车创意广场等均由学校相关领导和专业教师、学生共同设计完成，艺术元素融入校园环境文化建设的各个方面。

（三）专题研究，更新校园"美"文化建设理念

校园"美"文化建设不是简单的环境布置，关键是提高"美"文化品位和内涵。学校把"美"文化建设纳入到校级课题体系中，用课题研究推进校园文化建设。

五、效果反馈

为总结全市学校校园环境文化建设先进经验，展示校园环境文化建设最新成果，充分发挥校园环境文化建设的育人功能，2015 年 3 ~ 5 月，常州市教育局以校园环境文化建设为主题，面向全市幼儿园、中小学及户等职业学校开展了"我们最得意的校园一角"校园环境文化建设典型案例有奖征集活动。

在此次征集活动中，常高艺送评的 12 个案例凭借创意的校园环境建设和独到的校园美文化解读一举荣获 7 个奖项，其中特等奖 1 个（蓝海湾书式生活坊）、一等奖 2 个（NCA 创美客能量补给站、蓬皮杜艺术码头）、二等奖 2 个（老火车创意广场、承园）、三等奖 2 个（振祥路 15 号清朝民宅、校门），成为此次获得奖项最多、获奖率最高、获奖等次最高的参评单位。

同年 5 月 7 日，常州市教育局主持召开了全市中小学校园环境文化建设推进会。作为会议中一项重要议程——专题考察活动，常州市教育局领导率领局直属中学分管德育和后勤的校长、主任，辖市区教育局教育科相关负责人共 90 人，来到常高艺参观考察半天。来宾们分两路，在学生解说员的带领下，分别参观了学校的迷你高尔夫球场、户外摇滚舞台、承园、江南丝竹乐坊、Movie 故事、1971 的记忆、视觉设计艺术社区、清朝民宅、老火车创意广场、蓬皮杜艺术码头、湿地园、蓝海湾书式生活坊等 20 多个独具创意和艺术特色的校园一角和教学实训空间。来宾们个个拿起手机、相机，不停地拍照，纷纷感慨百闻不如一见，不虚此行。

在交流总结会上，常高艺领导作为获奖单位代表作了《NCA 相信美的力量》为主题的交流发言，向与会人员介绍了学校发展的蓝海战略、"三创三能"人才培养目标、以美为核心的校园文化，分享了塑造美丽校园过程中的经验和体会。

六、案例反思

总体而言，学校以美为特征的校园文化是对学校办学 40 余年积累的物质文化、精神文化、制度文化和行为文化等内容的创造性体现。当然，我们的校园"美"文化仍有提升空间，一是继续改造校园环境，重点加强校园人文环境建设以及室内空间环境建设，体现时代特征和职教特色，积极吸纳优秀的地域文化、民族文化和行业、企业文化，结合学校特点，突出专业培养目标，集中反映学校的办学理念和学校精神❶；二是各项规章制度应适应新形势要求进行完善；三是各项活动的组织和安排还需要更加科

---

❶ 黄雪萍. 如何构建个性化的学校文化 [J]. 广西农业机械化，2011（3）：37－39.

学和规范；四是利用信息化平台，及时更新和美化校级、系级、班级信息宣传平台等。这些都需要我们在下一阶段进一步努力探索和实践。

第三节 校园"创"文化

一、背景分析

"大众创业，万众创新"是当前国家和社会对广大青年鼓励和推崇的要求，职校生拥有激情与活力、知识与技能，应当抓住机遇，努力实践，敢闯敢拼，勇敢的创新创业，为实现自身梦想而努力拼搏。提到"创"字，人们脑海中会迅速联想到与其相关的词汇：创意、创新、创造、创业……这是一个鼓励"创"的社会，生活中需要越来越多的创意、工作思路需要创新、新产品的研发需要创造、越来越多的人放弃"打工"的身份，走上了创业这条道路。所以在校园学习生活中，师生们更不能舍弃对"创"文化的追求，它是一所学校得以不断与时俱进、紧跟时代步伐、焕发青春活力的源动力。

常高艺明确提出培养"三创三能"的艺术人才这一蓝海战略，摒弃了你死我活的"红海战术"，即在做教育项目的过程中不再把竞争目标放在同行身上，而是放在自己身上；不再更多关注同类而更关注自身；不再更多关注别人做什么我也要做并做得更好，而是关注自己的问题局限和优势在哪里，如何把自己做好。创新是实施"蓝海战略"的关键途径与手段，是围绕自身面临的发展要求和实现目标所要克服的困难时而采取的切实有效的、与众不同的想法与做法，以及付诸实施而达到目的的过程。

二、意义和目的

常高艺更多地思考综合性文化艺术类高职校的特质与其他高职校的区别，即本质特征在哪里，从中找到自己的根本角色定位和发展目标定位，即"文艺类人才"未来创造的产品除了具有物理学意义上的消费功能外，更应满足"精神性"消费的功用，即通过产品去影响人类心灵并获得精神体验的独特消费功能需要。我们要求学生用心做心灵的职业、用心做情感的产业、用心做人生的艺术，于是我们创造性地提出"三创三能"人才培养的新目标。而这个目标的创新之处在于"人文内涵性拓展技能"，把人们惯常所说的"人文素养"或"修养"提升的不可把握或模糊的状态，通过一种有效的课程体系、活动体系、教学方法和考核评估体系等系统工程的实施使之变成一种可习得、可控制、可达到的技能水平，从而应用于"精神文化类消费品"的更好创造，并使常高艺培养的人才更符合文化艺术类产业市场所需，逐渐发展为行内一流的优秀人才，并且使其一生拥有体验和感知幸福的技能。

三、实施过程

学校"创"文化主要体现在"三创三能"艺术人才培养的目标和过程中，其具体为以下三个方面，即：创新的意识、创意的技巧、创造的实践。

（一）创新的意识

常高艺的学子们在艺术的殿堂中学习熏陶，创新已成为一种惯性和要求。同学们热爱自然、青春和幻想，他们善于动脑动手，将心中美好的蓝图搭建出来。学校艺术设计系艺术设计专业有这样一群学生，他们擅长废物利用，变废为宝，他们将冬日里从农田中采摘来的枯枝败叶加工成一组组充满艺术和时尚气息的装置（图2-12）。更有心灵手巧的姑娘将彩色的糖纸揉捏起来粘在枯枝上，将作品命名为"禅"（图2-13）。影视动画专业的孩子们更是将枯柳枝拾掇起来摆放在教室的一口闲置大陶碗中，撒上捡来的鹅毛，瞬间铸就了一件生动的艺术作品——"鸟巢"。2013级环艺班的学生们为迎接羊年的到来，将废弃的彩纸剪碎加之枯树枝，拼贴成一幅栩栩如生的山羊形象。

图2－12　学生们变废为宝现场照　　　**图2－13　作品"禅"**

在常高艺这个艺术大家庭中，每个同学置身充满"美"文化的环境中学习生活，美丽的校园也潜移默化地教会孩子们发现美和欣赏美，并着手创造自己美好的环境和生活。

（二）创意的技巧

创意不是与生俱来的，创意的技巧需要经过在校时间的磨炼培养。

1. "我环保我创意"设计大赛——学校团委每年举办一次全校性的"我环保我创意"设计大赛，每个班级都要向学校选送创意作品。每年的大赛上我们可以看到各种五彩缤纷、创意十足的作品：有立足于自身专业的服装、环艺作品；也有手工DIY的精美包包、摆件和插画；还有亲手制作的手抄报等。这是一次创意的大比拼，更是一次思维和智慧的碰撞，他们展示着最美好的创意和青春才华。

2. 环艺教研室之橱窗展示——艺术设计系环艺教研室的主题橱窗展示是一处锻炼学生动手能力、展示学生们创意的空间。橱窗的展示权交给学生负责，学生们以小组为单位，自拟主题对空间进行阐释和表达，这也是对环艺学生所学专业知识的一次实践大检验。教师将主观能动性和决策权交给学生，在设计和搭建空间的同时，锻炼了他们的创意技巧和能力，也极大地培养了他们团队协作的能力和团队管理能力。图2－14展示的便是其中一期圣诞主题的橱窗创意设计。

图 2 – 14   圣诞主题橱窗

3. 班级创意美化工作——班级美化工作是班级对外宣传和展示的重要途径，包括黑板报设计、宣传栏设计、手机管理区设计、教室阅读角美化创意等。学习艺术的孩子是好动的，他们身上的创意因子可以随时爆发，走进常高艺的每一间教室，会有一个又一个意想不到的惊喜在等着你，创意无处不在：电视柜被画成海绵宝宝、废弃的树干树枝变废为宝被搬进教室成为美化的素材、全班同学的手印聚集成一幅独特的风景线、教室后门被画成了银河系……

（三）创造的实践

创造的实践主要集中表现在学生的专业实践中，常高艺的学生每学年都会安排一次为期两周的工学交替，让学生走上工作岗位检验自己所学的专业知识。

以艺术设计专业环艺方向为例，该专业创办了三个工作室，分别为室内设计和景观设计方向的鸿鹄工作室、H30 工作室和艺景工坊工作室。这三个工作室采取小班化教学，专业教学的同时对接企业实践，使产学研衔接，使学生在学习中工作，在工作中学习，并通过工学交替的机会检验所学知识。这种创造性的教学模式极大地增强了专业教学的实践性，符合市场需求，使专业教学和学习更接地气。

鸿鹄工作室直接对接常州一流的家装设计公司——鸿鹄设计公司，每周邀请公司在职设计师走进课堂授课，将实践项目带入课堂，摒弃了以往专业课纸上谈兵的僵局。同时学生可以参与公司的项目实践，在毕业时公司可根据工作室学生平时的表现从中应聘正式员工，从而保证了优秀学生的高质量就业。H30 工作室以目前家装设计主流之软装设计为主导进行教学，该工作室的学生潜心研究布景、花艺、茶艺、布艺、陶艺、色彩搭配等，与鸿鹄工作室的教学相辅相成（图 2－15）。艺景工坊工作室作为环境艺术设计方向户外环境设计教学的分支，目前由 4 位教师和从各年级选拔的 20 位专业优秀的学生组成。工作室主要承担的教学课程有风景园林概论、景观元素设计、人体工程学、景观场地设计、景观植物设计、手绘效果图表现、计算机辅助设计（CAD、草图大师、Photo shop）、景观快题设计、模型制作、景观系统设计、毕业设计等。工作室的教学项目以私家庭院、屋顶花园、街头绿地、城市广场等设计内容为主，以前期概念构思、创意表现、方案设计为教学重点。教学模式以课堂教学与企业对接、企业走进校园等产学研形式展开，在构建专业理论体系的同时，使学生掌握扎实的手绘和软件表达能力并注重学生专业实战能力的提升，进一步培养学生分析问题、解决问题的能力，以及对艺术和美的营造能力和团队协作的精神。

图 2－15　H30 工作室教学现场

我们希望并正在努力构建一个融智商、情商、技商为一体的、横跨公共基础课程、人文内涵拓展课程、专业技能课程、活动实践课程四大平台新构架的"三创三能"人才培养体系。其中，以创造为核心的校园美文化建设成为常高艺的不二选择，因为艺术本身就意味着创造和美。

四、创新措施

艺术教育的鲜明特色决定了艺术类专业院校有别于其他专业院校，在积极响应学校文化建设的同时，结合自身特色，将"创"文化不断地融合到专业课程与实践教学中。近年来，学校为了加强校园的"创"文化建设及学生创新创意创造能力的提升，主要实施了以下两个方面创新举措。

（一）产教学研一体，搭建学生创造实践的平台

学校打破传统课堂模式，加大课程改革力度，在各专业课程体系中推行工作室制度，将产学研有效融合。一改以往的"教师主导课堂""教师满堂灌"的生硬教学模式，变为项目式课堂引导式教学。特别在学校艺术设计专业环境艺术设计方向，该专业教师将公司化运作管理模式引入课堂，让学生对接真实项目，跟进施工过程，从而完成教学。学校先后成立"鸿鹄装饰设计工作室""艺景工坊""H30室内设计工作室"等，产教学研一体化，为学生创造的实践提供平台和条件。

（二）包容并蓄，迎接学生创意之花的迸发

无论是"创新的意识"还是"创意的技巧力"更或是"创造的实践"，都离不开展示自我的平台以及台下认可的眼神。学生们青春阳光、天马行空、创意无限，学校持有更为包容并蓄的胸怀接纳每一位学生的畅想，把整个校园建设成为一个虚拟的创意产业园，这样才能迎来"创"文化之花的强烈迸发。

五、效果反馈

经过近几年的"创"文化实践，学校在校园文化建设方面取得了不小的突破和成绩，尤其在专业建设方面，将"创新的意识""创意的技巧"和"创造的实践"融合专业课程建设于教学中，取得了一些新的成果。学生在融合项目化教学特色的工作室、校企合作模式工作室及模拟经营实体中得到了充分的锻炼和提升，即在学习过程中学到了一定的专业理论知识和技能，同时又在参与创业实体（项目）实践中得到有效锻炼，学生不仅在专业学习上缩短了与社会需求之间的差距，更能在今后参与或自主创业

时获得实践经验，为将来的幸福人生发展道路奠定扎实基础。

2015 年 12 月 28 ~ 29 日由国家教育部、文化部，全国艺术职业教育行业指导委员会主办，常高艺承办的"全国艺术职业教育产教对话会议"在我市隆重召开。国家、省、市等有关部门领导和来自全国 15 个省近 60 家文化部门主管单位、艺术院团、艺术职业院校的代表齐聚一堂，共商产教结合、校企合作的发展大计。29 日上午，代表们来常高艺考察交流，参观考察了艺术设计系及表演系各具特色的各专业工作室，他们为常高艺校园充满艺术与文化气息的室内外优美环境所折服，尤其对各专业创造性地实施"工作室人才培养模式"大加赞赏，对常高艺"三创三能"人才培养理念及校企合作、共建工作室等形式的产学研模式也有了更深的了解和认同。

六、案例反思

"十二五"期间，在"三创三能"人才培养目标的引领下，"人本常艺""创意常艺""文化常艺"等工程扎实推进，内涵建设得到加强提升。尤其经过近几年对"创"文化的实践，校园中涌现出很多的创意空间和创意团队，这既得益于顶层设计，也得益于艺术类师生敢想敢为的特质。"十三五"期间，是职业教育迎来大变革、大发展的黄金时期，更是学校创建江苏省高水平现代化学校的关键时期。仅仅是少数系部、专业、团队有"三创"的意识和敢为人先的勇气是不够的，实施校企融合与国际交流工程，拓展多元化办学空间和途径需要上下努力，形成合力。

首先，面对新时期经济转型，文化产业发展模式由"追随模仿型"向"创新创业型"转变。学校的"创"文化人才培养模式也将升级，必须加强校企合作和国际交流以提升技能人才培养质量；其次，拓宽思路，面向市场，运用蓝海思维，紧紧围绕"三创三能"艺术人才的培养目标，在遵循艺术教育规律的前提下创新艺术教育模式，更好地调动学生的学习积极性和深层次自我实现的需要；最后，注重构建"创新、创意、创造"意识和技能培育的课程内容、手段、方法体系，不断提升艺术人才的核心能力及未来可持续发展的能力。

第四节　校园"爱"文化

一、背景介绍

爱心是人的道德品质体系中道德情感的核心和灵魂，是对我国"仁爱"思想的继承。拥有五千年悠久文明史的中华民族特别注重爱心在"修身、齐家、治国、平天下"中的重要性，形成了以"仁爱"为核心的中华民族传统美德❶。它提倡人与人之间应互相尊重、互相关心、互相友爱、互相帮助，这也是社会主义核心价值观所提倡的。对于成长中的职校生来说，更是核心素养的重要组成部分。

二、意义和目的

加快学生人文素养与专业技能融合，丰富校园文化内涵，提高校园文化品位，促进和谐校园建设，充分发挥文化育人功能，积极培养"三创三能"高素质技能型艺术人才。

学校已开展尊师敬老、扶残助困、爱心义卖、送艺术进儿童福利院等青年志愿者活动，带领职校生走出校门，面向社会，增强使命感和责任感，把对职校生的心理教育和幸福感的提升寓于活动实践中、"爱"文化创建中。

三、实施过程

（一）"爱"文化之一——尊师敬老服务活动

在学校三次创业的历程中，学校离退休教职工在各自岗位上发挥了重要的作用，做出了突出贡献，为进一步弘扬中华民族尊老敬老的传统美德，架起学校和离退休教职工之间沟通的桥梁，锻炼青年学生服务社会的

---

❶ 钟涛，蒋国庆. 浅谈大学生志愿服务活动与爱心校园文化的构建［J］. 青春岁月，2014 (2).

能力，2008 年起校团委决定组织学生团员开展尊师敬老活动，各班团支部与离退休教职工进行结对，培养学生树立爱老敬老的文明风尚，逐步形成学校青年志愿者服务阵地及爱心品牌。

1. 结对方式

（1）由团委将退休老师的信息进行梳理，包括住址与专业；

（2）根据专业由各系部召开班级团支部会议，各班团支部按照就近原则（班级里有同学与该老教师住址相近），以班级为单位进行结对并保持相对稳定。

2. 服务内容

（1）送校报，传递学校发展的信息并将老教师提出的各类建议反馈到学校；

（2）和离退休专业教师交流、探讨有关专业学习领域的知识和技能；

（3）帮助老教师做一些力所能及的家务；

（4）利用电子设备、网络为离退休教职工提供身体健康咨询服务。

3. 服务时间

集中和自选相结合，一般利用节假日时间，每月 1～2 次（各班级活动需在班主任指导下开展）。

4. 活动要求

每次服务必须提前与结对教师进行联系，并按照要求填写服务反馈表，并于服务后第二周的周一交至系团总支书记处。

5. 考核奖励

活动成果将作为学生德育学分获得、学期评优评先的依据之一。

（二）"爱"文化之二——成立艺爱志愿者服务基地

为了使学生能够利用自己的专业特长开展志愿服务，在献出爱心的同时也得到专业的历练，2013 年常高艺（以下称乙方）决定在常州市儿童福利院、常州天爱儿童康复中心（以下称甲方）成立"艺爱志愿者服务基地"。经双方友好协商，达成如下协议。

第一条　乙方成立艺爱志愿者服务小组，挑选专业优秀学生定期为甲方儿童提供艺术培训辅导、墙绘美化环境等服务。

第二条　乙方每学期到甲方演出一次。

第三条　乙方在市级及以上平台举行大型演出时邀请甲方师生到场观摩。

第四条　甲方为乙方艺术培训提供场地。

第五条　甲方为乙方志愿文艺演出提供场地。

第六条　甲乙双方共同协定艺术培训相关课程时间安排。

第七条　甲方有权对乙方的志愿服务质量进行评价，并适时指出乙方服务的不足之处，积极向乙方提出合适的意见和建议，并配合乙方做好志愿服务管理工作。

（三）"爱"文化之三——成立"暖风"义工志愿服务队

2012 年成立"暖风"义工志愿服务队，志愿者们每周末风雨无阻走进常州"天爱"康复中心，进行义工志愿服务。该中心是目前江苏省最专业、规模最大的自闭症康复学校，致力于探索自闭症儿童的融合教育，每年均有 5～10 名学生因康复教育效果显著，进入普通幼儿园或普通小学进行基础教育。学校志愿者依托自己的专业特长，主要服务内容为陪伴自闭症儿童开展活动以及配合老师实施艺术类课程的教学。

活动当天，学生义工们和"天爱"孩子们进行晨练活动，和他们一起跑步、做早操。做完早操，"天爱"的老师向大家依次介绍了每个教室的用途，参观孩子们做的一些手工作品。接着陪孩子们上课，大家首先上的是器乐课，孩子们表现得都很聪明，在老师的伴奏下，敲打出一首又一首的曲子，如欢乐颂、小星星、小蜜蜂等。接着又上了一堂实践课：制作豆沙酥。在老师的指导和志愿者的帮助下，孩子们很认真、很耐心，通过努力，终于做出了美味可口的豆沙酥，并相互分享美味。义工们还会定期将"天爱"的孩子的作品拿到校内外进行义卖，所得的款项都如数交给"天爱"的老师，用于孩子们的生活和学习。

四、创新措施

（一）对接专业，各展所长

2014 年，学校"生命教育月"期间，校团委组织学校 50 名师生沐浴春日的暖阳满载着爱心和关切来到了学校"艺爱志愿者服务基地"之一的常州市儿童福利院进行慰问演出。就在他们刚刚搭好舞台的时候，一幕充满浓情爱意的画面出现了：孩子们在福利院老师的带领下纷纷走来。他们中年纪稍大些的牵着幼小的，身体健全的协助着身患残疾的……一个个羞涩而稚气地向学校志愿者们问好，小家伙们感动了在场的师生。

整场慰问演出 1 个半小时，演出的节目涵盖了歌曲、舞蹈、小品等多个节目类别，其间还穿插了小游戏。活动精彩纷呈，亮点迭出。在欢乐的笑声中志愿者们陪伴福利院的孩子们度过了一个愉快的春日午后。志愿者们在参与志愿服务的过程中展示了专业，送去的是无尽的欢乐和暖暖的爱，带走的是真诚的感恩和满满的成长。

（二）全程参与，全面开花

2015 年 5 月 9 日，"一袋牛奶的暴走"在龙城开哨。每年学校都有一大批学生投入到为牛奶而暴走的公益活动中。为困难家庭的孩子筹集一年的牛奶费用。除了报名参加暴走的学生之外，常高艺学子还以种种特殊的方式参与了此次公益活动。

学校啦啦操社与流行社一直是学校学生社团中的较为优秀的两个社团，得知此次公益活动需要在路途中的九洲站设立休息点，并安排文艺节目供参与暴走的民众观看小憩时，这两个社团主动提出参与演出。活动当日，两个社团为现场的人们献上了啦啦操、流行歌曲演唱等近十个节目，他们以自己独特的方式为本次公益活动献出了一份爱的力量。

此外，12 播音 1 班领衔的义工服务队也在人民公园中间站为参与活动的人们提供咨询等服务。他们都体现了常高艺学子对公益事业的热情和责任，更代表了常高艺学子阳光而富有爱心的生活态度。

五、效果反馈

（一）2008 级艺术设计专业学生缪月红的日记

转眼间，我们 08 环艺班参加学校的尊师敬老活动已有 3 个年头，今年是第 4 年。在学校组织的这项活动中，我们班级的同学参与很多，也收获了很多，理解了尊师敬老的真切内涵，收获了弘扬中华民族传统美德带来的真实感动。

在第一年，对于刚进学校的我们来说并不了解尊师敬老活动。但从班主任的口中得知，这项活动是学校培养学生敬老爱老、尊重师长的一项非常有意义的活动。我们对这项活动非常感兴趣，在第一次尊师敬老活动中，我们班尽然有一半以上的同学一起去探访退休老教师。同学们与老教师交流了很多，老教师也给我讲了许多他以前的故事，第一次的探访在同学们和老师的欢声笑语中结束了，同学们和老教师就此结下了深厚的情谊……

在以后的尊师敬老活动中，我们班分成四个小组，每组由小组长负责。轮流去探访老教师和给他们送校报、周刊还有节日礼物等。尤其记得我们在第三年的那次给退休老教师送重阳糕的活动中，我班的同学一口气为四名退休老教师送去重阳糕和校报周刊。乘着公交车坐了三个半小时的车程终于将重阳糕安全送到每户老教师家中。记得有个同学因为老教师不在家，本想把重阳糕放在门卫代为转交，但是门卫不允许。于是，我们想了很多办法，经过几番努力终于把重阳糕和校报亲手送到老教师的手中，这一次活动真正锻炼了我们解决问题和与人交往的能力。

我很多次问同学们辛不辛苦，但是同学们都回答："怎么会呢，我觉得很开心啊！"每次尊师敬老活动我都被同学们深深感动了，让我更加懂得爱与被爱的含义……

（二）2012 级主持与播音专业学生徐文超的感想

去儿童福利院的演出活动结束了，在回校的路上，我和参与的同学们感慨良多，在回味演出节目的同时也交流这次慰问的感受，很多学生都表示这次慰问演出对于他们而言，与其说是一次表演，不如说更像是一次精神的洗礼：这仅有的一次生命，也许会有残缺，也许会有诸多不完美，我们该如何去珍惜、感恩，去努力实现自身的价值，去学着更好地爱惜自己呵护他人……对于我们这些身心健康的大学生来说，这是一个大大的课题，这也许就是学校组织这次生命教育活动的意义之所在吧。

六、案例反思

目前学校学生志愿服务虽利用自身专业特长，做出了一些特色，但还存在一些问题。如志愿服务活动范围比较局限，内容还比较传统，形式欠创新，宣传意识还不强等，并且有些志愿服务活动为临时性的活动，缺乏组织性和连续性；活动负责人较为年轻，而且更换频繁，虽然尽力而为，但由于自身意识和综合能力的有限性，仅仅是从完成学校交待的任务出发，缺乏长远和全面规划的意识；志愿服务活动的发展受到经费不足、硬件设施等客观因素制约等。❶ 为了更好地开展学生志愿服务工作，结合自身体会，就以后工作开展提一些建议。

（一）创建固定组织，实施有效考核

职业院校应支持和鼓励学生成立各级各类志愿者协会，有了组织，成员就会相对固定，通过固定的团队和固定的志愿服务项目，就会产生规模效应，长期持续开展，形成特色，真正发挥育人功能。并且通过组织的考核可以与学生德育学分相挂钩，给予精神层面的肯定与奖励。

（二）对接专业领域，拓展服务形式

学生志愿服务不能闭门造车，必须进一步加强与政府、社会、企业的合作与交流。关注社会文化公益事业，寻找学生志愿服务活动与社会需求的契合点，不断拓展志愿服务领域、创新志愿服务活动形式。大力倡导学生走出校园举办文化类志愿服务活动，拓展活动形式，丰富活动内容，有效结合学校艺术类专业特色，增强服务的专业性和文化性。

（三）提供有力保障，保证持续运转

由于学生志愿服务活动是非营利性行为，无固定的资金来源。学校目前的志愿服务组织是向学校申请获得的微薄资金支持，只能开展一些结对范围内的活动，对于推广有影响力的志愿服务活动是相当有难度的。另外，学生志愿服务活动由于缺乏资金保障并不能持续地开展，导致学生参与志愿服务活动的热情减退。学生志愿服务活动既推动了学校爱心校园文

---

❶ 钟涛，将国庆. 浅谈大学生志愿服务活动与爱心校园文化构建 [J]. 青春岁月，2014（2）.

化建设，也回应了社会弱势群体需求，服务了社会，实现了服务者和服务对象的双赢。因此，政府应该在政策和财政上给予一定支持，成立专项基金，对学校学生志愿服务活动提供资金支持，为其有效开展活动和正常运转提供有力保障。

综上所述，师生们在参与志愿服务的过程中，能力得到了锻炼、专业经受了检验、精神获得了满足。但我们也清晰地看到，学校"爱"文化建设还有很艰巨的路要走，同时也存在很大的发展空间。未来我们需要围绕"我学习、我体验、我创意、我成功、我时尚、我快乐"的"6W"学生成长策略，在校园"美"文化、"创"文化和"爱"文化的熏陶引领下，发挥学生的主体性，提升学生的自我管理、自主服务意识，并通过一系列手段保障志愿服务活动持续有效的开展。

幸福班级打造

第一节 概 述

班级是学校教育和管理的基本单位，也是班主任进行教育工作的依靠力量和组织保证。一个幸福的班集体对每个学生的健康发展有着巨大的促进作用。人类对幸福的孜孜追求从未间断过。恩格斯指出，"每个人都追求幸福"是一种"无须加论证的""颠扑不破的原则"。

1948 年通过的《世界人权宣言》宣告："人人享有受教育的权利。"1990年又通过了《世界全民教育宣言》。教育是人的权利，教育应该造福于人，使人幸福。教育要为人的幸福奠基，于是班级成为打造幸福的基本单位。

"幸福班级"没有标准，似乎也很难说清楚，但可以努力地去追求。假如每名学生在班集体中都能感受到快乐和幸福，我们认为这个班级就可以成为真正的"幸福班级"。如果做到这一点，班级将成为学生幸福成长的精神乐园。共同的幸福目标、和谐的集体舆论、良好的学习氛围、快乐的班级活动，愉悦的人际关系等这些内容将促进学生综合素质的全面提升，使我们更好地完成教育的终极目标。

教育最本质落脚点是追求人生的价值和幸福，而成绩只是价值的一部分。幸福不仅仅是成绩，还有更多的，如能力、表达、活动、人际关系、生活目的和方向、潜能的发掘、面对困难的勇气和策略等。

一、"幸福班级"的基本目标

健康幸福成长的精神家园，这样的班级能使成员置身于一种良好的心理氛围和一种良好的人际关系环境之中，不仅可以为学习创造一种理想的氛围和环境，而且亦获得社交和尊重需要的满足及其他各种需要的满足，从而产生满足的幸福感。

"幸福班级"的师生都能感觉到生活的幸福、学习的快乐"幸福班级"的师生都能感觉到个性的发挥和能力的增长；"幸福班级"的师生都能感觉到班级的骄傲和学校的幸福；"幸福班级"的师生都有良好的兴趣爱好，实现自己最美丽的梦想；"幸福班级"的师生都能形成良好的品质，为自己的一生奠基；"幸福班级"的师生都能有精神的归宿和幸福的泉源。

二、"幸福班级"的师生关系

服务意识——老师服务同学、班干部服务同学、同学相互服务。

参与意识——班级是大家的，是师生共同的，群策群力才能共建幸福班级。

集体意识——班级不是班主任的，不是班干部的，每个人尽管说优秀，但总有不足之处，但团结起来，那就是一个优秀的班级。没有完美的个人，只有完美的团队！

三、终极目标：打造"幸福班级"

一个幸福的班集体，必定是要让每一位学生都体会到幸福。对教师来说，打造幸福班级终极目标应注重以下几方面要求。

1. 实现管理重点的转变。从注重管理结果转变为注重管理过程、从注重个别学生转变为注重全体学生、从注重认知转变为注重认知、情感并重，从而真正实现从以教师为中心，以灌输、管理、模仿为特征到以提高学生能力和思维品质为特征，促进学生人格发展，向人传送生命气息的教育，实现教育的终极目标从而使人幸福。

2. 强调师生关系的平等性。幸福班级打造需要建立人文见长的师生关系。实现教师与学生的人格平等，要求教师在对学生的肯定、信任、期望和宽容中实现对学生的尊重和支持，营造活泼、民主和健康的班级氛围。

3. 注重学生未来成长与发展的需要。把每个学生看成是有思想、有个性、有品位、有差异的"人"。逐步培养人的世界观、人生观、学习观……师生间用智慧启迪智慧、用角色串通角色、用入境引导入境，只有这样教师才能真正从主演变导演、由经验变科研、由现成变生成、由师长变学长、由教者变学者，师生共同在幸福班集体中共生共长。

第二节　幸福班集体影响因素

一、背景介绍

在"幸福中国""幸福城市"的大背景下，优先发展"幸福教育"，引起了教育界的高度重视。幸福是人生的目标，追求幸福是永久的主题，但幸福并是人们自然的、本能的感受，而是通过认知学习甚至行为练习而获取的，这就是幸福教育。如果说幸福是我们追求的终极目标，那么，教育则是帮助我们拥有幸福的有效方法。目前，幸福教育已为社会特别是高校所接受，一部分学校把幸福教育与心理健康教育和素质教育融合，在幸福教育的实践中注重个体积极心理品质的培养，在增强学生主观幸福感的同时，有效地促进积极人格的培养和塑造❶。

二、意义和目的

高职院校特色环境建设，特别是职业精神和文化环境建设，是高职生形成职业人格的重要基础，这样的职业氛围更有利于滋养、巩固、提升高职生的主观幸福感，培养积极的职业人格。高职院校幸福教育需要以积极

---

❶ 陈浩彬. 幸福与幸福的教育［J］. 教育理论与实践，2012（7）.

的教育理念，构建积极的教育体系，国内已有一些学校借鉴了美国哈佛大学"幸福课"的经验，教学生如何才能更快乐、更充实、更幸福。我们在日常的德育过程中积极开设"幸福课"，通过课程、讲座、主题班会、特色活动等多种方式，开展幸福教育，营造幸福氛围，建设幸福环境，使学生提高感知幸福的能力和创造幸福的技巧，引导和强化学生的积极心理体验，从而真正提升他们的主观幸福感❶。

三、实施过程

对于一个学校的班主任来说，班级教学实施的基本单元，也是德育工作的主阵地。那么每个班级里面的每个学生怎样才能真正享受到快乐和幸福呢？这就需要建立一个良好的班集体才可以实现。众所周知，如果想要让小水滴永不干涸，只有把它放入大海才可以实现。同样的道理，在一个学校的班集体里面，要想让个人的智慧起到好的作用，那么就需要把个人的智慧融入集体里才可以。幸福班级的打造需要集中全体师生的智慧，需要班级成员的共同努力。

（一）建立班级制度，夯实幸福班级基石

正所谓只有立下了规矩才能更好地进行管理。这不仅适用于企业管理，同样适用学校管理。想要建立起一个幸福的班集体，就需要有一个完善的制度来支撑，只有这样才能让师生更好地学习、生活和工作。同时，一个班级的规章制度，不仅要根据本班学生的实际情况来制定，而且要通过制度的制定把学生的智慧充分激发出来，让学生更愿意主动地去遵守。这就需要班主任做出自己的努力，在开学前就制定出本学年教学中应该做出什么样的辅导，应该做什么样的工作，才能建立起这个幸福的班集体。这其中的内容一定是非常细致的，有必要详细到每一天学生的日常，比如每一天的学生值日表，就要详细地把每一个同学应该做什么都详细制订出来，这也是可以作为学生的考核标准。班主任这样做是可以让学生对自己的个人行为可以有标准的去规范，这也是有利于建设一个幸福的班集体。

---

❶ 吴建斌. 幸福教育：高职生积极人格培养策略［J］. 黑龙江高教研究，2013（6）.

同时结合学校和系部的德育学分制度，自觉地提升学生的常规行为规范。

（二）确立班级共同目标，携手共创幸福园地

对于个人来说，都想要得到幸福，那么就需要制定明确的规划和清晰的目标并为此去努力。如果目标是现实的，个体愿意把自己的精力投入活动中，幸福感自然就会提升。对于一个学生来说，在自己成长过程当中，是有相当大的一部分时间都是在学校里面度过的，所以一个班集体对于学生来言非常重要。而作为班主任其导向作用就显得尤为重要，他决定学生的日后发展，所以班主任就需要制订出一个适合集体发展的目标，引导学生朝着目标去努力。让学生在学习的过程中很好地去发现自己的能力和价值，也能清楚地知道自己的责任和义务，这也是一种教育方式。常高艺有些班级在学生入校第一年就提出具体的班级奋斗目标，如，一年级，狠抓常规管理；二年级，进行专业引导；三年级，建特色班级文化；四年级，做好职业生涯规划，获得专业赛事的荣誉以及展示精彩的毕业设计。经过四年多的努力，有的班级获得了校"优秀青年志愿者集体""优秀团支部"常州市"优秀班集体"等荣誉称号，有的班级长期进行的"春蕾计划"一对一助学活动也给贫困儿童带去希望，专业赛事也获得了很多荣誉，进入四年级学生们把更多的精力投入到专业学习中，筹划最能展现自己实力的毕业设计展。

（三）美化班级氛围，创造一个幸福环境

班集体是德育育人的主阵地之一，它没有进行硬性的灌输，而是通过日常学习与生活的渗透让学生逐渐习得知识、学会做人。为学生营造一个幸福的成长环境，不仅有利于他们在成长过程中形成集体认同感，而且有利于形成班级凝聚力。心理学研究证明，自然环境、社会现实会对人的心理产生巨大的影响。对于一个学生来说，他们更愿意去接受一个幸福和优美的学习环境。不言而喻，如果学生在学习过程中能够拥有一个良好的学习环境，这对培养学生的情感也是非常重要的，可以让其愉悦地接受学校和班集体，同时如果学生在一个幸福的学习环境中成长，那么也可以让学生更好地明确自己的努力方向。如果在教学楼，你能看见很多教室一角的书柜和美丽的绿植，好像回到家中的书房；干净的玻璃上贴着有特色的世界建筑贴纸；还有整洁的讲台、多媒体黑板下美丽的花朵图案、墙上学生的蓝色海岸主题彩绘、信息栏上各种专业赛事的信息、黑板上的国旗和时钟，以及班集体所获得的所有荣誉证书。置身这样的环境，相信学生们一定会时刻感受班级的温暖和幸福。

（四）建立和谐的师生关系，促进学生幸福成长

可以说，只有师生之间的融洽关系才能把这个幸福的班集体建立起来。教师作为教育教学的主导者，拥有对学生进行教育、评价、引导的职责和权力，对学生的学习、生活、交往具有直接或潜在的重要影响。师生关系和谐与否，对学生幸福体验的获得至关重要。对于一个班主任来说，首先，应该做到的就是和学生建立起一个融洽的新型师生关系，它不再强调传统的"师道尊严"，而是通过师生互动获取并赢得学生由衷的尊敬与爱戴。在互动中逐步了解学生，去发现他们的优点与不足，然后再通过有针对性的引导，让学生不断地去改善自己的劣势，不断地去发展自己的优势，以此让学生在学习过程当中不断地进步。其次，班主任也是应该多利用课余时间召开主题班会，把热点、焦点及班级当前共性问题都放在班会上，让学生们各抒己见，积极地参与进来。另外还经常举行主题班会，像"手上的青春——低头族""感恩幸福""八礼四仪"等，这些主题班会都别具特色，深受学生的喜爱。

（五）开展主题特色活动，真实感受幸福生活

有一首歌《幸福在哪里》唱道：幸福在辛勤的劳动中，幸福在繁忙的工作里。换一句话说，学生的幸福就是在校园的各种活动中。比如设计系的很多班级在"中国美院毕业展观摩""西太湖聚会""南京博物馆观展""苏州创博会观展"系列班级专业实践活动中，就是以"共营幸福"为基调，还原学习生活的快乐本质，还原学习的幸福本质，让每个学生有成就感和幸福感。

四、创新措施

如何充分调动学生的活动积极性需要在班级工作中充分的发掘每位学生的闪光点，尊重个性发展促进整个班集体的进步。

（一）常规工作、分层授权

以高职三年级为例，班级的各方面发展已经进入稳定的状态，班委作为班级的轴心也运作得很好，对于常规工作，就完全放手让学生管理，班主任只做监督和指导。常规工作繁杂多样，光靠几个班委的力量是不够的，而且要让每位学生都具有班级团体意识需要更多同学投入到班级工作中，根据工作的重要性和覆盖面进行分层次授权管理。

常规工作主要是出勤、文明礼仪、胸卡佩戴、课堂纪律、教室和宿舍的卫生、手机管理。出勤和课堂纪律以及手机管理由班长和副班长负责，每个小组还设有德育组长，专门记录每组同学的表现，学习委员和各科课代表根据上课纪律和作业完成情况进行德育加分或者减分。同样，卫生工作由劳动委员负责，宿舍长和卫生组长协助管理。每周班委之间沟通协调，如果对记录的情况有异议，一起开展班级会议讨论解决，不仅将常规管理工作透明化、公开化，也让更多的同学参与班级管理工作，分层次授权管理使学生了解到常规管理工作的不易，更好地做好自己，让班级工作井然有序。

（二）网络管理、达人先行

互联网和信息化的高速发展，让班级管理工作也有了更好的展示平台，继班级 QQ 群、班级博客后，很多班级还拥有了属于自己的微信公众号，学生、家长以及学校老师关注和订阅。由班级的网络技术达人创建，每天上传一条班级信息，基本上是展示班级工作的亮点和重要的班级活动，如班级的值周活动、市场调研和主题班会。除此之外还会定期地介绍国内外优秀设计师和他们的作品，介绍专业赛事，也会分享一些美文美图、心灵鸡汤，最重要的是展示学生的进步、优秀作品及活动中的风采。

虽然由网络技术达人创建，但是公众号的背后有一个技术小团队，有负责拍摄，有负责修图，有负责撰稿，还有负责收集设计资料的，一个团队展示的是优秀的班级活动，凝聚着集体的智慧。更重要的是给予爱玩手机看似漫不经心内心却存在无数潜能的同学展示才能与特长的机会，学生之间虽然存在个体差异，需要班主任老师有一双"火眼金睛"去发现每位同学的闪光点，尊重差异，发挥每个人的特长使其在班集体中发光发热。

（三）特色活动、灵感碰撞

每学期学校、系部、班级都会开展各种各样的活动，在学期初的第一次班会课班主任提出贯穿于实施班级工作的重点就是班级活动，学生可以积极地发表自己的意见和建议，也可以为某一次活动提出具体的方案，班级通过活动组织与策划，让每位同学都参与其中，把活动的主导权还给学生。

从班级活动开展情况来看，学生们组织有序，责任明确，如联系地点、车辆、购买保险、火车票、地铁票，换乘路线，活动时间把控，完全放手让学生自己策划、安排，老师最后审核把关。

根据组织者的性格特点、做事风格以及活动的侧重点不同，每次活动的策划人都不同，不仅让学生收获了快乐和幸福，也学习到了专业技能，更让老师看到了隐藏在平淡学习生活下学生的另一面。看到学生们在活动中游刃有余，并在活动中充实成长是一件幸福的事。以活动来促进班集体的凝聚力，以活动促进团结协作，让一个班集体更加光芒闪耀。

（四）主题活动，各显神通

班级主题班会是每个学期必不可少的活动，如"八礼四仪""大国工匠—匠心筑梦""我的创意生活"等主题班会，每次活动班主任要求学生提供视频材料、图片资料，还需要在班会过程中全员参与和互动游戏。主持人每次都有新面孔，搭档之间非常默契，互动游戏都是学生策划活动中自荐的，活动环节需要全班同学的配合，少不了能歌善舞者也少不了幽默风趣的同学，有时主题班会与班级文化墙和学校的主题活动结合，需要学生手绘和 POP 字体设计，更是专业达人展示的机会。

班会课是学生们展示自己个性的小舞台，也是师生间相互交流的平台。了解学生尊重学生的个性，用他们擅长的方式展示自己的魅力，才能充分发挥学生的才华。尊重每个个体，个体优秀就促进一个优秀和幸福的班集体。

五、效果反馈

每个学生都是集体的一部分，和谐团结的班集体令学生感到愉悦、催人奋进、乐观自信，助其成长成才；同样，优秀的集体建设有赖于每个成员共同努力、奉献付出。幸福教育过程的本身也应该是幸福的，无论教育者还是受教育者在教育过程中都应该获得快乐、享受快乐，因此，高职院校的教师首先要教会学生愉悦体验和享受生活，让学生在自我实现、自我调适以及与人合作中感受幸福与快乐，并及时引导学生认识到自己不同时期及不同层次的幸福需求，并找到合适的方法来满足这些需求❶。

六、案例反思

学而时习之，不亦乐乎！教育的过程就是一个充满快乐和幸福的过程。积极创造条件，引领学生过幸福的班级生活，是班主任应尽的责任，作为教师我们需要切实转变观念，积极开拓创新，为学生的幸福成长而努力探索、实践，学生只有生活在幸福的班级中，才能让老师工作可以更好地去完成❷。

对于学校来说，应该做到积极地与学生家长进行沟通，时刻关注学生的成长，家校共建，才能更有效提升学生创造幸福和感受幸福的能力，培养和塑造职业人格的魅力。教师、学生、家长既是营造幸福教育的实施者，也是幸福教育的受益者，彼此在共同营造的幸福环境中，才能更好地发展自己，成就未来。

第三节　幸福班集体班主任的自我效能

一、背景介绍

我国改革开放以来对职业教育的师资队伍建设提出更高要求。教育同时具有文化功能、社会功能、经济功能、道德功能以及培养合格公民的功能。职业学校教师应具有幸福教育自我效能职责的任务。打铁还需自身

---

❶ 李伟胜. 衡量学生成长状况提升班级生活质量——解读"新基础教育"班级评价方案 [J]. 中小学管理，2004（6）：51－52.

❷ 张立. 大学生幸福感教育的积极心理学解析 [J]. 社会科学论坛，2009（5）.

硬，教师自我效能的立本要求应具备怎样的自身境界呢？一哲学家曾说："人与其他动物的不同，在于人做某事时，他了解他在做什么，并且自觉地在做。正是这种觉悟，使他正在做的事对于他有了意义。他做各种事有各种意义，各种意义合成一个整体，就构成他的人生境界。"当前职业教育已有了较大的发展，职业教师的思想观念、职业教育的管理体制、师资队伍的结构、教育教学的方式、职业教育所处的社会环境等方面都发生了前所未有的深刻变化，其中有许多是带有根本性的。这些变化，对职业师资队伍建设，特别是教师的自我效能提出了新的标准、新的要求。

二、意义和目的

自我效能指个体对自己是否有能力完成某一行为所进行的推测与判断。班杜拉对自我效能感的定义是"人们对自身能否利用所拥有的技能去完成某项工作行为的自信程度"。班杜拉认为除了结果期望外，还有一种效能期望。结果期望指的是人对自己某种行为会导致某一结果的推测。如果人预测到某一特定行为将会导致特定的结果，那么这一行为就可能被激活和被选择。班主任的自我效能感指班主任相信自己有能力对学生的成长产生积极影响的一种知觉和信息。它影响班主任对所从事职业的主动性和积极性，对德育工作的关注和投入程度以及在遇到困难时克服困难的坚持程度。班主任的自我效能是学生在班集体中感受是否幸福的重要预测变量。

三、实施过程

（一）班主任优先发展的自我效能

因为班主任获得了良好的机遇和条件，并且这种发展是可持续的，是人的一生的。机遇又称时机、机会。它是对特定主体而言的，并非必然出现，但一经出现就可能改变主体的现有状态，促使事物向有利于自身方向发展的事件或条件。一般说来，作为客观事件或条件的机遇绝不偏袒任何人，它对所有的人都是一视同仁，不管是谁，只要他能抓住对他有价值的偶然出现的事件或条件，他就抓住了机遇。这些人有可能成为全面发展的人。马克思说："人们自己创造自己的历史，但是他们不是随心所欲地创造，并不是在他们自己选定的条件下创造，而是在直接碰到的、既定的、从过去承继下来的条件下创造。"❶ 班主任在忠实履行日常工作职责的基础上，使自己渐渐地获得价值的提升。极其平凡的职业中、极其平凡的岗位上，往往蕴藏着巨大的机会，让自己更完善、更迅速、更正确、更专注，调动自己的全部智力，全力以赴，从凡事中找出新方法，得到发挥本领的机会，满足自我心中的愿望。

（二）班主任自主发展的自我效能

马克思有句名言："能给人以尊严的只有这样的职业，在从事这种职业时，我们不是作为奴隶般的工具而是在自己的领域内独立地进行创造。"❷ 班主任自主发展的界定就是把自己从被动的任务型学习工作转变为激发其内在活力、发展愿望，做自己的领导，承担自我开发和管理的责任，主动积极寻找生长点并与学校共同发展的过程。班主任既是工作体，也是生命体。人的发展基于潜能，潜能的外显是一个需要不断发掘的过程。德育工作会让人开发出潜能中沉睡着的巨大资源，使人总是不停地学习、不停地变化、不停地发展，这种状态是"现在进行时态"，这种过程必将转化为自我教育，并在自我发展的轨道上延伸，完成人从生物生命意义到达社会文化意义的过程。

（三）班主任日臻成熟的自我效能

班主任工作意味着责任，责任意识会让人表现得更加卓越与成熟。责任是一种发展自我的机遇，是一种发展自我的手段，是一种发展自我和做得更好的事情。负责任的人是成熟的人，成熟的人能够赢得足够的尊敬、荣誉、合作与认同感。不负责任的行为就是不成熟的行为。英国哲学家冯丽·麦金莱在《人与兽》中指出："存在主义最精辟最核心的观点就是把承担责任作为自我塑造的主旨，抛弃虚伪的借口。"詹姆斯·麦迪逊在《联邦主义者文集》中给"责任"作了明确的界定："责任必须限定在责

---

❶ 马克思，恩格斯. 马克思恩格斯集（第2卷）[M]. 北京：人民出版社，2009.

❷ 马克思，恩格斯. 马克思恩格斯集（第40卷）[M]. 北京：人民出版社，1922.

任承担的能力范围之内才合乎情理，而且必须与这种能力的有效运用程度相关。"不成熟的人还不能完全具有承担责任的能力。

（四）班主任富于至善境界的自我效能

现代社会的进步推进了人的主体性发展和成熟。现代社会是人的理性精神高扬的时代，是人的主体作用极度扩张的时代。它使人的思想得到解放，人的价值观、态度和行为方式发生变化，人们从传统社会的因循守旧、墨守成规向与时俱进、开拓创新的方向转变，形成独立自主、自我负责与社会进步相关联的倾向。他们是自主之人、独立之人、能动之人、创新之人。班主任一旦有了主体性或自主性，便能够形成个人的价值观和生活方式，形成自己的态度、兴趣、个性或风格。完成引导人的主体性和自我实现，促进受教育者由自发到自觉、由他律到自律、由他教到自教的转化教育过程。发挥德育引发、向导、启迪的意义。苏霍姆林斯基说过，教学和教育的技巧和艺术就在于要使每一个学生的力量和可能性发挥出来。

（五）班主任享受工作乐趣的自我效能

在学校里和生活中，工作的最重要动机是工作中的乐趣，是工作获得结果时的乐趣，以及对这个结果的社会价值的认识。班主任从受教育者那里所得到的"尊重与爱"导致一种愉快的心理基础，这种心理基础让人去追求最高财产——生活和工作的意义。爱因斯坦论教育时提到："在每项成绩背后都有一种推动力，它是成绩的基础，反过来，这种推动力也通过任务的完成而得到加强和滋养。在这里存在着非常大的差别，这种差别同学校的教育准则的关系极为重大。做同样的工作，它的出发点，可以是恐怖和强制，可以是追求威信和荣誉的好胜心，也可以是对于对象的诚挚的兴趣和追求真理与理解的愿望……"班主任把自己生命融进职业生活中，从职业中得到快乐和发展，用创造的态度去对待工作，懂得工作的意义和享受工作的快乐，因此是自己精神生活的创造者与富有者。

四、创新措施

（一）树立全新的学生观

传统的观念，将学校看成是培养人的地方，其实这夸大了学校的功能，高估了老师的"施与"作用，没有看到老师、学生、学校是平等、对等的关系，因而不符合以人为本的现代教育理念。这样就需要变"培养"对象为"服务"对象。同时学生交费，也是支撑学校生存发展的基础之一。我们如能从这个角度思考，也许能减少一些内心浮躁和不满，也许能对学生有更多的理解、关爱和责任感。

（二）创新教育方法，努力从最后一名学生抓起

现在的问题学生，通常表现为厌学、抽烟、早恋、滋事、心理不正常等。传统的处理方法：批评教育——联系家长——纪律处分——一开了之。这种方法有一定的效果，有时是不可缺少的，但不能从根本上解决问题。为此必须创新教育方法，基本的要求是不放弃任何一个学生，要从最后一名学生抓起，努力把学生的缺点当作学生的特点去看待，去利用。做到对学生感情温暖，人格尊重，目标开导，学业激励；多做高水平的家访和给力的交流活动。

（三）蹲下看学生，坐着与学生谈话，努力给学生展现自我的机会和平台

我们面对的"问题生"，教师要学会"蹲下看学生"。比如教师在办公室与学生谈话，应当创设师生坐着谈话的方式，学会倾听学生，要让学生把话说完，这体现的是师生人格平等和相互尊重。教师和学校要努力创设机会去赞美和激励学生。面对这些最不缺乏批评和挖苦的学生，他们在意的是你是否看到他们的优点，能否说出他们的优点。心理学家说：满足了人的赞誉的需要，能促使其产生良好的自我感觉，进而增强自信，改正不足。

（四）给力德育工作者

职业学校德育管理干部难、班主任难，这也是事实。我们认为，德育工作者是优先发展的人；德育工作者是自主发展的人；德育工作者是成熟发展的人；德育工作者是富于至善境界的人；德育工作者是享受工作乐趣的人；德育工作者是精神生活质量高的人；德育工作者是有多样能力的人；德育工作者是有影响力的人。我们希望能够相互勉励，永葆教师的尊严与美丽！

五、效果反馈

（一）班主任多样能力的自我效能得到提升

能力是能胜任某项任务的主观条件。做德育工作的人需具备的管理能力、组织协调能力、学习领悟能力、社会交往能力、策划贯彻能力、创新创造能力等都得以相应提高，因为人的能力是可以不断发展的，在丰富多彩的德育工作中，反复多次的实践锻炼，能力的潜在因素得以发展、不足缺陷之处得以弥补。多样能力的人更能发挥主体性作用，实现人的价值。未来的发展也使德育工作者成为教育思想的先行者。因为未来的教育应是弘扬学生主体的"新教育"，是重视内化与外化统一的教育，是突出人文精神的教育，是重视培养亲情的教育……班主任已成为一种专业，班主任更是一个学习者，一个反思者、一个创新者、一个开发者、一个与学生共同成长的幸福者。

（二）班主任影响力的自我效能得到提升

班主任在学生心目中为人是表里如一的、言行是一致的、智慧是高深的、灵魂是高尚的。育人是心灵接触最微妙的工作，需要用心灵去工作，最主要的是班主任本人的精神修养、心性修养。离开了这些，一切的规章都将缺乏灵魂，缺乏神韵。班主任是学生的精神之友，受学生敬佩与爱戴，在学校里有一定的影响力。有影响力的人累积了知、情、意、行综合作用的美德，在道德生活中具有"自我同一性"和"群体兼容性"，能够激发影响受教育者的人生信念与理想，呼唤受教育者的审美意识和道德良知，保障人性的健康进步和人对于真、善、美的爱心与关怀。

（三）班主任精神生活质量的自我效能得到提升

生活质量（Quality of Life）又被称为生存质量或生命质量。全面评价生活优劣的概念。生活质量需以生活水平为基础，但其内涵具有更大的复杂性和广泛性，它更侧重于对人的精神文化等高级需求满足程度和环境状况的评价。人生来就有真、善、美的需要，认知、交往和审美三者是人类的天性，是师生共同创造的生活情趣，用丰富的精神生活，弘扬和提升人的需要，是教育过程中最深奥、最奇妙的领域之一。虽然影响校园生活质量的因素有很多，但德育工作者的个人志趣和素养亦是重要因素，班主任乐于与人打交道、热爱学生、擅长表达自我的资质、丰厚的学识，都能够拓展已经变得十分狭窄的心灵空间和精神世界，让人沉醉其中，品味生活，成为一个情性通达、才智清明的人。

六、案例反思

1. 发现班主任亮点，提高班主任工作热情，高度责任心和教育智慧，班主任工作要能虚事做实，实事做细，细事做勤。

2. 创新德育队伍人本管理方式，出台让大家能接受的刚柔措施，促进班主任自我效能。

3. 完善以绩效考核为主体的管理机制是我们的当务之急。完善各项制度，严格落实各项制度的执行，加强管理工作各环节落实情况的检查，检查结果及时通报。

第四节　幸福班集体学生自我效能

一、背景介绍

一个幸福的班集体，有利于学生自我效能的实现。常高艺倡导学生发展坚持"我学习、我体验、我创意、我时尚、我成功、我快乐"的"6W"理念下，在幸福的班集体中，师生共同生活互相理解、尊重、信任的和谐气氛中。教师从学生身心发展的不同特点出发，以"三位一体"的"三创"（创新的意识、创意的技能、创造的实践）、"三能"（应用性专业工具能力、内涵性人文拓展能力、把握幸福人生的心智能力）的人才培养为目标，使用多样方法重点培养同学的创造性以及主动性，让学生体会到积极参与后的自豪感、成就感及幸福感，从而达到在构建幸福班集体的同时，使学生的自我效能得以实现。

自我效能（Self – efficacy）：指一个人在特定情景中从事某种行为并取得预期结果的能力，它在很大程度上指个体自己对自我有关能力的感觉。

自我效能也是人们对自己实现特定领域行为目标所需能力的信心或信念，简单来说就是个体对自己能够取得成功的信念，即"我能行"，它由美国斯坦福大学（Stanford University）心理学家阿尔伯特·班杜拉（Albert Bandura）在 20 世纪 70 年代首次提出，20 世纪末已经成为教育界的一个关键理念，正在被广泛应用于医疗保健、管理、运动以及诸如发展中国家的艾滋病（AIDS）等看起来极为棘手的社会问题等领域。它也是在 20 世纪末席卷心理健康领域（积极心理学）运动的一个重要特征。积极心理学发展的重点，是性格的优势，而不是削弱了坏的特点。

二、意义和目的

Wool folk 提到，学习效果的好坏与学习动机有关联，然而学生的自我效能却是学习动机的最主要来源。在学校教育中，班杜拉的自我效能理论运用于教育情境中的各个年级水平、各个领域和不同能力水平的学生身上。研究者主要考察个人和教育环境及社会环境中的因素如何影响自我效能，自我效能又如何怎样影响学习行为、动机和成就等。特别是对学生自我效能感、教师效能感以及学校效能感的研究以及三者之间关系的研究较多。本研究的结果表明，影响自我效能感的因素，在学校范围内，包括建立的目标、信息处理、榜样和反馈的作用，且目前研究也证实，课堂气氛部分受教师的教育效能感决定，对同学们的自我效能的形成也会有很大影响❶。

个人可以在环境互动的过程中形成自我效能感，当人们看见与自己相似情况的他人获得成功时，就会增强自我效能感，他人对自我效能感的主要受自己和他人之间的相似度影响，越大的相似度，他人成功经验就越具有说服力。因此，如果教师能善于引导学生在自己的周围发现榜样，从而在榜样身上发现自己的潜能，将有效增强高职学生自我效能感。

高职学生自我效能感提高的关键是能够体验到成功，让他们感到付出才能有回报。由于自我效能感是一种源于多种经验关于自己能力的自我观

---

❶ 陈辉，黄高贵. 高职学生主观幸福感自我心态图及自我效能感的相关性研究 [J]. 职业，2011（32）.

念。成功的体验能让学生意识到自己的能力，增强自信。

目前，国内对学生自我效能感领域内的主要研究集中于对学习水平和学习成绩的影响。研究报告证明，学生自我效能感高，他们的学习质量和学习成绩显著超过自我效能感低的学生。对于自我效能理论的研究，大部分都在考察个人和环境（教育的、社会的）因素怎样影响自我效能，自我效能怎样影响学习行为、动机和成就等。

乌申斯基表示："教育的主要目的是让学生获得幸福，而不是为了任何不相关的利益而牺牲幸福。这显然是不容置疑的。"高职院校的学生是现代社会的一群特殊的群体，他们承载着学习成绩并不如意的压力。让每一个学生都拥有幸福感应是我们教育者的追求。常高艺的德育工作者尽全力发现学生身上的正能量，使每位同学都能有一种争求向上的心态与强大的动力，这样幸福班集体可以促使学生自我效能的实现。

三、实施过程

（一）名人效应提供正能量，自我暗示法提高学生自我效能

在茉莉·安德鲁斯最近出版的《家》自书中，我们看到在 12 岁那年，她到 MGM 第一次试镜的事件。她如此写道："那时的我看上去这样的平凡，他们一定要给我补点妆才能开始。"可惜最后的结果还是不尽如人意，她还是不够上镜。

J·K·罗琳的《哈利波特与魔法石》（ *Harry Potter and the Philosopher's Stone* ）是一本以一位少年魔法师为主角的奇幻小说，以往总计受到 12 家出版社的谢绝，在它被英国伦敦一所小型的出版社出版之前。Decca Records 也曾不和 the Beatles 乐队签订协议，缘由是"我们不怎么欣赏他们的音乐"。华特·迪士尼也曾被某家报纸编辑用"枯竭的想象力"作为理由辞退了。有"飞人"之称的迈克尔·乔丹在他上高中的时期也曾被学校的篮球队排除在外❶。

---

❶ 于家杰. 高职学生主观幸福感与自我效能感关系的研究意义［J］. 延安职业技术学院学报，2012（4）.

学生学习了案例以后意识到：以上成功人士都拥有这种"自我效能"，它是一种信念——坚定不移。拥有它的人，始终相信自己会成功。

（二）同伴激励，实验法提高学生自我效能

实验法是一种间接经验，它由学习者以观察榜样的行为而自我取得。另外，它对自我效能的构成也具有重要影响。在班级里一个寻找和发现与自身能力相差无几的榜样取得成功，就会提高自我效能，觉得自己一样可以完成这样的任务。同理，如这个榜样任务完成失败了，肯定会下降自我效能感，以为自己也不可以有获得胜利的可能。

经过两种认知过程，这类观察学习对自我效能的影响得以达成。一是社会比较的过程，学习者运用比较的方法，参照自己的表现判断自己的效能。二是供给信息的过程，学习者能够从榜样的展示过程中学到有用的处理事情的要领，明白处理事情的要素，这些一定能够对自我效能发生必然的影响。各种要素在观察学习过程当中，都会作用于构建自我效能产生。

最大影响效能是学习者自身经历，屡次失败经验可以下降自我效能，而胜利经验则能增强自我效能。一直获胜能够让人构建起稳定的自我效能，这类效能感不可能由于临时的受挫而下降，相似的生活情境里也不会有影响。

四、创新措施

（一）幸福班集体学生通过问卷调查的形式，得出自我效能曲线图

1. 调查取样

以常高艺高职三年级的学生为样，含播音、表演、动画、环艺、平面、服装专业的学生，本次问卷调查共涉及 9 个班，学生 321 人。

2. 成败经验与自我效能感

班杜拉说："成败经验是个人在实践活动中取得自我效能感的一种最详细、最重要的手段，它能够获得成就程度的感知。由于它的建立方法，

显示了个人的能力，一种掌握或者控制环境事件的能力。"[1] 因而可知，对个人增强自我效能感有较大的帮助是成功的经验。这也是问卷调查所显示的。在一般情况下，成功的经验越高，其学生的自我效能感就越强。

（二）幸福班集体学生通过素质拓展增强团队意识

高职三年级的学生，在一起相处了三年，他们面临踏入社会，团队合作的意识需要在学校就开始培养，通过一系列素质拓展活动，不但增强了学生们的互相信任和集体荣誉感，也让更多的学生意识到合作的重要性，在未来的工作中能更好地扮演自己的角色。

五、效果反馈

因为一些非能力要素可能影响高职学生自我效能的实现，所以学生在评价自我效能过程中，一定要同时考虑能力以及非能力要素对其行为成功和失败的影响。另外，在能力要素以外，其他非能力要素。如自身的努力、活动的难易程度以及他方援助的多少等所有要素多少会影响构建自我效能。若难度系数较高的任务，个人也竭尽全力，这时候的胜利可以提高自我效能感，反之，此时的失败则不可能降低自我效能感；若难度系数较低的任务，过程中很辛苦，虽然成功了但也不可能提高自我效能感，反之，失败则会下降自我效能感。

六、案例反思

逐步提高目标，给学生成功体验，从而提高幸福班集体的自我效能。这就要求教师要善于发现学生点滴的进步，巧用激励，激发学生的参与热情，增强其自我效能感的动力。成功还需要创设机遇，班主任要善于为学生创造机会，让他们在活动中体验成功，展示才能。对于那些自我效能感较弱的同学可尝试从最简单、易完成的工作开始，给他（她）创设成功的机会，并且及时分享，从而不断提高其自我效能感，实现幸福班集体所有同学自我效能的提高。

---

[1] 吴玉国. 让每一所学校进步让每一个班级幸福 [J]. 华人时刊, 2013 (5).

第五节　班级文化建设

一、背景介绍

著名教育家杜威曾说：学生在学校可以同时受到两种教育，获得两种知识；一种是有意识地学到的知识，一种是无意识地学到的知识，有意识地学到的知识是专门的学习学到的，而无意识学到的知识是他们受到人文环境的影响，在环境中看、听、与人交往时所获得的知识❶。杜威所提到的人文环境，广义上可理解为校园文化建设，狭义上可理解为班级文化建设。班级文化作为班级建设的灵魂，它对学生的影响是积极主动的、是潜移默化的、更是持续长久的。常高艺作为一所艺术类的专科学校，针对高职学校的具体实际和高职学生的身心特点，积极探索高职特色班级文化的创建模式，为营造积极向上的班级文化环境，为学生的健康成长，提供了可供学习借鉴的新举措、新办法。

二、意义和目的

通过创设一个民主、和谐、人文、进取的班级文化氛围，释放人的价值；集体作为个人心理素质内化发展的中介，重视班级文化建设，即重视和关注每位学生的身心发展，使其在集体学习和生活中充分释放灵动个性、发挥聪明才智，培养自主管理的能力，树立自我规划发展的意识，建立和谐的人际关系，从而真正实现班级文化的育人目的，使班级和学校真正成为学生成长的乐园！

三、实施过程

（一）凸显人文艺术、构建班级物质文化

班级物质文化主要是指教室的环境布置与装饰美化，也是班级学生精

---

❶ 张惠君. 浅谈班级文化建设［J］. 学周刊 B 版, 2014（12）.

神状态与素质修养的外在显示。苏霍姆林斯基曾经说："无论是种植花草树木，还是悬挂图片标语，或是利用墙报，我们都将从审美的高度深入规划，以便挖掘其潜移默化的育人功能，并最终连学校的墙壁也在说话。"常高艺确立了"崇艺、尚美"的校训和以"三创三能"的育人模式，引导各班在班级环境建设过程中，积极营造健康和谐、整洁优雅且洋溢艺术气息和职校特色的班级物质文化，形成"尚美德育"的文化氛围，使教室成不仅为学生学习、生活、交际的主要场所，而且成为陶冶情操，给人启迪的育人阵地。

1. 让每个学生都投入到具有艺术特色教室的布置中来

结合学校的班级文化创意大赛，号召班级成员充分发挥自身特长，争做特色教室的"设计师"，为此各班班委专门召开了"关于班级文化建设"听证会，集思广益，从中挑选并整合设计亮点，最终确立本班的最佳设计方案。活动从方案的确定到任务的落实，均由学生自主安排，人人参与，充分体现了以赛促建，和谐发展的自主管理理念；同时由于各班在设计过程中结合专业特色与年级特点，所设计的方案各不相同，最终呈现出的教室环境布置也各具特色，常高艺"美"文化的种子也由此在学生心中生根、发芽。

2. 根据专业特点设计好各班的文化展示牌

围绕班级文化牌的设计宗旨，即"符合主题、积极健康、富有创意、体现特色"，要求各班借鉴企业做法，把班级命名为具有市场性的企业名称，成立以班主任为企业主管（法人代表）、班级学生为企业成员的企业团队；设计能体现企业文化和班级特色的标志（指班徽）；确定本班级（企业）的宗旨和目标；以集体照的形式展示班级（企业）成员的精神风貌；提供反映班级文化的经典活动照片。在此基础上各班充分结合专业特色、行业特点与"尚美"德育很好地融为一体，形成设计新颖、各具特色、具有美感的常高艺班级环境建设的独有符号。

3. 根据专业成长的特点设计好班级文化角

各班结合本班管理实际与专业特色，充分利用文化墙、照片墙、图书角、手机管理区、公告栏、电视柜、讲台、卫生角等班级的美化空间和载体，用心打造班级的文化特色，建立班级专业文化学习角。如主持与播音专业的学生，根据需要，创设了"英语角""配音角"等学习交流小组，通过文化墙、照片墙及公告栏等班级文化载体，定期发布专业资信、学习动态、学习成果，这样不仅提高了学生的学习主动性与积极性，而且还极大地丰富了学生课余生活，真可谓是一举多得！再如服装专业的学生在专业老师的指导、策划下，创建了"模特角"，通过收集相关影视资料、期刊，并定期更新，通过观摩、学习各种时装模特表演，成立业余模特队，了解服装流行趋势，把握时尚潮流，及时更新理念，为专业发展走向市场奠定了坚实的基础。

"桃李不言，下自成蹊"，班级物质文化建设对学生潜移默化的影响和感染，同样印证了马克思所言："人创造环境，同样环境也创造人。"

（二）依托自主管理、激活班级制度文化

科学、规范、系统的学生管理制度是建立公正和谐、生动活泼校园文化氛围的重要保障，也是规范学生行为，进行素质教育、养成教育、思想政治教育的坚实基础❶。常高艺以服务师生、主动发展为根本，充分贯彻人文精神，建立了人本、积极、科学、向上的德育育人制度，激发学生内心深处的"真、善、美"；积极践行学生自主、体验式的幸福德育管理模式，引导学生充分发挥主体作用，使其不仅成为班级文化制度的制定者与执行者，而且成为班级文化制度的主体与受益者。

德育档案制就充分体现和贯彻了这一班级制度的育人理念，它涵盖了学生思想素质、学习情况、日常考勤、校纪校规、社会实践、集体活动、比赛获奖、自主管理等八项内容，并对每项内容做了详细而具体的评分标准，使传统的《学生一日常规》等零散的班级制度、公约和纪律整合为一个要求。在新生入学时组织学习，并在执行的过程中，广泛听取学生意见，结合班级管理实际进行调整、修改，让学生全程参与，不断完善班级制度建设。

在德育档案的执行过程中也充分体现了学生自主管理的理念，德育档

---

❶ 陈桂兰. 论高校学生管理制度的建设与创新［J］. 学周刊 B 版，2014（12）.

案是一个细化了标准的系统要求，它的执行同样需要班级学生的共同参与，通过值日班长、宿舍长、手机管理员等学生自主管理队伍，使每位班级成员的日常表现用以分值的形式直观地反映出来，每周一小结，每月一总结，学期一汇总，让学生及时了解自我表现并做出积极的调整。通过学生自主管理不仅很好地解决了师生间"管"与"被管"的矛盾，和谐了师生关系；而且学生通过岗位体验，学会换位思考，变"要我遵守"为"我要遵守"，从而激发学生更好地执行、遵守班级制度，为班级文化建设保驾护航。

（三）搭建活动平台、升华班级行为文化

班级行为文化，是指学生在学习过程中，产生的活动文化。包括班级及学校各层面开展的各类学生文体活动，以及由此所展示和折射出的班级学生的精神状态与价值取向。常高艺积极践行"6W"活动育人理念，即"我学习、我体验、我创意、我时尚、我成功、我快乐"，主动搭建学生活动平台，引导各班召开特色鲜明、形式多样、精彩纷呈的活动，如晨读大赛、主题班会、专业展示、拓展训练、团队活动、创意评比及各类文体活动等，让学生在潜移默化中，培养、巩固、升华班级行为文化。

以艺术设计系的晨读大赛为例，每年四月系部举办"早起来，读书去"的晨诵大赛，在历时近一个月的预赛与复赛中，学生们琅琅的晨诵声，伴随着春日盛开百花的芬芳，响彻在美丽的书香校园。一顿顿精彩纷呈、声情并茂的诵读大餐让所有参与者的耳朵乃至灵魂享受了前所未有的奇妙之旅，既欣赏了底蕴深厚、感人至深的经典文化，又走进了触人心弦的特殊情境。可以说，在"三创三能"人才培养理念的长期浸润下，常高艺的晨读大赛已经从一种中国千年传承的行动符号上升为一种常艺特有的文化品牌，一种独特的文化现象。

内容上博"读"群书：诵读的内容上除了传统的诗词歌赋外，弟子规、英文经典、当代励志诗歌、歌词频频亮相外，10平面班的心灵晨读，独出机杼地选用了带有心理暗示的文本《做一次光明的旅行》，"永远与智慧和光明为伍，永远与愚昧和阴暗脱离"反复的呼告升华，让同学在阅读中得到启迪，实现成长。

形式上不拘一格：晨读本是一种传统的学习形式。在立足传统的同时，又不拘于传统的束缚。大赛的场地可是教室亦可是校园一角，优美的环境配合或变化各异的队形、自制的统一服饰，宛转悠扬的配乐，精心制作的道具，墨香四溢的书法展示。在形式的背后，是学生一样的精神饱满、风华正茂；一样的意气风发、壮志凌云。晨读所展示的不仅仅是目所能及、耳所能闻的感官愉悦，更是展示出各班良好的精神风貌和班级风采。通过晨读，真正激发了学生"乐读""悦读""美读"的兴趣，形成了良好的学习氛围，培养了高远的志向和博大的胸怀。

每次活动的开展，时间虽然短暂，但对于所有参与活动的学生而言必将成为他们回忆过往、分享人生历程某些片刻闪过的难忘时刻，就是这样匆匆而过的活动已经改变或影响了他们的价值观和人生观，由此真正实现了活动滋养、熏陶、渗透的育人目的，收到了"春风化雨，润物无声"的良好效果。

（四）通过多种途径、彰显班级精神文化

班级的精神文化是班级文化的灵魂与核心，是班级文化的隐形层面，是班级学生所认同的人生观、价值观以及为人处世的行为标准与道德准则等。班级精神文化是一个抽象的概念，它需要借助一定的载体来具体反映、宣传并融入每位班级成员的内心深处。

班级精神传播的"载体"即指班级博客、QQ群、班级文化墙、宣传窗及各种活动展览等班级信息传播的工具或渠道，通过其展示、宣传班级精神文化。（1）弘扬班级正气，提炼班风、学风。组织班级成员共同总结、提炼具有本班特色的班风、学风，明确共同的奋斗目标和努力方向，以标语等形式张贴在班级的醒目位置，并贯穿于整个班级文化建设中，从而达到对学生进行长期激励、增强集体荣誉感和凝聚力目的，真正实现"班风正、学风盛"班级文化氛围。（2）利用专业优势，打造品牌文化。引导学生利用专业优势，以班级品牌打造为核心，通过设计班旗、班徽、班歌等班级品牌文化的标志，并将其融入班级文化建设中，使其成为班级精神的结晶和灵魂，如艺术设计系各班设计了班旗、班徽，而艺术表演系的学生则创作并唱响了班歌，通过班级博客、QQ群、宣传栏等班级信息传播的工具或渠道，使其植根于学生心中，成为学生心中的一盏指明灯，形成班级主流精神导向。（3）开展班级活动，凝聚班级精神。通过开展形式多样的活动，如主题班会、创意节、K－SHOW音乐节校园十大歌手比赛、"毅行"等活动的开展，对积极的班级精神的完善、发展和巩固起着精神支柱的作用，提供了强大的发展动力。

四、创新措施

（一）结合专业发展，建设特色班级文化

高职校的班级文化建设，必须紧紧围绕学生的专业发展进行开展，充分体现学校特色、专业特色、班级特色。在建设中融入的专业元素，体现艺术内涵，努力挖掘专业对学生的育人功能。在常高艺，无论是在班级的物质文化建设中，还是在精神文化建设中；无论在班级的常规管理中，还是在活动开展中，都可以深切地感受到专业特色给班级文化建设带来的前所未有的巨大变化与惊喜，堪称专业与德育二者紧密结合、协调发展的典范。

（二）发挥自主管理，助推特色班级文化

在班级文化的建设过程中，充分信任、尊重学生，敢于放手，让学生大胆参与班级管理，很好地发挥了学生的主体作用。通过建设一支有组织能力、有管理能力的自主"微管理"学生服务队伍，如小班助理、手机管理员、纪律管理员、食品管理员、宿舍长、值日班长等几支学生信息员队伍，定期培训、定期考核，充分发挥了自主管理的能效。

（三）开展品牌活动，提升特色班级文化

活动的开展在班级特色文化的形成过程中发挥了不可或缺的重要作用，而品牌活动更是起到了无可替代的作用。从两系的晨读大赛，到艺术设计系的创意节、职业生涯规划大赛和艺术表演系的K－SHOW校园流行音乐节，再到各班的主题班会、专业活动展示等活动；在这样的活动中，让我们的学生欣喜地意识到"我是这个特色班级中的一员"，为生活在这个集体中自豪不已，为班级有这样的特色而骄傲，从而真正实现了寓教于乐、活动育人的目的。

五、效果反馈

班级特色文化的建设为培养"三创三能"学生、打造幸福班级、营造和谐校园提供了一个不可或缺的育人平台，尤其是学生在班级文化的浸润与滋养下，阳光自信、团结合作、善于创新、敢于担当的良好精神品质在他们的身上已经悄悄扎根，反之学生所具备的这些品质与素质又促进了班级文化建设的内涵提升与健康发展，二者相辅相成，互相促进。

六、案例反思

班级特色文化的建设是一个由浅入深、内外兼修、循序渐进的发展过程。在几年的探索和实践中，笔者深切感受到班级文化建设的重要性和引领性，及其给学校德育工作带来的新变化。为进一步彰显"美"文化内涵，为学生营造健康、幸福的成长环境，在建设过程中还需打破班级间不平衡的局面，尽快缩小班级间的差距；充分利用班级博客、班级公众微信号等新媒体来建设、宣传班级文化，让家长更多地参与其中，更好地发挥家、校共建的作用。

第六节　手机管理模式创新

一、背景介绍

随着手机和网络的普及，学生纷纷携带手机等电子产品进入校园，尤其在职业院校，学生智能手机持有率非常高。学生大多住校，远离家人，手机给他们的校园生活学习带来了很大方便，但也导致了很多学生不能有效管理、科学使用手机，甚至变成了"手机控""网络控"……无论是上课或下课、走路或用餐、白天或晚上，校园内的低头一族随处可见。如何引导学生科学管理和正确使用手机成为世界各国教育者面临的难题，目前通行的主要做法有：一是禁止学生带手机进校园，学校增加固定通信设施和网络终端；二是采用在校期间或者上课期间，手机实行临时收缴，代为保管；三是交由学生自主管理，教师监督提醒，倡导有条件使用手机。这些管理办法相对比较零散，大多是治标不治本，有的受到学生和家长的抵制，有的在操作上比较麻烦，实际效果并不理想，手机管理成为教师课堂管理挥之不去的阴影❶。

二、内涵和意义

近年来，常高艺在实践中摸索出一条适合高职院校学生手机管理的新举措，我们把它概括为手机使用"888 模式"。它主要是指将一天 24 小时分为睡眠、上课和生活三个板块，各占 8 小时，学校引导并要求学生在手机使用方面分别实现三个做到，即每天 8 小时的睡眠时间必须保证，做到关闭手机；8 小时的上课学习时间免受干扰，做到远离手机；8 小时的课余生活时间健康充实，做到用好手机。该模式旨在有效、规范地引导学生合理使用手机，从而最大限度地减少或杜绝手机对于学生学习和管理的干扰，变"他管"为"我管"，"玩具"为"工具"，既有效提高了学生的自主管理能力，又为打造幸福和谐的班集体奠定了基础。

三、实施过程

（一）制度领航，要求明确

俗话：没有规矩，不成方圆。制度的建立不仅是管理走向成熟的重要标志之一，而且也是用来激励（约束）个人行为的重要举措之一，手机管理在制度要求做到"四统一"，即统一思想认识、统一管理举措、统一专人管理，统一考核制度。通过发放《关于全面推行学生手机使用"888 模式"的通知》《关于学生在校携带与使用手机的管理规定》《手机管理员职责》《学生综合德育侧评办法》等文件材料，对于违反手机使用管理规定种种情况给出了明确、具体而又恰当的处理意见，如与德育学分挂钩，与学期奖学金及各类评优、评先挂钩等，这些制度为手机管理的有效实施

---

❶ 茹鲜古丽. 关于伊宁卫生学校学生手机使用情况的调查报告 [J]. 考试周刊，2010 (29)：224－225.

奠定了坚实的基础。

在不同的时间段，学校对学生和管理部门推出了明确的管理举措和要求。比如 8 小时睡眠时间必须保证，做到关闭手机，在学生层面：每天将手机的开机时间设定早上的 6 点或 6 点半，晚上的关机时间设定为 10 点或 10 点半，充分保证本人和同宿舍成员的 8 小时睡眠时间；在学校层面：对学生宿舍插座电源、无线网络等方面进行整体管理，一是在学生的睡眠时间，学校的住宿区不提供无线 WIFI 信号（移动数据保留）；二是阶段性切断插座电源（一般是从晚上 10 点半到第二天早上 5 点半）；三是在每幢宿舍楼的一楼专门设置了一个前厅，适当延长电源插座、无线 WIFI 等的使用时间，满足学生的临时学习和生活需求等。其间，学校还会通过各个层面的宣传发动，如发学生倡议书、告家长书、开主题班会、辩论赛及班级手机管理专题文化墙的评比等生动丰富、形式多样的宣传活动，让学生所见、所闻、所到之处皆能受到教育和引导，润物无声，从而充分认识到科学使用手机的重要性。

（二）措施扎实，责任落实

上课时间是管理的重点也是难点，我们为了让学生的学习免受干扰，提出了远离手机的要求，并推出手机管理袋方式进行管理。各班在教室一角统一设立手机管理区，挂放手机管理袋，要求学生课前把手机关机放入手机袋中统一管理，一人一袋，专人使用。同时，各班推选 1~2 名责任心较强的同学作为班级的手机管理员，系部每周定期召开手机管理员会议，明确职责，加强培训，规范管理。手机管理员除了负责登记、了解全班同学的手机品牌、型号、颜色及数量等基本信息外，还要负责每节课课前对同学的手机使用情况进行提醒、监督与管理，遇到有些授课内容确实需要使用手机时，手机管理员要提前在教室门口悬挂"本节课需要使用手机"字样的提示牌。

学校更注重围绕以美为核心的校园文化引导学生，处处营造文化氛围，充分体现学校特色、专业特色、班级特色的特色美，在管理中注入艺术的元素与内涵，努力挖掘专业对学生的育人功能。特别是在手机管理袋的设计上，更是充分地凸显了这一理念。以艺术设计系为例，服装班的同学充分利用服饰设计的专业优势，每个手机管理袋都是由学生亲手设计并缝制的；平面班的同学在统一购买的白胚布手提袋上，手绘设计个性的图案和广告语，装点自己的手机小窝；动画班的同学还结合专业，将各种卡通形象搬到了手机袋上，有的班级还把"手机管理区"与班级文化墙、图书角融为一体，形成专业文化，建设成"班级特色文化区"。同时，学生充分发挥自己的想象力给手机管理区，取了个性而又有创意的名字，如"停机 STYLE""我家的停机场""我的泊机位""phone 的小窝""机关一课时"等。把自己的手机放在自己亲手设计并精心装饰的个性而温馨的手机袋里，学生不仅乐于接受，而且也逐渐成为一种时尚。

（三）整合资源、持续推进

学校、家庭和社会都是学生教育和成长的相关方，在尊重学生实际需求和手机实际功能的前提下，学校要争取家长、网络运营商等方面的支持，整合校内外力量资源共同推进模式的有效落地。

学校通过形式多样，生动丰富的活动来不断深化推进，不断激发学生的参与热情。如在全系开展"学风建设"评比活动，把手机管理作为学风建设的重要内容来考核、评比，通过"看、听、查"等形式，即"看"各班手机管理员每周的汇报材料，"听"任课老师的课堂反馈评价，"查"课堂手机的管理具体落实情况，每周评选 3 个"手机管理示范班级"，并授予流动红旗；同时通过学期学生德育档案的汇总，结合学生自评、同学互评、班主任推选等综合评价形式，对于课堂手机管理执行到位的同学及认真履行手机管理员职责的同学，系部将分别授予"手机管理先进个人""优秀手机管理员"等荣誉称号，同时每两周安排一名手机管理先进个人利用升旗仪式的时间交流自己手机管理的体会与感悟。另外，通过开展"学生使用手机的利与弊"的辩论赛，"我的手机管理故事"征文等活动，让学生对手机管理的认识不断深化，从而消除在手机管理过程中的倦怠感，确保活动持续、深入、有效地开展下去。

（四）搭建平台、成功"变形"

智能手机的飞速发展，赋予了手机更多的功能，为更有效地进行手机管理，学校曾针对学生迷恋玩手机的现象进行了详细、深入的调查，调查结果表明：除了正常的通信联系外，92%的学生使用手机主要是用来打游戏、看小说、看娱乐新闻、听音乐、发微信、上 QQ 等，仅有8%的学生是利用其网络资源共享功能来查找学习资料，从中不难发现手机已成为当今高职学生消遣娱乐的高级玩具。

针对这一现状，学校各系部结合专业教学实际，搭建平台，充分挖掘手机的学习辅助功能，引导学生正确、合理地使用手机，如艺术设计系各教研室通过建立专业公众微信号，引导学生定期发布专业学习信息，如师生优秀作品分享，专业活动展示与报道以及资源平台共享等，小到一节课的学习心得，细到每一幅作品的局部介绍，甚至是分享一个值得推荐的链接，只要与专业相关，字数、内容、题材不限，经老师审核、修改后均可上传分享。通过该举措的有效实施，一方面充分调动了学生利用手机进行学习的积极性，另一方面也为学生提供了很好的展示交流平台，同时也提高了学生的综合素质与能力，如写作能力，图片处理能力及与他人交流和合作的能力等，而这些能力与素质的提高又促进和提高了专业学习能力，真可谓是一举多得。为确保这一举措能深入持续地开展下去，各教研室结合自身专业教学实际和学生管理特点，制定了切实可行的配套考核管理制度，如学期初，给每位学生下达明确的工作任务，每月定期公布，同时把考核结果与学期专业成绩、外出实践学习、工作室推优、技能大赛后备人选的选拔等一系列评先评优相挂钩，极大地提高了学生的参与热情与学习激情，从而较好地实现了手机"变形记"，即从学生的高级"玩具"变身为辅助学习的新"工具"。

四、创新措施

（一）尊重学生，自主管理

手机管理充分利用高职学生的自我意识，一改以往由班主任或任课老师用强制的方式代为保管的管理举措，而是通过推选学生手机管理员和开展形式多样的活动等有效途径，不断提高学生思想认识，在尊重学生的前提下引导学生实行自主管理。

（二）专业渗透，人性管理

引导学生充分利用专业优势，设计、缝制、装饰属于自己的个性手机管理袋，在教室给手机安个"家"，让学生的手机由原来放在自己口袋（包）中的零散管理，变为在教室的设立个性手机管理区统一管理，学生乐于接受。对8小时睡眠时间的保证，更多地关注学生的身心健康发展，人性化的管理使学生的抵触情绪瞬间减少。

（三）突出使用，考核管理。

结合学校全面推进智慧校园建设，积极开展师生信息化培训，组建信息骨干队伍，定期对班级微信群、QQ群、专业学习公众号等进行总结评比，对师生、班级各项举措的落实情况进行展示考核，引导师生对手机和网络加强应用，变"玩具"为"工具"，有效促进学生的健康成长与和谐发展。

五、效果反馈

常高艺实行手机管理的新举措、新模式已有四年多，由点及面，再由面促点，即先从几个班试点，再扩展到整个系部，全系全面推广后再来重点推进开展力度相对较薄弱的班级。这种新举措的实施与"95后""00后"学生的成长特点和生活实际相吻合，它的全面实施，使得原来的管理与被管理，变为服务与被服务，既和谐了师生关系，也巩固了管理成果，最终使学生、老师和家长的三方受益：学生上课更加专心，课堂学习效率明显提高；老师上课更加舒心，课堂纪律明显改观，教学质量稳步提升；家长更加放心，孩子不再迷恋手机，话费明显减少，睡眠时间、身心健康得到保证，从而促使三方达成共识，为这项工作深入、持续、有效地开展奠定了坚实的基础。常高艺手机管理新模式的成功探索和有效构建，也为兄弟院校在校学生手机管理提供了切实可行借鉴的解决方法。该做法先后在《常州日报》《南京晨报》等各大媒体报道、推广，受到很多大中专院校的关注，收到了很好的反响。

六、案例反思

手机使用"888 模式"作为一个全新的管理举措，也是一个未尽的话题，在实施的过程中还存在一些问题：如合班课手机的管理，各班的管理力度不一，活动的开展还需要及时推陈出新，网络公司的整合难度较大等，这些还需要我们在今后的实践中不断摸索、认真反思、及时总结，力求有新的突破和发展。

幸福活动体验

一直以来，校园活动在育人工作中起着举足轻重的作用。丰富多彩的校园活动让学生有了更多的"幸福体验"，更有利于培养学生自信、自强、自主的优良品格，有助于学生心理的和谐、健康发展。常州艺术高等职业学校（以下简称"常高艺"）按照"三创三能"艺术人才培养目标的要求，积极构建以"我学习、我体验、我创意、我时尚、我成功、我快乐"为内容的"6W"幸福活动体验平台，让学生在活动中主动学习、体验；在活动中展示时尚、创意；在活动中收获成功、快乐，不断调动和激发学生心理的积极因素，促使学生产生积极情绪和体验，有效提升学生的心理和谐度和主观幸福感。

第一节　概　述

一、幸福活动的含义

幸福和幸福感包括积极的情绪，也包括积极的状态❶。在这里，幸福

---

❶　陈矫. 积极心理学视野下大学生幸福感教育［J］. 经济研究导刊，2010（1）：258－259.

活动是指能够促使学生产生积极情绪和积极状态的校园活动。

二、幸福活动研究背景

目前，学界关于职校生心理健康尤其是幸福感教育的研究比较多。但研究发现，基于积极心理学的幸福教育策略的研究还并未广泛推开。在这些研究中，单纯从校园活动角度出发的幸福教育策略几乎还处于空白状态。因此，从幸福活动体验的角度来思考职校生心理和谐与幸福感教育策略是十分有必要的。

三、幸福活动研究意义

（一）理论意义

由于单纯从校园活动角度出发的幸福教育策略研究和实践较少，所以，立足校本和职校生成长实际，研究和探讨职校生幸福教育策略，将补充完善积极心理学研究及幸福感教育的研究，具有很高的理论价值。

（二）实践意义

本章将以幸福教育策略研究为目的，以常高艺具体活动案例为抓手，阐述职校生心理和谐与幸福教育具体实施策略。可操作性强，并具有一定代表性。其中许多活动案例可以在其他职校进行复制，对职校开展幸福活动具有很强的借鉴性和可复制性。

四、校园活动的常见弊端

（一）校园活动目的不明确

许多学校开展校园活动还存在以相关政策或要求为导向的现象，并未从学生心理和谐的要求和学生幸福感的培养的角度来思考活动的开展。这样开展的活动容易产生学生不积极、活动不精彩、效果不显著的后果。

（二）校园活动参与面不广泛

校园活动受场地、经费、组织力量等因素限制，很难做到人人参与，有时仅仅是针对少数积极的学生干部或某方面具有特长的学生。如此校园活动的受益者也只能是少数学生，大多数学生只能"置身其外"。那么，幸福感的体验和提升也只能局限于少数学生。

（三）校园活动效果不达标

由于活动开展的导向及活动的目的不够明确，造成许多校园活动的最终效果和活动前的设计预想相差甚远。学生不积极导致活动过程不够丰满，提升学生心理积极态度和幸福感提升的效果也自然大打折扣。

五、"6W"幸福活动平台

常高艺根据艺术类学生的身心特点和培养要求，在不断丰富学生校园生活的基础上，根据学生自主发展理念，突出兴趣和体验两大要求，整合开发活动资源，将开展时间和参与范围作为两个维度，把全校、各系和各班100多项活动划分为"我学习、我体验、我创意、我时尚、我成功、我快乐"六大板块，全面搭建了"6W"幸福活动体验平台。每位新生入校之后对每个年级、每个系部，以及每年的各个时间段将要开展的活动都有了全面的了解，然后选择性地参与其中。他们在学习中获得自信、在体验中触摸成长、在时尚中提升品位、在创意中开拓思维、在成功中收获幸福、在快乐中享受生活。

学校的活动除了职业学校规定的动作之外，更多地从"95后""00后"学生发展的实际和"三创三能"艺术人才培养的目标出发，以积极的理念和整体的思维去设计更多适合学生的活动内容和形式，让学生除了专业学习之外，能有更多的展示空间和释放青春的舞台。我们鼓励并支持学生发掘自己的潜力，展示自己的闪光点，以更加积极和谐的心理状态迎接成长和幸福。

第二节　"我学习"活动

一、背景介绍

学习，是每位职校生校园生活的重要内容，相比较于义务制教育阶段，职业学校的学习内容、要求和规律都发生了很大改变，让学生在不同类型的活动中养成良好的学习习惯，激发对于专业学习的浓厚兴趣是校园活动开展的主要目的。许多职校都将专业技能展示等作为提升学生学习动力和兴趣的重要途径，所以，常高艺在校园活动平台建设中，将"我学习"列为第一项内容，其重要性也可见一斑。

二、目的和意义

同技能节等传统活动不同的是，常高艺"我学习"活动更多地关注学生学习兴趣的激发和培养。通过一系列"我学习"活动，学生从入校至毕业，始终有相关活动作为学习的引领，这对于学生学习积极性的提升，专业自信心的培养都十分有效。学生在"我学习"活动中，体会到了学习的快乐和趣味，在知识和技能的掌握中收获了幸福感。

三、活动案例分析

本节将列举常高艺"我学习"活动平台的几项典型活动案例作为分析，探讨学习型活动对于职校生在校幸福感提升及和谐健康心理发展的作用及效果。

（一）艺海初探

作为一所独具特色的艺术类高职校，常高艺在近年的招生中占据了较大的优势，生源较为充足。但是，吸引学生来到学校并不是学校招生的终点，把学生培养好才是我们工作的重点，如何唤起学生校园生活的幸福感及所学专业的"忠诚度"，这是职业院校最应该思考的问题。

在此背景下，常高艺经过精心筹备，于2012年起针对每年新招入学的高职学生在入学前开展为期两周的"艺海初探"系列活动。让学生提前感受艺术学校氛围，提前与专业亲密接触，提前了解在校五年将要学习的课程及项目，便于学生在入学前就对自己五年的学习生涯进行规划，从而为入学后顺利展开艺术专业学习打下良好的基础。

在艺海初探期间，专业体验、活动体验、企业体验三线并行，让学生充分接触校园内外的专业文化。

积极职业教育研究丛书 JIJIZHIYEJIAOYUYANJIUCONGSHU

1. 专业体验

专业课程体验在艺海初探活动中是关键内容，一般会分层次地开展。艺海初探第一课由各专业负责人对专业进行全面介绍，并对每学期、每年级的专业课程设置进行系统讲解，让学生了解专业学习的整体框架。更为重要的是，提前让学生了解每一个年级自身需要达到怎样的专业水平、到毕业走上社会时自身能够和应该掌握怎样的专业技能。这对学生针对自身专业形成良好的专业期待是十分有利的。此外，由优秀专业教师为主导，让学生对每门专业主干课程进行 2～3 课时的粗线条式体验，学生了解到各门课程的学习要求，将积极主动、针对性地做好各门课程的学习准备。专业体验让学生认识专业、熟悉专业，从而喜欢上自己的专业。

2. 活动体验

校园文化活动对于提升学生在校幸福感起着至关重要的作用，许多学生毕业多年后对大学留有的最深印象就是曾经参与体验的各种特色活动。因此，在艺海初探中，适量安排校园活动让学生进行体验，既让学生在专业体验之余得到放松，又让学生提前接触丰富多彩的校园活动。例如，为每个班级安排 1 课时的社团活动体验、为每个学生开展 2～3 课时的心理拓展活动、让每个专业进行 2～3 课时的创业体验等。

3. 企业体验

职业院校专业建设中所不可缺少的是企业的实践，校企合作、产教融合也已成为专业建设、人才培养非常有效的途径。在艺海初探中，组织各专业新生来到与专业相对接的校企合作单位进行学习考察是必不可少的内容，例如主持与播音专业的校企合作单位——常州恐龙园、东方盐湖城等大型企业，走进企业，了解企业对人才的需求，让学生在入学前就了解市场动态，让未来几年的专业学习更有针对性和实效性。

每年艺海初探结束后，学校都会针对活动效果对学生进行问卷调查。反馈的结果显示"我学习"类型的活动收到了良好的效果。学生普遍认为通过艺海初探，对入校学习充满了期待，对未来五年的职校学习生活信心更足了。

（二）名师交流季

在市场不断变化的环境下，专业技能的教与学如果仅仅依靠课堂对于知识和技能的授课，那么学生乃至专业教师是无法紧跟市场潮流、无法了解行业内的最新发展趋势的，久而久之，学生的专业学习目的性会随之减弱，从而影响其专业学习的积极性和在校学习的幸福感。在这种情况下，专业讲座成为开拓学生视野、提升学生专业学习积极性的有效手段，也是各所职业学校提升学生专业技能的常用途径。

常高艺不仅同样注重行业内名师与学生的交流，更将此类资源进行有机整合，形成名师交流季，让学生对活动季形成专业期待，从而让交流活动产生更好的效果。在名师交流季中，不仅邀请名师走进来，同时也带领学生走出去，盘活社会专业教学资源。

1. 行业名师走进来

常高艺在选择来校交流的名师时，做到尽可能选择活跃在行业第一线的知名企业家、专业能手前来交流。专家型学者固然能够提升学生业务水平，但对于职校学生来说，行业第一线的市场信息或许是最为需要的。因此，在名师交流季中，常高艺请来了著名中国设计手绘专家、任教于全国最为知名的庐山手绘艺术训练营的大师陈红卫，他娴熟精湛的手绘技艺引来了艺术设计系学生的阵阵惊叹；请来了常州知名设计公司鸿鹄设计的首席设计师维维，她带来了常州家装设计最为前沿的市场资讯，学生们收获颇丰；更请来了荷兰圣卢卡斯艺术学院的设计专业老师和学生，和常高艺学生进行跨国的艺术交流，让两国不同的设计思路进行碰撞。每年十余位不同专业不同领域的大师的到来，让学生不断接受着新思想、新观念的碰撞，不断刷新他们对于专业学习的认知和要求。

2. 走出校门看世界

想要获取最全面的专业资讯，禁足于校园之内是远远不够的。当有的行业大家无法走进校园时，带领学生走出去显得尤为必要。因此，在邀请名师走进校园的同时，常高艺各专业师生也积极走出校门，主动出击，尽力争取与行业一线贴得更紧。2014年，南京艺术学院声乐教师张丹丹因综艺节目《中国好声音》而走红，得知张丹丹要在南艺举办自己的个人音乐会，常高艺流行音乐工作室的师生主动要求，前往南京观看了这场音乐会，并获得了与这位声乐演唱实力十分雄厚的声乐名师交流学习的机会；当著名男高音歌唱家戴玉强前来常州开音乐会的消息传到常高艺之后，美声与民族唱法的师生便在第一时间赶赴音乐会现场，也得到了宝贵的同国宝级歌唱家面对面交流的机会。

名师交流季的开展，是为了让学生沐浴在最前沿、最精湛的专业信息和技能指导中，只有让学生从内心深处认可所学专业，并对自身专业前景充满信心，才能够让学生在专业学习中体会到成就与幸福，才有利于学生在专业学习的同时，得到更加健康与和谐的身心发展。

（三）晨读大赛

晨读是我国传统教学中一直以来所秉承的学习活动。晨读的魅力不仅在于培养学生早起的生活习惯和感悟"一日之计在于晨"的真谛，更在于让学生在读书中感受文化的魅力，加强知识的积累。

作为一所文化气息颇为浓厚的学校，常高艺一直以来都将晨读列为一日学习生活中良好开端。让学生在晨读中感悟中国传统文化的魅力，感悟各种艺术形式的美好，让学生把握文化的力量，在读书中提升学习的自信，从而促进其产生积极的学习心理。不同于传统"摇头晃脑""三字经式"的晨读，常高艺给晨读增添了更多有趣的色彩。

1. 怎么读？

传统的晨读形式大多为每个班级在自己的班内坐在座位上齐声朗读。这样的形式固然能让学生安静、认真地读书，但是作为教育者，我们当下面对的是"90后""00后"——一群乐于接受新鲜事物、不墨守成规的青年人，久而久之，这种传统的晨读方式会令其感到枯燥，也就降低了晨读的效果。因此，常高艺将晨读变成了一场比赛和展示，比内容、比形式、比创新，展内涵、展特色、展效果；同年级比、跨年级比、跨专业比，展进步、展专业、展团队。这让普普通通的仅有20分钟左右的晨读演变成了早间校园一道异常靓丽的风景。学生在每天学习生活的第一个环节就充满了战斗力，这对于学生积极向上的学习品质和健康心理的形成无疑是有很大帮助的。学校和系部还会及时总结表彰晨读优胜班级，有力地促进幸福班集体的建设。

2. 读什么？

晨读读什么？这是晨读活动最根本的问题。读教材中的课文，让学生熟悉课上学习的内容；读传统古诗词，让学生了解我国古代文字的魅力。除此之外，常高艺充分发挥文化多元性和专业艺术性的特点，晨读内容也是丰富多样。声乐专业学生在晨读中融入音阶练习以及合唱的内容，更有创意的班级将古诗词谱曲唱出来，这不仅提升了学生的专业水平，更让学生在专业成长的同时增加了文化的底蕴；舞台美术专业的学生把《弟子规》纳入到晨读的内容中，提醒自身在现代化高速发展的今天，作为中国人也不应忘记传统的礼仪；更有的班级用英文演绎话剧，将晨读不再束缚在"读"的框架里，而是延伸成了"诵""演""唱"等多种形式。

3. 在哪读？

晨读是否一定要在班级中进行？当然不是。常高艺鼓励学生走出教室、融入校园，在美丽的校园风景中体会文化的气息。有的班级将晨读活动安排在校园中一处古老与现代结合的十分完美的空间——老房子，一座一百多年历史的明清古建筑与现代化的图文信息楼交相辉映，在这里读书，读的不仅仅是文章本身，更是读出了历史的穿越与流逝；也有的班级选择在校园中瓦特蒸汽机车的模型旁晨读，在这里读的是现代人类文明的发展，更能读出这一代人肩上的责任和使命。

读书使人进步，腹中有诗书，才更会使人产生自信。因此，晨读大赛的开展不仅提升了传统晨读活动的效果，更让学生在内容丰富、形式多样的晨读比赛中收获了知识、快乐和自信。

四、活动反思

当我们在抱怨我们的学生不爱学习的时候，我们有没有反思过他们为什么会不爱学习。是否是因为我们没有有效激发学生的学习兴趣，是否是因为我们没有让学生的学习过程更加生动有趣，是否是因为我们没有让学生体验到学习带来的乐趣。更为重要的是，我们是否关注到学生对学习失去兴趣的心理因素，以及我们必须做出的调整和努力。"我学习"活动的开展，将更多的注意力放在了引导学生体味学习的快乐上，让学生在活动中学习，在学习中感受成功，在成功中收获自信。当然，高职校德育工作者激发学生学习兴趣的途径还有很多，教育"走心"，学生才能"入心"，学习才会变得妙趣横生，学生才会收获快乐幸福。

第三节 "我体验"活动

一、背景介绍

当你留意身边生活所发生的变化，你会发现不过短短几年，时代的进步已经数次刷新我们的世界观。所有的企业在推出商品和服务的时候，都异常注重用户的体验，用户的体验感受甚至被作为这种商品或服务是否能够继续存在和接受的唯一标准。在教育领域，"体验式"教学也如旋风一般席卷而来，注重学生在课堂上的互动体验也成为教师的关注点之一。没有体验就没有反馈，没有反馈就没有提升。而学生也会在教育活动的体验中形成触动，产生共鸣，从而真正促进自我的反思和成长。

二、目的和意义

作为校园文化的重要组成部分，校园活动直接与学生的成长相关。校园活动存在的目的便是让大多数的学生进行参与和体验。在校园活动中，学生承担不同的任务，扮演不同的角色，在体验中获得各种各样的感受，收获更加丰富的经历，培养积极健康的心态，全面促进学生的自我成长和发展。

三、活动案例分析

本篇将列举"我体验"活动平台的几项典型活动案例作为分析，探讨体验型活动对于职校生主观幸福感的提升，和谐健康心理的构建等方面的作用和效果。

（一）社团体验

学生社团是学生自发成立的具有共同兴趣爱好和追求的群众性组织，相对于学校层面组织的活动来说，社团更加具有"草根"的气质。由于是学生自发形成的组织，所以社团更加贴近学生内心的需求。作为学校职能部门，则应积极引导学生在社团活动中发挥主体作用，承担主人翁角色，在活动的开展中体验"我的地盘我做主"的责任感和成就感，方便打开兴趣之门，不断收获快乐和成长。

1. 社团的多样化

一个学校学生社团水平的高低不完全取决于社团的数量，但是学生社团的多少却在一定程度上反映了该校社团活动的繁荣程度以及学生参与活动的积极程度。社团的数量多反映了学生组织社团和参与社团的积极性较高，这对于塑造职校生健康的心理是十分有益的。

学生社团一直以来都是常高艺校园活动文化中非常值得关注的部分。学校浓郁的艺术氛围成了社团文化繁荣的肥沃土壤。从数量上来说，近30个社团服务了全校一千多名学生，达到了每40名学生就有一个学生社团的高比例，而且随着社团文化的繁荣，这一数字还在不断增加；从种类上来说，校园运动联盟下属的五个运动社团为爱好体育的学生提供了良好的平台；流行社、啦啦操社、模特社等表演类社团满足了学生展示才艺、走上舞台的艺术需求；而手工社、道具社等创意类社团又为学生们天马行空的艺术想象力插上了翅膀，除此之外，志愿服务类社团、创业类社团都为学生实践体验不同人生角色开启了一扇大门。

2. 社团的精品化

学生社团的数量大、种类多为学生社团的繁荣打下了坚实的基础，而精品社团的呈现更让学生在体验社团活动时提升了自信心、收获了成就感。在常高艺众多的社团中，模特社等几支社团脱颖而出，他们也成为学生们竞相报名的明星社团。模特社凭借其制度化的活动模式、指导教师高超的专业水平、行业赛事的摘金夺银成为名副其实的品牌社团，其中两届全国车模大赛冠军的诞生让加入该社团成为全校女生的梦想。从校园社团走向全国舞台，这种活动的体验对于学生心灵成长的推动力是不可小觑的。此外，道具社凭借其出色的创意和精湛的制作技能也成为 COS 圈内一股年轻的力量，学生们对于动漫艺术的喜爱和追求让他们把专业与兴趣合二为一，他们走出了校门，成为圈内的新宠，这份体验也会让学生深切感受到兴趣在学习中的重要性，更有助于塑造学生积极的学习生活心态。

3. 社团的系统化

当然，学校的社团不是无规则运动的分子，社团文化的繁荣需要学校层面积极地引导和指导。因此，社团的系统化显得尤为重要。在常高艺，学生社团联盟在这其中发挥着重要的作用，这支由优秀社团的负责人组成的队伍不仅仅维护社团的有序运作、监督社团的日常活动，更会组织有趣的大型社团比拼活动，将各类社团资源有机整合，形成百花齐放的局面。例如举办的"我最喜爱的社团"评选活动，让学生自己做社团的考评人，学生可以"跳出社团看社团"，充分享受社团管理者带来的角色体验，这种学校主人的体验是每个学生内心十分需要的，当然也就受到了大家的欢迎。

社团活动是校园文化生活中最为常规性的活动，学生根据自身兴趣爱好自由申报创建、自主选择参加和自信锻炼展示，社团组织开展的各项活动、比赛及角色的体验则更能促进学生积极交往、快乐学习和健康成长。

（二）实践体验

长期以来，人们关注志愿服务活动或者公益活动，更多的是关注弱势的一方即服务对象得到了多少帮助、获得了什么样的感受。而实际上，服务者本身在这个实践过程中所得到的体验和感悟也是十分值得关注的。学生的志愿服务活动可能相对于社会其他阶层的公益活动而言只是沧海一粟，但是参与这类活动带给学生的人生体验却是非常宝贵的，在实践活动中他们的心灵往往会受到触动，对真善美的认识和追求会得到升华。

1. 传播艺术之花

2013 年，常高艺在常州市儿童福利院及常州天爱儿童康复中心挂牌成立了"艺爱志愿者服务基地"，旨在为这两个基地的孤儿及自闭症儿童带去艺术的温暖。学生们自发组成志愿服务队，自编自演适合儿童观看和参与的节目和游戏，为这些孩子送去一场场的义务演出。孩子们的欢笑声也让参与的学生感悟到了传播爱所带来的自豪和温暖。常高艺还经常邀请基地的孩子们走进剧院、校园观看大型的儿童歌舞演出，学生们充当志愿者来为这些孩子和家长服务，服务的过程虽有些辛苦，但是这种为别人付出带来的充实而快乐的体验却十分难得，学生在体会自己作为一个正常人是多么幸福的同时，更加发现助人与奉献的意义和价值。这对于学生健康和谐心理的形成是十分重要的。

2. 尊师敬老活动

学校从 2010 年就成立了尊师敬老服务小组，每个团支部与 2~3 个离退休教师结对，学生定期前往服务对象的家中，通过交谈沟通、传递信息、打扫卫生、文艺演出等形式的实践活动践行尊老爱幼的传统美德。每年重阳节期间，探访离退休教师成为学生们竞相参与的一项志愿服务活动，学生代表会带着同学们的祝福和问候来到退休老教师家中，和老教师们聊天，帮老教师们做一些力所能及的家务。这些看似简单的活动，却受到了老教师和学生共同的欢迎。学生们并没有把它当成一项任务，而是乐在其中、暖在其中，每当和退休教师在一起，他们会关切地询问学生们在校的学习和生活，也会给学生提出一些学习的建议；而学生们也会主动关心老师们的健康和退休后的生活是否安逸、充实。这种关心和被关心让学生树立了需要与被需要的真切感悟，也体会到了尊师敬老带给双方的温暖和愉悦。

3. 开展、参与各类义工活动

常州市有着优良的志愿服务传统，有着温润的公益活动土壤。常高艺学生不仅将公益活动局限在校园内，更走出校外，将公益的种子播撒到各处。参与市义工联组织的"小黄鸭的奇幻漂流"，不仅报名参加活动，更有许多学生申请成为活动的组织和服务者；参加全市"一袋牛奶的暴走"活动，不仅亲自参与 20 公里的暴走，为贫困地区的孩子捐献一袋牛奶，更利用自身的专业优势，在暴走途中的站点义务为参与活动的人们表演节目，贡献自己的一分力量。

这只是学生自愿参加的公益活动的一小部分，参加这些活动，学生们体验到的不仅有付出的开心，他们所经历和面对的是社会的阳光面，接受的是社会的正能量，这些体验无疑对学生健康和谐心理的养成至关重要。

（三）服务体验

在学校的日常管理中，教师管学生是一种长久以来不曾改变的管理模式。学生从心理上来说是被服务者、被管理者，因此在学校的各项工作中是处于被支配被要求的被动地位。而"班级值周活动"的展开无疑是对这种管理模式的颠覆，常高艺每周让一个班级全程参与学校的服务与管理，让学生实际体验了学校"管理者、服务者"的角色。

1. **让学生成为校园的服务者**

当学生们戴上象征着值周学生的袖标坐在教学楼大厅的值周台时，学生的角色从一个被教育者和被管理者转变成了校园的窗口服务者。当有校外的老师或者学生的家长来到学校时，值周学生们成为他们面对的第一群服务者。学生们也经过系统的培训，用最好的姿态来当好校园的窗口。这种"自觉"相对于学校对于学生行为规范的三令五申的要求来说，无疑是一种管理模式的翻转，也更加令教育者们深省：比要求更有效的是引导，比引导更有效的是体验。

2. **让学生成为学校管理的参与者**

教师管学生，学生有逆反心理，而如果让学生监督提醒学生，又会呈现出怎样的效果呢？值周学生很重要的一项任务就是作为巡查者来监督学校课堂及周边是否有不文明、不符合学校相关规范的行为发生。学生们摇身一变成为了管理者，这种心理角色上的变化让学生自然而然地约束了自己的行为。当学生站在管理者的角度看到课堂不文明行为、校园不环保行为等，他们就会产生同平时作为普通学生相比所不同的感悟，而这种感悟也会延伸到他们值周结束之后的日常行为中。

3. **让学生成为教师日常工作的助手**

如果学生能够充分理解教师工作的辛苦，那么课堂上的矛盾便会减少大半。因此，值周活动另一项重要的内容是让值周学生成为教师工作的助手，他们将直接参与到相关部门处室的岗位工作中，了解老师们平日所做的具体工作有哪些，协助老师完成有关工作任务。学生们在参与实践中能够体会到各项工作的不易，这种经历和体验对于学生养成踏实的人生态度是大有裨益的，而通过工作获得对于老师的认可和理解，也非常有利于学生积极健康的阳光心态，减少面对教师时的逆反和冲突，为构建和谐心理和和谐校园打下了基础。

四、活动反思

让学生成为活动的参与者、实践者和体验者，而不是旁观者，应该成为德育工作者在开展工作和各项活动时的主要考量。目前有的学校活动很多，参加学生只是少数，大部分同学只能充当观众的角色，这样的活动效果是非常欠缺的。常高艺的"我体验"活动在这一点上思虑得非常周全：体验志愿服务活动，让学生体会爱的温暖；体验值周工作，让学生更加理解管理者的不易；体验丰富的社团活动，让学生在第二课堂中找到自己的闪光点。每一种体验都是对学生积极心态、综合素养的一种塑造。爱、理解、信任、尊重等，哪一项不是职校生健康心理的关键词呢？

第四节 "我创意"活动

一、背景介绍

在如今"大众创业、万众创新"的时代背景下，什么样的人才是社会各行业所需要的？当然是创新创意人才。如果没有创新，我们很难想象足不出户就能"购买天下"；如果缺乏创意，美国的大片还是否会有如此之高的票房？放眼望去，我们已经生活在一个充满"创造"的时代：可以保持水温的55度杯、监测天气的风暴球、不断翻新的创意真人秀，以及街边的广告牌上吸引眼球的创意广告语等。因此，具有创意的创新型人才是推进时代和社会发展的助推器。作为高职院校，培养学生的创新创意能力，是义不容辞的责任和要求。

二、目的和意义

常高艺自升格高职以来，就秉承"三创三能"的育人理念，其中"创新的习惯与意识、创意的技巧与能力、创造的体验与实践"是理念中非常重要的育人目标。在学校育人理念的引导下，常高艺校园文化中的"创意"活动也精彩纷呈，学生在活动的参与和体验中，一方面锻炼和培养了创新创意能力，另一方面促进和提升了行为自觉和心理自信。

三、活动案例分析

（一）"Flea Market" 跳蚤市场

放眼全社会，最棒的创意往往都是来自于商业利益的激发，淘宝网的崛起、支付宝的广泛应用等现象都是来自于商业利益的驱动，好的创意是无价的。因此，在校园中让学生真切参与到商业活动中，对于学生的创意能力的开发是极其有益的。因此，学校举办跳蚤市场，让每个人都参与到真实的商业买卖中来，让创意在活动中闪现。

1. 谁来卖？

常高艺的跳蚤市场一改传统个人买卖的途径和方式，而是以班级为单位形成不同班级特色的小商铺。单人的商品售卖未必不可行，但是集体的智慧会让整个策划和销售过程迸发出更多创意的火花。在 2016 年的跳蚤市场中，每一个班级从前期的商品的选择、到商铺海报的制作，从售卖方式的选择、到优惠策略的决出，都凝结了班级所有同学的创意和智慧。在这些内容的讨论和交流中，学生不同的意见和想法相互碰撞，大家可以相互借鉴和启发，好的创意灵感就不知不觉产生了。集体参与有利于提升班级凝聚力，有利于良好班风的形成。在跳蚤市场举办当天，每一个小商铺都迸发着精彩的创意，班级成员倾巢出动，各有分工，默契配合。班级积极向上的一面被激发出来，这种氛围对于幸福班级打造和学生综合素养提升都是十分有益的。

2. 卖什么？

在举办活动之初，校方担心各个班级出售的商品会有同质化的现象。但是，活动的效果却出乎人的意料，也证明学生的创意是无限的。近 30 个班级，几乎每一个店铺名称、销售商品都与众不同，更让人惊喜的是，许多商品都和学生自身所学专业有关。据反馈，每个班级在活动前针对所售商品都进行了认真的讨论，也都考虑到了商品同质化的可能，有的甚至搞起了市场调研，最终发挥各班的集体创意，使得跳蚤市场真正成为百花齐放的校园特色贸易市场。工艺美术专业的学生将自己的专业用于商品的制作，精美的留青竹刻、制作精良的烙画成为了学校师生的抢手商品；动画专业学生将跳蚤市场变为动漫产品二手市场，低价出售自己班级收集起来的废、旧动漫杂志，既解决了班级物品堆放的问题，又为班级筹得了班费。平面专业学生将自己曾经的摄影作品稍作装饰予以出售，也受到了师生的欢迎。好的商品决定了你在市场能否站稳脚跟，而通过创意跳蚤市场的锻炼，学生已经领会到了一些市场规律和商业法则。

3. 怎么卖？

令校方没有想到的是，没有经过任何系统的创业培训，各个班级却能在跳蚤市场中熟练运用各种商业优惠手段来吸引客源。这一点也充分体现了学生的创意。首先，五花八门的商铺海报各具特色，无论从海报的色彩、广告语的内容还是商铺的名字都可谓创意十足，十分吸引人的眼球；其次，售卖的手段每个店铺都不尽相同，有的会走到人群中间宣传推销，有的在自己的小商铺门口大声吆喝，有的提前就已经在师生群中发布了广告信息；最后，多个班级运用了降价促销的手段，如买三赠一，买就送手工小礼品，等等。更出人意料的是，许多班级已经在活动中加入了售后的理念，承诺质量保证，一些手工制作的商品卖家还现场接受预定。活动中学生所涌现出来的创意也充分证明，学生的潜力是无限的，只要教育工作者加以正确的引导，学生就会还以惊喜。

（二）班级文化设计大赛

让学生沐浴在"家"一般的环境中，学生会产生安全感与归属感，这对于学生和谐健康的心理是十分关键的。因此，在校园中、班级里营造"家"的氛围，打造"家"一般的文化，一直以来都是常高艺所追求的目标之一。其中，班级文化设计大赛就是其中一项非常重要的内容，把班级的文化内涵交由学生来思考，班级的美化交由学生来设计，让学生以班级为"家"，增强学生的归属感与集体感。

1. 班级文化内涵的设计

作为艺术类学校，班级的美化设计肯定需要专业与文化内涵的支撑，它更像是班级建设的"上层建筑"。让学生来自己决定自己班级的文化内涵，除了能够激发学生的精彩创意，更重要的是，能够唤起学生对于班级的认同感和归属感，让学生真正觉得自己是班集体的一分子，甚至是班级的主人。在比赛中，学生们对于自己班级的文化内涵做了精心的设计和讨论，有以班级精神为文化内涵的基础，有以各自专业为文化内涵的依托，有以对未来的憧憬作为文化内涵的考量。目的都只有一个，那就是充分体现班级文化特色。

2. 班级美化装饰的设计

艺术专业学生最不缺少的就是对于"美"的把控。有了班级文化内涵作为基础和指引，各个班级的美化装饰也如火如荼地开展起来。有的班级采用了手绘的方式，将自己对于未来的憧憬画在了班级的墙面上，有的班级将自己的专业形象画在了班级大门之上，有的班级利用专业优势，用手工制作的小工艺品装饰在了班级的各个角落。除此之外，班级的文化底蕴也进一步提升，许多班级都增添了温馨而充满文化气息的读书角。更为重要的是，更多的班级有了"家"的概念，教室后方增添了可供摆放雨伞的伞架，讲台上换上了具有田园风情的桌布，班级的角落里多出了许多抹娇嫩的绿色……在大家共同的努力下，严肃刻板的教室变成了温馨浪漫的"家"。

在装饰设计中，学生的创意从开头的方案策划贯穿至动手装扮班级的整个过程，而同学间的团结互助和配合补位，较好地彰显了每位同学的班级的集体荣誉感。

（三）宿舍内部文化设计大赛

除了让学生对班级产生"家"一般的依赖和归属感，作为一所职业学校，宿舍这个"家"的氛围营造也显得尤为重要。相对于学校宿舍硬件的提升之外，宿舍的"软件"则更能彰显"家"的温馨。因此，将学生宿舍的内部文化装饰交由学生设计，并让他们自己动手装饰，在发挥学生创意的同时，更能提升学生的"主人翁感"，有效培养学生的主体意识和责任意识。

1. 比赛项目多样化

传统宿舍无论是走廊这样的公共空间，还是每一个独立宿舍的内部墙面，都基本以白色等纯色装饰为主，一般意义上来说，这样的素色装饰能够给人以干净、整洁的印象。而且宿舍内的各种标语及注意事项还是会运用较为严肃的口号，大都从管理角度带有行政命令的口吻，这样的标语不够人性化、不易让学生从心理上接受，效果可想而知。但是作为学生宿舍，为了营造出"家"的和谐氛围，无论从墙面装饰还是宿舍标语的设计上都应该更加遵循青年学生的兴趣和审美。常高艺所开展的宿舍内部文化设计大赛，便针对宿舍内部的各个墙面，包括每层的走廊墙面、每个楼梯转角的墙面、宿舍内部的空白墙面等空间的装饰向学生征集创意化、人性化的奇思妙想。此外，针对楼道内的标语和提示语，也面向全体学生进行征集，要求标语以更加"软性"、更符合"90后"甚至"00后"的学生的审美特点、更能引起学生的共鸣。新的宿舍空间力求让学生做"家"的主人，让每一处空间都闪现出温馨的"家"的光芒，让每一条标语都体现人性化的思考，最大可能获得学生的认同和肯定。

2. 比赛方式人性化

对于大赛作品呈现的形式，学校也做了更多人性化的思考。室内的设计，专业上来说要有设计理念、效果图、文字说明等材料。但是考虑到学校各专业间的专业技能完全不同，制作效果图的专业软件成为大多数学生参赛的一大障碍。因此，在比赛作品形式上，学校也更加包容，让学生按照自身实际情况来选择参赛的形式。环艺专业学生可以利用专业制图软件来制作效果图，保证作品质量；其他设计类专业学生可以利用自身的美术绘画基础来进行设计作品的手绘，并加以文字说明；非设计类专业学生若有好的设计思路，但又不会绘画和制图技能，可以选择在网上寻找相仿的图片或设计稿，结合学校宿舍的现有条件，配上自己的文字说明来参加比赛。这样更加人性化、更具包容度的比赛方式，保证了各个专业学生都能够尽情展现自己的创意头脑，任何人都可以在这里找到自己的创意设计舞台。

活动的本质在于让学生在繁忙的学习生活之余，能够找到自己的兴趣所在，能够找到适合展示自己的舞台，让学生在活动中收获自信，获得经验。举办创意设计比赛，让学生尽情展现创意，提升创新能力，让学生收获自信，养成积极乐观的心态。

四、活动反思

当代中国教育被百姓所诟病的重要原因之一，是传统教育对于学生创造力的抹杀。基础教育实力强、学生整体创造力较弱几乎成为世界对中国学生的统一认识。怎样在校园活动的开展中激发学生的创新意识，在参与实践中提升学生的创意能力，这是值得所有德育人思考的问题。"我创意"活动为学生创新创业意识的培养和设计策划能力提升提供了很好的实践平台，各种形式的比赛受到了广大学生的积极参与。但是，提升学生创造力所应当做出的努力绝不仅仅如此，更应该贯穿于整个教育教学的所有环节之中，相信学生，支持学生，真正让学生能够充分展示创意，在成功的创意中体味到成就感，从而感受成功的快乐和幸福。

第五节 "我时尚"活动

一、背景介绍

中国传统的教育观念中，学生理所应当被冠以"朴素"的标签，在家长和部分老师看来，衣着时尚不是一个优秀学生应当追求的。人们忽略了一个十分重要的事实：加以引导的健康向上的"时尚"，其实非但不会影响学生的学习生活，还会提升学生的自信。人们常常将 T 台视为时尚的象征，而 T 台上的时尚一方面体现在服饰的精彩和华丽；另一方面体现在模特们所展现出的自信和美丽。在某种特定情况下，时尚就是美丽，自信也是美丽。作为教育工作者，提升学生自信心是培育学生健康和谐心态很重要的部分，而提升学生自信心的重要途径就是让学生在时尚的活动中感受美、发现美、展示美，从而让自己变得更加"时尚"。

二、目的和意义

常高艺作为一所艺术类的职业学校，一直以来倡导构建校园"美"文化，让学生在时尚活动中接受熏陶和历练。许许多多时尚而不拘一格的校园活动丰富了学生的课余生活，更让学生感受到艺术的激情和魅力。更为重要的是，"我时尚"活动能够让学生在时尚的体验中收获自信，养成积极向上的健康心态。作为常高艺的两大品牌校园文化活动 K – SHOW 校园流行音乐节和常高艺创意节，为学生体验时尚创造了良好的实践平台。

三、活动案例分析

（一）K – SHOW 校园户外流行音乐节

草莓音乐节、迷笛音乐节、森林音乐节，从国外流传而来的这种音乐集聚形式已经成为当下年轻人所追捧的一种热情和青春释放的庆典，而国内各大音乐节也成为年轻人所向往的活动。如何让学生不出校园就能够体会到这种音乐狂欢的激情？作为一所艺术类职业学校，常高艺一直在思索这个问题，最好的答案便是将音乐节落户校园。因此，学校将延续 6 年之久的 K – SHOW 校园歌手大赛重装升级，通过与多所高校的联袂合作，成功打造了第一个校园音乐节——K – SHOW 校园流行音乐节。

1. 时尚的 K – SHOW 之路

K – SHOW 并不是一诞生就是品牌之作。当第一届 K – SHOW 诞生时，她还只是一场与其他学校相差无几的校园歌手大赛，但是学生的热情却异常高。在这种热情的鼓舞下，两年后，学校与常州其他职业学校达成合作，K – SHOW 从校内比赛走向校际交流。于是，每年金秋，各兄弟职业学校都会派出各自校园歌手的佼佼者来到常高艺进行比拼，K – SHOW 也成为学生所期待的音乐赛事。每年海选，会有上百名学生报名参赛，而敞开式的海选比赛也让全校学生过足了音乐瘾。随着影响力的提升，从第五届开始，不仅是职业学校，常州大学等本科院校也开始派校园歌手参加 K – SHOW 音乐比赛，这也显著提升了 K – SHOW 的比赛水平。而在 2014 年金秋，一场酝酿已久的赛事升级在学校的努力下终成现实，12 所在常高校和职业学校派出选手参加 K - SHOW，而 K - SHOW 也从校园歌手大赛华丽变身为校园户外流行音乐节，开始了真正的"音乐狂欢"时尚之路。

2. 时尚的演出阵容

为何能够将校园中的这场 K - SHOW 称为各校学生的音乐庆典呢？在常高校与高职校一直以来都不缺少好的校园歌手，近年来更是涌现出了水平较高的校园乐队。但是却没有一个平台能够让这些歌手和乐队共聚一台进行集中的表演和比赛。K - SHOW 给了这些热爱音乐的青年人一个展示的平台，更给了热爱音乐的广大学生一个在音乐中释放青春的节日。2014年的 K - SHOW 音乐节，汇聚了常州大学、河海大学、江苏理工学院等常州高校的数支优秀校园乐队以及十余所学校评选出的优秀校园歌手，从下午的 1：30 直至晚上 7：30，常高艺本校校园歌手、各支高校校园乐队、各校优秀校园歌手轮番登场演唱，掀起了一轮又一轮的音乐高潮。而作为场下观众的学生，也是第一次在校园内就感受到了户外音乐节带来的原汁原味的激情和狂欢。作为青春时尚的代名词，学生在音乐节中的时尚体验是非常可贵的，这也成为学生每年最为期待的校园时尚活动。

3. 时尚的音乐节日氛围

如果只有音乐，那么不足以称为节日。在活动策划时，常高艺就对国内各大音乐节做了深入的了解，尽力让学生足不出校园就能全方位体会音乐节的氛围。因此，在活动现场，除了重金打造的美轮美奂的音乐舞台之外，丰富的环节设置和现场布置也都别具匠心。在每轮演唱的间隙，青春的"快闪"让人眼前一亮，观众席边的小舞台会有本校歌手倾情献唱；在场边，一个个学生自己搭建的创意商品小铺也十分吸引人的眼球，各种琳琅满目的创意小商品也让学生在听歌之余尽情享受购物的乐趣。此外，音乐节怎能少了美味的小吃？舞台另一侧，一排整洁、卫生的小吃摊，让学生在音乐中品尝到食堂之外的特殊美味，让学生边品味美食边享受音乐。更为可贵的是，现场还涌现出了爱心义卖，为整个音乐节增加了一片爱的色彩。除此之外，K - SHOW 音乐节的现场飘扬着一百多面写满音乐青春宣言的各色彩旗，舞台上方更是悬挂着三面巨型摇滚宣言三角旌旗。在一面面迎风招展的旗帜下，音乐节的气氛也越发浓厚了。

一场音乐节，是学生们此前从未有过的经历，这种时尚的体验让学生释放了激情，更让他们产生了我也要上台的积极心态，"我想上台""我想唱歌""我想成为全校瞩目的'明星'"，这种心理的期许会帮助学生形成积极向上的心态，有助于学生的心灵健康成长。

（二）指尖上的创意大赛

前文提到的 K－SHOW 户外流行音乐界如果说是为了喜爱舞台表演的同学们量身定制，那么指尖上的创意大赛就是为具有设计才能的学生而创设的。让学生具备创造时尚的技能和创意，会让学生更加直观地体验什么是时尚。在这一理念的促进下，从 2009 年开始，常高艺面向全校学生举办一年一届的指尖上的创意大赛，让时尚的设计在学生手中灵动起来，让环保的意识在学生心中传播开来，让学生在时尚活动的参与中自信起来、阳光起来。

1. 时尚的理念

一提起"时尚"二字，大多数人都会想到镁光灯四射的 T 台。于是，常高艺将 T 台与学生的设计类专业展示联系起来，举办手工设计创意大赛。在此基础上，学校又将环保的理念加以融入，要求所有作品必须运用废纸、废旧布料、废旧彩票等环保的材料加以制作，于是兼具"环保"与"时尚"两大元素的指尖上的创意大赛应运而生。这一理念不仅让学生能够运用自己的技能和创意诠释时尚，更能通过作品传达和诠释环保的理念要求，最终融入每一位参与比赛、参与观摩的学生心中。

2. 时尚的活动方式

指尖上的创意大赛的魅力之一在于其时尚的活动方式。其一，时尚的活动主题。如果每年都是同样的主题、同样类型的设计作品，那么久而久之学生就会对比赛及作品失去期待，这对于活动的长期性而言并不是一个好的方式。于是，每年的大赛都会以不同的主题呈现。例如，最近一届的大赛就以"废旧衣物改造"作为活动主题，学生以废旧衣物为原材料，创意地制作出了时装、女包、抱枕、装饰物等一系列颇具时尚意味的作品。而前一届大赛，则是要求以废旧彩票为原材料，学生充分发挥他们的创意，制作出了一批颇具实力的创意作品，还在市中心人民广场进行了展示，得到了常州市民的普遍赞赏。其二，创意的评比方式。作品的评委不是老师，而是全校学生，从初赛到决赛，全部由学生投票产生，有的甚至凭借欢呼声和掌声的热烈程度（声音分贝高低）进行打分，让全校学生都能够成为最直接的时尚评判者。

3. 时尚的作品呈现

让专业的 T 台模特身穿或者手捧学生的作品进行走秀展示，这样的作品呈现方式是否足够吸人眼球呢？这不仅增加了活动的观赏性，更让设计作品的学生倍感自豪。2012 年，常高艺与常州市福彩中心合作，参加了在常州市人民公园举办的江苏省福彩文化年活动。活动中，常高艺学生运用福利彩票制作的数十件作品展现在常州市民面前。其中，十余件服装作品让现场的观众连连称赞。常高艺模特社团的同学们身着设计专业学生手工制作的精美时装，进行了美轮美奂的 T 台走秀表演，将创意与时尚完美结合，环保与艺术融为一体，给现场市民留下深刻的印象。同时，更加增强了常高艺参与学生的自信，幸福感也油然而生。

四、活动反思

我们曾就常高艺校园活动做过学生调查，其中的一个问题为学校最令你自豪的校园活动是什么。绝大多数的学生都在调查中选择了 K – SHOW 校园音乐节和指尖上的创意大赛活动。理由可想而知，因为他们认为自己的学校举办了其他学校不曾开展或者很少开展的活动。学生在这些时尚的活动中收获到的不仅仅是活动本身的快乐，更是对于自己的一种重新发现和审视，内在自信心和成功的自豪感被激发出来。

时尚在学生身上并不是一个贬义词，相反，时尚的理念、时尚的方式、时尚的途径，这些都是学生走上社会职业生涯中必须去追求的非常有益的想法和做法。职业教育不仅仅是给学生一个饭碗，而是应该更加积极地塑造学生；不是把他们塑造成统一的缺乏个性的人，而是将他们塑造成独立的、有灵魂的、有时尚精神的职场达人。

第六节 "我成功"活动

一、背景介绍

职校生是基础教育阶段第一批被分流的学生，由于这种分流的主要依据是中考成绩，所以初中毕业生走进职业学校大多是被动的、无奈的，他们普遍有一种挫败感，自卑、胆怯、叛逆成为职校生消极心理的关键词。因此，职业学校如何让学生提升自信是非常关键的教育目标。毫无疑问，让学生提升自信的最直接有效的途径便是让他们体会成功。学生的自信提升对于其健康和谐的心理塑造是非常重要和不可缺少的，因此，在设计和开展校园活动时，很重要的一个育人的理念便是为学生打造能够让其体会"成功"的校园文化活动。

二、目的和意义

"成功"的体验有很多方面，可以很大很整体，也可以很小很零碎，参与活动的过程中学生可以体会合作的成功、运动的成功、才艺展示的成功、专业成长的成功等，无论是哪一种成功，都会促进学生自信心的养成和心理的健康。而"我成功"活动的最主要目的和意义便在于让学生在不同类型的活动中感受成功，收获快乐，从而在愉悦的感受中收获信心，树立更加积极的心理。

三、活动案例分析

（一）校园吉尼斯挑战赛

每一所学校都会举办运动会。而如何让运动会能够更加丰富多彩，项目更加吸引人，让学生的成功感更加强烈，这一直是常高艺德育管理工作者们思考的问题。于是，在活动项目创意多元化的理念推动下，一年一度的校园吉尼斯挑战赛会在每年的下半年全新呈现在全校师生面前。活动一出，便得到了全校师生的欢迎以及积极地报名参与。为什么一项运动赛事能够引发这么大的校园影响力，正是因为它给予了学生充分的展示个性、展示成功的活动体验平台，让学生在活动中真正地感受到了挑战带来的成功和快乐。

1. 挑战什么

既然区别于普通意义上的运动会，就要在比赛项目上做好充分的设计。赛跑、跳高、跳远等并不是艺术类学生的强项，因此，创意、趣味、个性等成为常高艺吉尼斯挑战赛主要考量的因素。在老师和学生的精心策划和组织下，两人三足、集体跳长绳、投篮赛、踢毽子、滚铁环、微型高尔夫球等一系列有大众体育运动项目受到学生的欢迎。值得一提的是，为了满足学生的运动需求，学校特意打造了一座微型的模拟高尔夫球场供学生运动和比赛。这些运动项目对于学生的体能要求并不高，但是却锻炼了学生的团队的协作性和运动的灵活性，充分调动起了全体学生的运动激情，让运动不再只是集中在少数运动能力较强的学生身上。这些运动项目竞技性少了，但趣味性增加了；旁观者少了，但参与者多了，同学们根据自己的特点和兴趣，也可以自己申报项目，创造属于自己的校园吉尼斯纪录。

2. 怎么挑战

除了丰富多彩的创意运动项目之外，大赛的挑战方式也十分有趣。比赛分个人挑战和集体挑战。个人挑战主要集中在踢毽子、投篮、微型高尔夫等运动项目，设置了组、班、系、校等各个层面的挑战，进入决赛的学生会根据最终比赛结果产生全校排名；而集体赛则集中在两人三足、集体跳长绳等项目上，学生必须通过团结协作和默契的配合才能取得晋级资格，然后通过决赛产生最终的全校排名。各个层级的优胜者都将给予奖励，这种组织形式可以充分调动学生的积极性，让更多的学生参与到活动中来。

3. 挑战之后

既然是校园吉尼斯挑战赛，那么各个运动项目的纪录是需要被保留下来的。挑战之后，学校会统一对每项运动创造出的新纪录进行表彰和留存，供全校学生下一届挑战赛参照；各个班级、系部也可以设立相应的吉尼斯挑战纪录，鼓舞和激励参与挑战的同学。打破纪录的学生班级会欢呼雀跃，因为他们创造了新的历史；没有打破纪录的学生也会为自己和同伴加油鼓劲，同时他们也享受了快乐挑战的过程。学校还会对每个项目的前六名进行表彰，并且对积极参与的个人和班级颁发相应的荣誉证书。每一次挑战赛的表彰面十分广泛，这也保证了尽可能多的学生收获到挑战的成功和喜悦。

（二）班级值周风采展示

在常高艺，有一项活动一直以来备受各班学生期待的，这就是班级值周活动。每一周，都会有一个班级参与到学校的日常管理中来，他们会走向服务台、走进教师办公室、走进宿舍管理中心，协助教职工做好学校各项常规工作，让学生体验工作的成就感。然而，在值周的这一周中，其中的一个环节是让班级的全体同学都异常期待的，这就是班级值周风采展示活动。每周升旗仪式上，本周值周的班级都会在国旗下、在全体师生面前，进行本班的风采展示，这是班级除了毕业汇报展演之外的又一个可以在全校面前展示班级风采的平台，因此，学生都格外珍惜这一机会，在值周风采展中展示文化、彰显个性。

1. 丰富的展现形式

每周的值周展示都呈现出了丰富的展现形式：动态的国旗下展示、静态的作品展示、班级成员的个性展示、班集体的文化展示等。甚至有的班级会利用学校多媒体平台，进行高技术含量的视频展示。如此多样化的展示形式，让每一周的校园都不同以往。每周的周一，一走进校门，全校师生对值周班级都有新的期待和发现，走在校园的各个角落，师生们都能感受到值周班级的热情和创意。一块块展板、一件件作品，都充分展现着班级的风貌。而国旗下的动态展示，更是会让鲜明的班级风格得到充分体现。许多班级因为值周的展示而"一炮走红"，给全校师生留下极为深刻的印象。

2. 创意的展示内容

如果说值周展示的形式丰富多样的话，那么展示的内容就更加让师生眼花缭乱了。由于常高艺特色的校园文化和艺术的专业设置，使得每周的值周展示成为全校共同期待的一道文化大餐。播音专业学生将他们熟练的贯口在国旗下展现；表演专业学生将精彩的歌舞唱跳呈现在全校师生面前；平面设计的同学们将他们一年来设计的广告作品美丽展示；服装专业的学生直接穿上自己设计制作的服装，在全校师生面前来一场时尚的国旗下走秀。让人印象深刻的是，舞美专业学生由于无法将他们的专业技能展现在升旗仪式上，他们除了在展厅进行舞台布景展示之外，更是在国旗下展示的环节中，开创了"值周广场舞"，每一年的值周，他们都会带来最流行的广场舞表演，20多个男生齐跳广场舞的画面给全校师生带来了惊喜和快乐。限时6分钟的国旗下展示，让各个班级都迸发出了不同的但同样精彩的青春火花。这种班级团队合作的力量，以及成功展示的自豪感，会在学生心中产生最直接的积极影响，非常有利于班级凝聚力和学生积极心理品质的形成。

（三）毕业生汇报季

毕业汇报是学生专业学有所成的展示和检验。职业学校基于其较强的专业性，几乎每所职业学校都会举办毕业生汇报季活动。这不仅能够激起学生专业学习的动力，更能让学生在汇报的成功中感受专业学习的成就感，对于学生心理的健康成长具有积极的促进作用。以常高艺为例，学校分为艺术表演与艺术设计两大类专业，不同类别的专业也呈现出不同类别的毕业汇报方式。

1. 毕业演出精彩纷呈

作为播音主持、器乐、舞蹈、声乐等舞台表演类专业，学生的毕业汇报几乎都是由精彩的毕业演出大戏构成的。每年5月，各表演类专业的毕业演出轮番上演。从演出前的邀请函设计就赚足了师生的眼球，演出内容更是充分凝结了学生几年的专业学习成果。播音专业从基础的绕口令练习到流利的新闻播音，再到富有感情的朗诵和配音，直至娴熟的情景剧表演，无不展示出专业的水准；器乐声乐的毕业演出往往是最为精彩纷呈，流行、美声的不同唱法，西洋、民族的乐器转换，让毕业演出成为一场精彩的联欢盛宴；而舞蹈的毕业演出则最见真功，从每一个动作的娴熟到位，到群舞的站位和整齐度，以及曲目传达的良好氛围，都无不令人叫好。每年的毕业演出都会让人眼前一亮，同学、老师和家长经久不息的掌声给予他们最高的肯定，参加展演的学生们情不自禁地流下激动的泪水，为自己的成功而骄傲和感动。

2. 毕业展示夺人眼球

设计类专业学生大多以静态作品展示的方式来呈现他们几年来的专业水平。每年毕业季，铁打的展厅，流水的毕业作品，不同专业都会在展厅布展，将他们最优秀的毕业设计作品呈现在师生面前。平面专业将他们设计的广告海报、书籍装帧、商品包装等一系列作品进行展示；动画专业学生则将他们设计的动漫人物、动画场景等展现在师生面前；服装设计专业的学生们将他们设计制作的一件件优美又风格不同的服装作品展现给大家；而舞台美术专业的学生更是花费整整三个月时间，每天不分昼夜地筹备着毕业展，展现出了数十个妩媚动人的场景，轰动了整个校园，甚至吸引了常州业内人士来校观摩。作品的成功展出，这对于学生来说是一次努力得到肯定的积极体验，标志着学生学有所成。

3. 毕业展演的进一步升华

由于学生毕业展演的较高水平，许多学生的作品在毕业季之后仍继续产生影响，展现魅力。例如设计类专业学生的许多作品，相继受邀参加更高级别的展览。常高艺环境艺术设计专业的学生毕业作品，就受邀参加了在荷兰举行的中荷设计年展活动，表演类专业学生则受邀面向常州市民进行公演，这些对于学生自信的提升是十分直观和有效的。

四、活动反思

当我们在批评学生的错误时，我们是否可以发现和赞扬学生好的一面？每个人都需要激励，每个人都渴望成功，"我成功"活动的关注点就放在了对学生的肯定上，这不是口头的肯定，而是在各种活动的参与实践中，学生获得的进步和快乐。这对于学生的心理而言是十分重要和必不可少的。许多职校都开始重视学生自信的提升，谁说职校生低人一等？谁说职校生技不如人？没有学不好的学生，而解锁职校生教育的关键因素便在于我们能否成功激发职校生的发展潜能。

第七节 "我快乐"活动

一、背景介绍

心理不健康的很重要的表现之一就是人对快乐的感知度降低，即感觉不到快乐甚至长期地感觉悲伤、情绪低落。"快乐"与"幸福"有直接的联系。虽然从心理学角度来讲，快乐并不等于幸福，但情绪上的快乐确实会给人带来幸福感。因此，为了让学生在活动中充分地提升幸福感，"我快乐"活动一直是常高艺学生活动平台的重要组成部分。

二、目的和意义

快乐体验是学生活动设计和组织的出发点，也是落脚点，它是学生积极参与活动的主要因素，因为这种愉悦的感受无法用其他事物替代。根据青年学生的特点，选择适当的时机、主题和形式开展活动显得尤为重要：不出校园就能感受到肆意涂鸦的快乐、在班级中就能营造跨年的热烈气氛等，这些都会给学生带来非常深刻的"快乐"体验。用快乐调动学生的积极性，用快乐打开学生心中的阴霾，让学生在快乐中成长、收获幸福，从而促成更加和谐的心理和健康人格的形成。

三、活动案例分析

为了让学生在专业学习、文化浸润中感受到快乐，并以乐助成长，常高艺开展了以"乐"为主题的"文乐节、匠乐节、创乐节"三大节日系列活动。其中，创乐节凭借其丰富的活动形式、精彩的活动创意得到学生的广泛喜爱，学生们充分享受活动所带来的热情与乐趣。

（一）创乐节之创乐嘉年华

当你走进全校的任何一个班级，都会发现有一场充满乐趣的活动正等待着你，这就是创乐节的主打活动——创乐嘉年华。

1. 让人眼花缭乱的丰富活动

有多少个班级，就有多少场不同类型充满创意的活动。在整个嘉年华期间，每一个班级都使出浑身解数，打造最精彩的活动吸引全校师生的参与。有的班级将活动与自身专业紧密结合，设计类专业打造脸谱绘画体验活动、沙画创作活动，吸引对绘画设计有兴趣的师生参与；表演类专业开展经典影视配音展示及体验活动、电影经典桥段表演活动，让对表演感兴趣的师生过足了瘾。有的班级则将"乐"无限放大，他们将班级变身为趣味咖啡屋，不仅制作美味的咖啡供师生享用，还提供狼人杀等烧脑的桌游道具供师生们休闲娱乐；还有趣味答题套圈活动，学生们将自己手工制作的小礼物做成福袋，只要答对三题就可以参加套圈，套中者即可获得福袋。让人眼花缭乱的活动，让学生们在参与的同时，体验到了极大的乐趣。

2. 人人参与有乐趣

创乐嘉年华的特点之一就是全校学生做到人人参与。每班选取 10 名同学组成本班活动的策划组织小组，这 10 名同学要负责包括前期策划、道具采购、活动宣传、现场组织在内的所有工作，并吸引全校其他班级的学生参加活动，这就是属于他们的胜利，而这也是一种十足的成就感与乐趣。而班级内的其他学生，将每人获得两场活动的入场券，学生可以通过各班活动的前期宣传，了解嘉年华中每个活动的大致内容并做出自由选择，参与到活动当中，了解—选择—参与体验，充分激发了学生的兴趣，也给学生带来了参与活动的乐趣。

学校年末的调查问卷中显示，全校学生都参与了创乐嘉年华中的一项或多项活动，做到了活动参与面的百分之百。当学生毕业离校时，他们回想最难忘的校园活动，多数学生都会选择创乐嘉年华活动。

（二）创乐节之班级合影大赛

创乐节中，除了创乐嘉年华之外，班级合影大赛也同样给常高艺学生带来了十足的乐趣。合影大赛是以班级为单位，由各班自行设计，拍出独具创意的班级合影。每年的这一比赛，都激发了各个班级学生的极大热情，不仅涌现出了许多优秀的摄影作品，更让参与其中的同学们感受到了班集体的凝聚力。

1. 让人意想不到的合影创意

创乐节中的班级合影不是同样的服饰、同样的表情加上整齐的队伍，这里有让人大为惊叹的设计创意。有的班级将合影演绎成了家喻户晓的世界名画，每个人都成为名画中的一个角色；有的班级利用抠像等电脑动画技术，将合影的可能性无限放大；有的班级将合照与专业相结合，例如舞蹈专业，就拍出了其他班级无法做到的高难度动作合影。

2. 班级活动大能量

虽然班级创意合影没有创乐嘉年华的规模，但是每一个班级自行设计所爆发出的能量是巨大的。首先，各班合影的主题和内容策划全部是由班级的学生自主设计的，班主任只是"旁观者""指导者"，全体学生在参与中发挥智慧和创意；其次，为了拍出满意的效果，往往要经历多次拍摄，拍摄过程中的一次次欢笑，成为全班同学脑海中宝贵的回忆；最后，大大提高了班级的凝聚力，因为活动需要全员配合，所以班级的团结协作能力和凝聚力会得到快速提升，学生始终能感受到集体的温暖和力量。

四、活动反思

基础教育由于面临繁重的升学压力，因此，许多学校的课外活动时间受到较大影响。高职校以培养高素质、高技能应用型人才为目标，习得知识、掌握技能、提升素养、健康身心……一个都不能少！经历九年制义务教育的洗礼，职校生的和谐心理需要重新构建，学校应充分利用各种活动体验促成学生良好心理品质的形成。"我快乐"活动的宗旨便是让学生在活动中获得愉悦的感受。常高艺的创乐节不仅让学生感受到快乐，更让学生通过丰富的活动形式感受到文化的魅力和自身的价值。德育教育要敢于尝试，善于激发职校生的青春活力，为他们搭建活动平台，让他们体验成功快乐。

五、结　语

我学习、我体验、我创意、我时尚、我成功、我快乐，6W 幸福活动体验平台从不同角度全面地呵护和促进学生积极情绪的养成，提升了学生的心理和谐度和主观幸福感。无论是与大师的面对面交流，还是义工服务的体验；无论是跳蚤市场的精心策划，还是 K – SHOW 音乐节的尽情呐喊；无论是校园吉尼斯的成功享受，还是创乐节的肆意狂欢，每一位高职学生在常高艺幸福活动的体验中，感受到的都是阳光向上的积极心态和情绪体验。学习也可以很有趣，活动也可以很炫酷，班级也可以成为第二个家，自己也可以成为时尚的代言人，这一切都是 6W 平台的活动传递给学生的正能量。而常高艺也正在不断探寻和充实这一平台，让幸福活动的体验成为提升学生心理和谐度和主观幸福感不可或缺的重要途径。

幸福校园生活

随着"以人为本"的科学理念以及"幸福教育"先进教育思想的提出，人们开始对教育过程中学生是否获得幸福感给予很大的关注。幸福校园生活正是基于幸福教育的理念，致力于每一位学生的健康成长与幸福生活。学生幸福是家庭幸福、社会和谐的基础和重要组成部分，是学校教育的出发点和归宿。教育学家马卡连柯指出，教育的目的绝不只是为了培养出能够为国家建设贡献一份力量的创造性的公民，更是为了让接受教育的人成为幸福的人。然而，一直以来，受传统教育模式的影响，再加上教育本身所存在的一些问题，使得大多数学生在接受教育的过程中并未能体会到幸福感。

学生在学习过程中能否获得幸福感，在很大程度上取决于教育者的理念和行动。学生幸福感获得的前提是要有幸福的教育环境，学校以及教师有义务在教育教学之时致力于创造幸福的校园生活。因此，让学生学习和生活得愉快、幸福是构建幸福校园生活的关键所在。幸福校园生活可以给学生带来良好的心理和生理体验，也能够促进其身心更好地发展，对学生的各个方面都起到促进作用，如学习、社交等；幸福校园生活能够陶冶学生的情操，调节学生的情绪，规范学生的行为。基于此，构建幸福校园可以促进学生的心理和谐，从而推动学生的幸福成长。

本章内容将通过研究职校生在校的日常生活，包括学习、饮食、住宿、校园硬件环境、校园软件环境五个方面，对职业院校幸福校园生活理论层面与实践层面进行较为全面而深入的探索和实践。

第一节　概　述

一、幸福校园生活概念的界定

（一）幸福校园

吴发科（2011）认为幸福校园这一概念不单单指创造良好的校园环境，它还涉及人的发展、人的幸福体验以及环境育人这些理念❶。在构建幸福校园之时，应当注重校园心理环境的建设，让校园中的人能够同环境产生良好的共鸣。

在很早之前，法国的心理学家 K. 勒温就对心理环境进行了定义：心理环境指对人的所有心理活动以及行为起到一定作用的环境事实。而校园心理环境则表示的是在校园内所营造出的特殊的环境以及氛围，包括校园硬件环境以及软件环境两个部分，同时也涵盖了校园的自然环境和人文环境，前者是物化形态环境，而后者是非物化形态环境。校园心理环境中揭示了"人的幸福"这一概念。

陈筱梅（2015）指出对幸福校园的理解可以从两方面着手。一方面，"幸福校园"的宗旨是使校园中的所有师生都可以获得幸福的体验，使得每一个进入校园的人都能够被校园的人文环境和自然环境所感染，同时将幸福传递给更多的人，学会创造幸福；另一方面，幸福涵盖了三个层次，一是"满足感"，这主要指物质上需求的满足；二是"幸福感"，着重体现精神上的满足，而教育的目的就是为了让师生能够获得幸福感；三是"利他"，幸福的校园环境，不仅会让身处于这一环境的人获得幸福感，还可

---

❶ 吴发科. 培育积极心理　建设幸福校园［J］. 现代教育论丛，2011（3）：23－41.

以促使其为集体谋福利，让更多的人能够获得幸福感❶。

在笔者看来，幸福校园是一个和谐、积极、成长的环境。它应具备如下特征：一、积极的校园文化氛围；二、融洽和谐的人际关系；三、多姿多彩的校园生活。在这样的环境下，学生形成健康人格，拥有阳光心态，情绪饱满，内心充实。

（二）生活

所谓生活，是指人类生存过程中的各项活动的总和。狭义上是指人们生存期间为了维持生存和繁衍所必需从事的不可或缺的生计活动，它的基本内容即衣、食、住、行的生活。广义上的生活指人的各种活动，包括日常生活、行动、工作、休闲、社交等职业生活、个人生活、家庭生活和社会生活。

生活大体上可划为三类，即"社会类生活""职业类生活""家庭类生活"。除此之外，还有"精神类生活"与"物质类生活"两大分类法。著名哲学家、教育家约翰·杜威在《民主主义与教育》中认为"生活包括习惯、制度、信仰、胜利和失败、休闲和工作。"他还说"我们使用'生活'这个词来表示个体的和种族的全部经验。"❷ 学生的校园生活就是在这个意义上的学生校园经历和经验的所有方面。

二、幸福校园生活研究背景

（一）研究原因及现状

在之前，国内外的学者在研究学生幸福校园生活之时，主要关注的是幸福的内涵以及相关的一些制度，而对于职校生所生活的校园物质文化建设则研究不多。物质基础决定上层建筑，如果没有牢固的校园物质文化基础，又谈何幸福校园生活的积极体验。

众所周知，创造舒适愉悦的校园环境，能够促进幸福教育目标的达成。学校在开展教育之时，绝不可以只灌输给学生知识、技能，更应当以

---

❶ 陈筱梅. 创建幸福校园 师生快乐成长 [J]. 北京教育，2015：38-39.
❷ 杜威. 民主主义与教育 [M]. 北京：人民教育出版社，2001：7.

充分的热情让学生能够从心理上获得愉悦感，从而促进其心理和谐以及良好品质的养成。对于职校生来说，他们的人生观、世界观正经历着自我觉醒、自我确立的过程。因此，构建优质的校园生活环境可以促使学生树立正确的思想价值观、拥有积极乐观的人生态度。在校园内部，无论是一棵树，还是一栋大楼，都可以起到一定的艺术熏陶和教育影响作用。

综观国内现有研究，我们感受到：把幸福校园生活作为学校教育的重要组成部分来研究，在我国还不够成熟，无论从理论的深度，还是实践的广度上来说都还远远不够。就目前的研究来看，理论研究多，实践研究少，操作性较强的实践措施、适合不同类型学校的案例普遍不足。

（二）研究策略

幸福是人们的最终追求，也是教育的最高目标。学校教育作为一种十分普遍的育人形式，其目的之一是让学生拥有追求幸福、感受幸福的能力。随着时代的推进，提升幸福校园体验已经成为推动职校生身心发展的关键所在，在开展教育之时，学校以及教师都应当竭尽全力来为在校学生营造良好的校园学习和生活环境。

本章节主要通过对职校生在校生活的各种要素进行深入系统的研究，以鲜活的案例进行佐证，以期达到理论的进一步提升，并能使其他职业院校获得一定的借鉴与启发。

第二节　书式悦读生活

一、背景介绍

环境是学生成长发展的重要外部条件，由于所处的环境不同，个体的体验和感受就会表现出巨大的差异。校园阅读环境是职校生每天接触的一个重要外部条件，直接影响着职校生校园生活的幸福指数。

搜索 CNKI 中关于幸福阅读的文章有 223 篇，其中关于学生幸福与阅读的关系的文章有 13 篇，其余都是学科教育中的幸福阅读构建。直接论述学生幸福阅读教育策略的文章则凤毛麟角，绝大多数文章都是从学生阅读内容与模式的角度阐述如何获得幸福感受。例如：闵宪鲁（2013）的论文"阅读与大学生主观幸福感"，邬卫燕（2014）的论文"幸福阅读从'心'开始"，李欣（2015）的硕士论文"大学本科生图书馆阅读行为与幸福感的相关性研究"等。

二、意义和目的

关于书式生活，目前专家学者没有给予明确的定义，有的也只是作一般性的阐释。百度百科这样描述"书式生活咖啡馆"的特征：是一家书店，亦是一家咖啡馆，上万册的书籍可看可借的一座小型图书馆，整个空间弥漫着书的墨香、咖啡的浓香、花草茶的清香。阅读成为一种生活方式，为爱书人提供了一个能够自由地创作、思索和沟通的良好环境。想象一下，一杯现磨的咖啡，一本钟爱的书，伴随着柔和的音乐，尽享久违的"书式生活"。

笔者认为，书式生活，就是一种在学习生活压力之下，依然把读书视为生活的一部分的生活方式，它和吃饭、喝水一样能够成为习惯。这样的生活方式是对校园物质文化与精神文化长期探索的结果，符合职校生身心和谐发展的要求。

学校，是孕育人才的摇篮，书香弥漫的校园会提升学生的阅读兴趣。教师，是学生成长的引领者和支持者。职业院校应当将学生引入多姿多彩的阅读世界，支持学生扩大知识储备，拓宽视野思维，并不断地提高学生各方面的素质，让学生更好地适应竞争日益激烈的社会。

兴趣是最好的老师，它对学生的学习所起到的作用最为直接、最为强烈。我国著名的教育家孔子就曾表示"知之者不如好之者，好之者不如乐之者"。可见，只有在学生有阅读兴趣的情况下，他们才能够从内心热爱阅读。因此，教育工作者的首要任务就是激发学生对阅读的兴趣，使其可以自主地进行阅读，以愉悦的心态来习得知识。

我国知名学者孙云晓认为，读书可以驱散寂寞，让人们拥有归属感。教师应当引导学生进入到阅读这一丰富多彩的世界中来，让其培养良好的阅读习惯，并将阅读当成其生活中的必需品。在这一过程中，不仅要为学生提供充足的阅读时间和空间，还要构建良好的阅读环境，营造和谐愉悦的阅读氛围。

三、实施过程

下面以常高艺书式生活氛围的营造为例，从"悦读"的角度来阐释幸福校园生活。

（一）营造"悦读"氛围，利用环境熏陶

读书活动能否顺利、高效地进行下去取决于读书环境适宜与否，而让图书馆充满书香是学校一直以来的目标。在多年的实践过程中，常高艺已经积累了较多经验，也逐渐彰显出自己的特色，让墙壁"说话"：在图书馆公布栏上加入了"推荐书目""新书介绍""师生读书感言"等栏目；在图书馆的墙面上，张贴与读书的妙处相关的名人名言、名人读书故事等。在这样浓郁的读书氛围中，学生不由自主地产生阅读兴趣，爱上读书。

（二）围绕"悦读"中心，强化阵地建设

积极提升图书馆建设的质量，重新布置美化学生阅览室，促使学生同书本进行交流，向文化殿堂迈进；利用智慧校园的建设，不仅提升了电子图书的容量，还增加符合学生个性需求的新内容，使图书馆能够更好地满足学生差异化的阅读需求。

（三）开展"悦读"活动，提升学习质量

学校图书馆经常组织开展各种各样的读书活动，促进学生学习知识、展示智力、增长智慧，提高能力以进一步促进校园文化建设，促进班级的团结和睦，促进个体的能力发展。

2015 年学校图书馆与公共基础部联合举办了"NCA 校园文化读书月"活动，内容丰富多彩，有"美在校园"摄影叙事作品展、"开卷有益"书香班级评选、"悦读人生"综合知识竞赛等，其中《综合知识竞赛》得到了广大师生的积极响应，全校有 25 个班队报名参赛。经过初赛，决赛在六个班队之间展开，决赛以《知识·智力·智慧》为主题，采用现场抽签抢答模式，环节有"去伪存真、明辨是非、有问必答、共渡难关、风险抢

答"智慧闯五关以及新书导读、竞赛留言、终结 PK 等。在本次知识竞赛现场，各队选手竭尽所学，用自己的行动向大家展现了自己的博学多闻，各队风趣睿智的回答博得了场下观众的阵阵喝彩，着实让大家享受了一场知识互动的大餐。

四、创新措施

幸福书式阅读需要一个安静、轻松、愉悦的读书氛围。在图书馆改造规划之时，学校就从命名、内部陈设、功能以及学生的体验等方面进行全方位的设计。

（一）精心的设计

通过命名征集，为图书馆起了一个好听的名字——"NCA 蓝海湾书式生活坊"。原图书馆经过学生们的精心设计以及近十位专业教师的悉心指导，华丽转身，以全新的面貌与功能服务于广大师生。

"蓝海湾书式生活坊"翻转了很多人对图书馆的印象。所有的设计都是以学生的感受为中心：中式的大门，现代风格的灯箱字牌，怀旧的民国建筑风格，老旧的船只悬挂在空中，汽模航模穿梭于头顶，再加上加勒比海盗、海怪的现代元素，使人徜徉其中，情不自禁穿越于历史与现实之间。粗犷大气的洛夫特建筑风格加上简约温馨的细节装饰，使读者犹如进入了文学艺术的殿堂。

（二）全新的学习体验

耳畔舒缓轻柔的古典音乐，柔软的沙发，精挑细选的书籍，使读者宁静感动中产生阅读的冲动。当然这里也有一些看似与读书不搭的物件——滑滑梯、帐篷、瑜伽垫。看书累了，学生可以玩一玩滑梯，或钻进帐篷躺在垫子上短暂休息，还可以进入一间低矮幽静的房间——"星星所秘读屋"，和同学说说悄悄话。一切都是为了学生享受"悦读"而营造。

（三）文化碰撞的平台

每一个进入这里的学生，都与书坊签订了《阅读契约》。学生们可以在这里用便利贴写下"悦读"的感悟，放入时光机中，或者贴在布告墙上。他们还可以在这里展示自己的才华，与同学老师中的"大咖"进行交流。

五、效果反馈

"蓝海湾书式生活坊"开放的第一天，学生们纷纷走进书坊，发出声声赞叹："好赞！""太霸气了！""老师，我要天天来！"记得 12 表演 2 班的徐辉同学曾写过一篇文章《遨游知识蓝海、享受书式生活》，记录着他在图书馆的"悦读"体验。

当我刚刚步入常高艺，感觉这座校园面积不大，人数不多，一点也不瞩目甚至用"渺小"来形容，俨然一副灰姑娘的样子。我最喜欢待的地方——图书馆，书架虽然整齐，藏书密密麻麻，但总觉得不够亮堂，即使开了灯也还是昏暗。

随着时间的推移，学校的面貌在慢慢发生着变化，尤其是图书馆给我的印象最深刻。去年，它在众人瞩目中褪去了青涩的外衣，华丽转身变成另外一个模样，大家都叫它"蓝海湾书式生活坊"。

在见到它的第一眼我就被深深地吸引，那绝对是在我人生中对图书馆的第一次一见钟情。你绝对不会想到图书馆的玻璃上汇集了近年来的流行词汇，例如：纳尼、酱紫、路过、高富帅、躺枪、毁三观等，这些词在网络上使用频率非常高，是同学间相互调侃经常用到的语言，被正儿八经地放在图书馆，这本身就是一种幽默，当阅读疲劳时稍一抬头，看到这些词汇不禁让人会心一笑。图书馆内还有许多精美有趣的画，听说都是学校老师与同学的作品。有了它们，图书馆的氛围和气质整体得到提升，同学们在看书休息的闲余可以大谈艺术，切磋创作技巧。据了解，改造图书馆的目的之一就是要把学生从网络游戏中拉回到书香式阅读，成为每位同学的一处心灵氧吧。

馆内的装修非常有设计感。墙上的图案是按照海洋的元素建造而成的，船、船帆、船具、人与海怪的搏击奋进等场面呈现在馆内各个角落。壁画《海洋之灾》普朗克正乘风破浪，很容易让人联想到正在知识的海洋里遨游的学子们。馆内设计融入了很多学生的创意，据高年级同学讲："在悬挂的复古飞机模型外面加个框，有一种飞机穿过的效果，比较有冲击力，这就是我们的主意。除此之外，我们还利用了很多废弃物，放新书的小木船，原来就丢在学校的河里，我们拿来重新清洗装饰，把它变成了艺术品。"又说："之前有同学反映，读完书想抬头看看时间，他们就在书坊各处都装了挂钟，不管你坐在哪个角落，一抬头总能看到一个。"

当听说里边还有一个帐篷时，我当时的表情是相当无语的状态，我无法了解图书馆内的帐篷有什么用。那些没心没肺的同学当天就给我做了诠释：中午到里面去睡午觉。图书馆内还有一个船舱。在船舱的上方是沙发和小圆木桌，我们可以惬意的在上面读书或者上网放松。左边是上去的楼梯，右边居然有一个滑滑梯，在严谨之中透出丝丝的童真。正下方是一个需要弯着腰进去的船舱，里边有软绵绵的坐垫和小凳子，坐在里边感觉很安全舒心。看得出来这次的设计花费了很大的心血，我也不由得想点个赞。

图书馆的藏书不敢称之为量大，但是种类繁多。我在里边看到很多分类，古典名著、历史、人物自传、信息技术、小说、散文、各种期刊等。惬意的看看专业书也可以偶尔观摩一下其他方面的知识，甚至可以静静窝在一个角落看看漫画，好放松自在！

常高艺高慰校长曾说过："如今人们阅读越来越注重环境氛围，学校创设这样一个受学生喜爱的书坊，就是希望能把学生拉回到现代'悦读'中来，让他们回归人文，通过阅读回归心灵的宁静。"

六、案例反思

身处网络时代，很多人或许早已经忘记了书式阅读。取而代之通过iPad、电脑、手机等电子设备上网读电子书，越来越少捧起一本散发着油墨香的纸质图书阅读。可以想象一下，学生们在某个阳光灿烂的午后，听着舒缓的音乐，泡上一杯咖啡，悠悠然地读着喜欢的作品，这对于提高阅读兴趣，提升阅读的幸福体验是多么有帮助。

现在生活环境因为网络的普及变化很大，但网络书籍终究改变不了人们对纸质书的需求，代替不了油墨的清香和指尖的触感所带来的体验。职业院校要努力创造适合学生成长的"悦读"环境，鼓励学生放下手机，远离电子产品，去嗅嗅油墨带来的芬芳！

第三节　幸福能量补给

一、背景介绍

近 30 年来，职业院校的办学规模得到了空前的发展，后勤保障也展开了社会化改革。这些革新都为职业院校食堂的建设提供了新的契机。特别是近些年，我国经济飞速发展，人们的生活水平也有了显著的提升，渐渐摒弃了传统的消费观念，对食堂的要求不仅仅停留在物质层面，还逐步渗透到精神层面。食堂的功能已经向多元化和复合型转变，需要满足学生餐饮、交往、学习、休闲、文化等方面的多种要求。

职业院校学生食堂应当以何种模式发展，来满足校内学子的生活需要，构建出多功能的复合型食堂，并拥有独特的文化氛围；怎样在以餐饮为主要功能的食堂建筑中构建愉悦、舒适的使用环境，是学校研究和实践的重点。

二、意义和目的

对于在校师生来说，食堂是使用频率最高的生活场所，除节假日外，每天几乎不间断地出入其中。在就餐时间段，食堂的餐饮功能得到了最大化的发挥，然而在其他时间段，其功能性很差，利用率极低。尽管随着时间的推移，职业院校食堂的功能有了一定的提升，然而仍然显得单一。对食堂课题进行研究，不仅是职业院校改革所趋，也是为了满足动态化的教育发展以及师生需求。因此在设计时，第一，应当强调对食堂整体的规划和布局，明确其应当处在校园的哪一位置；第二，应当考虑建筑装饰以及配套的设施；第三，是在分析其功能性的基础上，对其内部空间环境进行设计和装修。

本节以常高艺的食堂设计为例，从"食"的角度阐释幸福校园生活，通过案例分析职业院校食堂的影响因素与创新措施，总结归纳国内职业院校食堂现存的主要问题，提出职业院校食堂室内空间的特点、价值和趋势。为今后相关的方案设计或实际工程提供参考。

三、实施过程

（一）精心设计，合理布局

空间布局合理与否决定了餐饮空间人性化要求能否实现，它对餐饮空间的服务效率以及舒适程度起到直接的作用。餐饮空间的设计会涉及多种功能空间形态组合，传统的餐饮空间设计枯燥、单一，基本都遵循同一款式，而且没有设计感可言，学生在利用这一空间之时，会感到十分的乏味，而通过将多种功能空间组合在一起，让其组合产生层次变化，是解决这一问题的有效途径。餐饮空间的功能布局在强调保持各功能空间自身的特性之外，也应当重视各功能空间之间的协调统一。功能布局和空间尺度都应当秉持"以人为本"的思想，对内部空间布局进行合理设计，确保空间使用者在空间内部的行动安全、便捷、舒适。

1. 餐厅桌椅的合理布置

餐桌的布置要综合考虑服务对象、就餐习惯、就餐方式等各方面的因素而定，并且同一个餐厅在不同的区域和方位应有不同的选择。不同的餐桌布置方式对于餐厅可容纳的座位数、餐厅的舒适度、学生的满意度都有相当密切的关系。

以快餐方式为主的大众学生就餐区域，针对的是数量巨大的普通学生，考虑到成本和维护费用的问题，售卖窗口设置得紧凑集中，桌椅的布局方便学生自如就座和离开；考虑到部分经济条件尚可或是结伴而来的学生的用餐情况，可布置以 2~4 人为主的舒适性餐桌，并且依靠不同的隔断和组合，增加空间功能的多样性与趣味性，吸引学生进行较高档次的消费；宴会或者聚会则应当确保 12~50 人同时进餐的空间与功能，主要针对节假日、生日等前来就餐的学生，将不同种类的餐桌与桌凳组合，以满足私密性和舒适性的高要求。

2. 走道尺度设计

餐厅不仅要留足桌椅的使用空间，还应当留有必需的主要和次要通道。餐桌的排布与就餐路线设计注意两个原则：一是确保学生就座与离座所需的空当；二是保证就餐的便捷。兼顾食堂美化的同时，让学生走最短的路程就餐。

3. 桌椅的选择

大部分传统食堂的餐桌是 6 ~ 8 人的圆桌，圆桌所占空间大，并且舒适度不高，学生就餐时同伴坐的距离较远，很难展开交流。餐桌的选择应当从使用者的心理和占地面积着手。潘静（2011）在经过调查研究后表示，55. 72% 的学生都觉得 4 人餐桌更为合适，使用率也是最高的；25. 46% 学生则表示 2 人桌更能满足大家的需求。这是因为，一般职校生去食堂就餐基本都会和关系较好的同学一起前往，一般都是 3 ~ 4 人。此外，餐桌的尺度也是学生青睐 2 ~ 4 人桌的原因之一。学生如果与同伴的距离在 1m 左右，能够清楚地看到对方的神态，并清晰地听到对方说的话，而若是人数多、距离远，会严重影响交流。❶

常高艺餐厅选用了多种类型的桌椅家具，并通过不同的组合设计将空间划分或围合出不同的小空间，既保障了宽敞的公共空间，又方便了学生的交流，灵活多变的设计为学生提供了一个舒心幸福的就餐环境。

（二）以人为本，打造幸福食堂

为了对学生在餐饮空间中的各类行为有一个充分的了解，首先需要对学生的基本需要以及内驱力有一定的认识。按照行为心理学家马斯诺的"层级需求理论"的观点，人的基本需要一般分为多个层级，按照需求的高低，需求层次的划分如下：

1. 生理的需求：如饥渴冷暖；
2. 安全的需求：如安全感，领域感，私密性；
3. 归属与爱的需求：如情感，归属家庭，团队，朋友；
4. 尊重的需求：如威信，自尊；
5. 自我实现的需求：如取得成就，获取表彰。

随着人民生活水平的显著提高，职业院校食堂已不仅仅满足有饭吃的需求，更要满足使人吃得好，吃得舒适，吃得有文化等更高层次的要求。

---

❶ 潘静. 学生餐厅细部人性化设计［J］. 城市建设理论研究（电子版），2011（31）.

所以，我们认为：学生餐厅首先要满足果腹充饥（第一层次），保证饮食的质量、卫生和合理的价格（第二层次），能提供自由交往，相互交谈，上网休闲的软硬件条件（第三层次），有与经济条件与年级特征相符的多层次饮食和相对独立的就餐区（第四层次），就餐成为期待，并能充分享受就餐带来的物质和文化自我满足感（第五层次）。

"以人为本，打造幸福食堂"肯定了师生在校园中所占据的主导地位，它是一种价值取向，表明人的重要性；它也是一种思维模式，表明无论是解决何种问题，都要兼顾传统习惯和人的需求。学校是培养人才的摇篮，那么职业院校作为技能型人才的培养基地就应该注重对学生生活环境的改造与完善。传统的食堂只是学生们填饱肚子的地方，只是为了完成吃饭这个任务而存在。新时期更加注重的是对学生综合素质的培养，食堂、餐厅不仅仅是吃饭的地方，还是休闲、学习、交流、成长的聚集地。

四、创新措施

以常高艺"NCA 创美客能量补给站"为例，从"食"的角度来阐释幸福校园生活。

常言说得好："民以食为天""学校要管好，重点抓'两堂'。一是课堂，二是食堂。"食堂的好坏很直观地看出一个学校的综合管理水平。因此，学校在 2015 年对食堂进行了全面的升级改造，提升学生的幸福体验。

（一）社会化管理方式

两家有正规资质的餐饮公司与学校签订协议，负责学校的食堂经营。他们有丰富的食堂管理经验、健全的食堂管理制度及食品加工流程，明确的岗位责任制度及食堂管理组织架构等，各项管理工作责任到人，从而保障食堂的食品安全与卫生。

（二）风味美食引导

两家公司分别提供中餐与面点小吃，满足学生的能量补给需求。

特色一：厨房采用明档口。让学生能直接看到菜肴原料的选择和烹饪过程，从心理上增加对菜肴的认可和兴趣，愿意前来品尝就餐。特色二：增设地方特色风味小吃。利用人们有追求新、奇、特的行为心理，准备了多种地方风味美食，随季节的变化，饭菜品种应时多样，保证了菜肴的新鲜感，从而让学生满意。

为了提高就餐满意度，更好地服务于广大学子，学校专门成立了"膳食委员会"，后勤与学工处领导负责日常管理。通过"膳食委员会"，公司可以及时了解师生的需求、意见，并以最快的速度付诸实际工作当中，能有效促进双向互动，提升学生饮食生活的满意度。

（三）丰富饮食文化内涵，提升就餐幸福体验

食堂是学生就餐的场所，也是提供精神食粮的场地。为优化就餐环境，达到环境育人的目的，学校借助环艺专业师生们的团队力量对就餐环境进行了全面的设计改造。如桌椅墙壁的颜色搭配、兼顾亮度与舒适度的光源选择、就餐区域的布置、墙面文化丰富、食堂名字的包装等，都做了全面的用心设计。如名字"NCA 创美客能量补给站"，"NCA"是学校校名的简称；"创美客"体现学校"三创三能"的办学理念及校园文化的内涵，"创"即创新、创意、创造，"美"即美文化，有较高审美的意思，"客"指像客人一样受到尊重，像客人一样文明就餐；"能量补给站"即 Power supply station 补充能量的地方。

此外，学校还在餐厅安装了空调，有效提升了用餐的舒适度；无线网络做到了全覆盖，大大方便了学生在信息时代对网络的需求；配备多台数字电视，播放 NBA 等体育比赛、社会新闻、人文知识节目等，使同学们养成关心时政信息的习惯，提高自己的文化品位。在"NCA 创美客能量补给站"，不仅可以获得物质能量的补充，还可以获得无形的精神食粮，从而提升了学生们的就餐幸福体验。

五、效果反馈

2015 年秋学期，师生们走进"NCA 创美客能量补给站"，被眼前的一幕给惊呆了：两座天蓝色的灯塔矗立在大堂中间，冲浪的皮划艇与救生圈悬挂在进门口的上方，餐桌与红黄蓝三色的凳子错落有致摆放在各个区域，老旧的图书与学生的绘画作品分别装饰在周边的墙上……饭菜变了，在品尝过菜品后，同学们纷纷表示认可，甚至说出"吃出了妈妈的味道"

的话语。食堂的窗口增添了许多，除正常的中餐外，还有各种风味的小吃窗口。除了这些变化，饭和汤都是免费加的，对于一些需要补充体力，饭量较大的男生，还有小菜赠送。

"NCA 创美客能量补给站"在尝试着更加接地气地为学子们服务，开通了"NCA 创美客能量补给站"公告栏，膳食委员会的学生干部把大家想吃、爱吃的菜写在上面，然后评选出最具有人气的菜品，食堂精心烹制出来满足大家的心愿。"还别说，在能量补给公告栏点餐的人还真不少，不但有学生个人点餐的，有的甚至是宿舍团体的学生联合起来，指明了要吃哪些菜，有的学生还亲手制作了自己爱吃的菜谱，我们都完全按照学生的要求制作提供，受到了大家的热烈欢迎。"学校一位后勤负责人说。

六、案例反思

（一）把握空间特点——做到功能多元，空间复合

职校生经济条件不同，身体状况不同，口味不同甚至民族习俗不同，所以就要求职业院校食堂对饮食供应是多元化的。食堂设计应当重视师生就餐的集中性这一特点，适当增加窗口，降低拥挤程度。学生普遍对大统一的空间感到乏味，喜欢多样组合的空间形态。因此，食堂的就餐空间在格局开放的基础上还要考虑加强室内外的融合。多用隔断、半隔断、门厅、柱廊、架空层等灰空间建造多层次空间，努力营造立体化的交流环境，构建开放格局。

随着生活水平的提高，职业院校食堂已经从过去单一的餐饮服务提供扩展为集饮食、休闲、商业、文体等为一体的多元化服务场所。比如说自动售货机、餐卡充值、自动取款机等，甚至是对于校园超市的整合，越来越多的生活需求都进入了食堂。但在食堂的设计布局上一定要注意主要功能还是师生的供餐，别的功能的设计要围绕主功能来设计，做到主次有序，合理布局。在职业院校食堂的室内设计中，可以根据原有建筑的基础，做到既合理又充分的提高空间利用率。

（二）把握空间艺术——做到文化渗透，舒适优雅

食堂的整体装修也必须有一个鲜明的主题，不管是墙壁的色彩，还是

饰物的选择，都要讲究整体的和谐统一，同时也要讲究科学性。充满艺术感的就餐环境不仅会增强学生的食欲，而且可能成为职业院校校园文化中最受师生欢迎的部分。这样的食堂不仅是智慧的结晶，更是美和艺术的集大成者。职业院校是培育技能人才的摇篮，又是具有独特气质的文化场所，随着社会经济的发展。学生们在获取专业知识的同时，需要后勤部门为其提供健康、舒适、充满艺术魅力与人文关怀的生活环境。

（三）满足身心需求——做到以人为本，促进和谐

教育工作者要以满足学生学习和生活需要为宗旨，以经济、节能、舒适美观为基本原则，具有创造高品质生活环境的强烈社会责任感。

当前，校园生活水平有了显著的提升，学生对校园就餐环境所提出的要求也日益提高。因此，职业院校食堂空间重新规划与设计将会出现井喷，相信会有更优秀的设计作品出现，高效利用空间要素，并加以艺术化的处理，塑造出风格迥异，独具风韵的职业院校食堂空间。

第四节　幻巢自主生活

一、背景介绍

近30年职业教育得到了蓬勃发展，职业院校的学生人数出现大幅度的增加，而新建宿舍供给不足，大量的老旧宿舍仍然被投入使用。由于这些老旧宿舍普遍存在许多弊端，如居住环境差、空间布局不合理、建筑能耗过高等，所以亟须改造。学校在对老旧宿舍进行改造之时，往往都会采用固定的、粗放式的改造模式，系统性差，也未能考虑到学生自身的需求，造成了一定的资源浪费。

近年来，国家对新建学生宿舍的住宿标准进行了适当的调整，指出本科生4人一间，人均占地面积为8平方米，而硕士生为两人一间，人均占地面积为12平方米。职业院校学生的住宿面积未有涉及，但纵观目前住宿情况，职校生宿舍人均住宿面积不容乐观，有很大一部分学生仍然居住在空间狭小的宿舍中，这给其幸福校园生活体验带来了制约。上述仅仅是基于面积指标来对住宿条件进行评价，除此之外，学生宿舍在声环境、光环境和卫生环境等方面也有很大的不足。许多宿舍隔音效果一般，影响了学生的睡眠质量；光线不足，学生难以利用自然光来展开生活和学习；宿舍隔热保温效果差，造成夏季宿舍气温高，而冬季气温又偏低；恶劣的卫生环境反倒促进了细菌的繁殖，这些都给学生的身心健康成长带来了很大的负面作用。基于环境心理学的研究，学生性格的养成会受到其宿舍空间构造以及环境氛围的影响。而传统宿舍的空间构造十分单一，布局不合理，缺乏个人相对独立的空间，学生很难自主安排自己的宿舍生活，不利于学生良好生活习惯的养成，甚至会因为相互影响经常导致矛盾和冲突。

解决这一问题，必然需要对老旧宿舍展开科学合理的改造，以最低的花费获得最高的舒适度，提升宿舍的功能性；尊重学生个体需求，提升学生幸福的生活体验；改善环境品质，为学生的相互交往和个性发展提供保障支持。

二、意义和目的

（一）研究目的

对现有宿舍进行改造，科学、合理、舒适应该是实施的基本原则，所以建立一套可行性高的、具体的、系统的改造方案就成为基础工作。优秀的改造设计方案，可以帮助实现对老旧宿舍各方面的优化升级，同时也为降低改造成本、减少环境破坏起到一定的促进作用；采取精细推敲的老旧宿舍改造方式，可以提升建筑的功能性、降低资源浪费，在满足功能需求的基础上，展现出良好的校园环境文化，提升学生的校园生活质量。

（二）研究意义

利用系统化的设计以及整体改造让老旧宿舍实现可持续发展，同时满足日益提升的社会家庭需求和学生健康成长发展的需要。

1. 提高学生的居住质量

我们以常高艺"Y—幻巢"改造案例为样本，来探讨如何根据学生自身所需以及结合现有建筑的实际情况，对学生宿舍进行科学合理的改造，最终使其变成舒适度高、功能性强，学生喜欢的宿舍空间。

2. 减少宿舍的生活成本

低碳生活、节能减排这些理念已经成为一种流行趋势。基于此，在对既有宿舍进行合理改造之时，应当尽量减少能源和空间的浪费，有效提升功能的多样性和生活的舒适度，真正做到学生的入住成本降低而幸福校园生活指数提高。

3. 提升宿舍的适应能力

改造设计中凸显人本的理念和要求，空间使用的灵活性和功能性更高，其适应能力也会大大提升，并在很大程度上避免再次改造的破坏。改造应当以弹性设计的模式进行，这为之后增添设备或是其他的一些变动提供便利。积极引导学生加入到改造活动中来，让学生、教师、校园融合成一个有机的整体，全方位多角度提升宿舍的适应能力。

本研究将促使人们对已有陈旧学生宿舍、职校生意愿以及社区化管理模式的探究投入更多的关注，并通过对职业院校宿舍二次设计与改造，达成提升校园生活质量、减少生活成本、优化校园环境的目标。这将给其他亟须宿舍改造的同行们提供一定的参考。

三、实施过程

下面以常高艺"Y—幻巢改造"为例，从住的角度来阐释校园幸福生活。

（一）理论学习，完善顶层设计

2015年暑假，常高艺对学校老旧学生宿舍进行全面的改造。在改造之前近一年多的时间里，学校管理层做了大量的调研，进行多层次的理论学习，来提升学生宿舍的管理质量与学生的幸福指数。

何清（2012）认为对于一个品牌来说，最重要的就是名字。一个好的宿舍名称可以成为宿舍改造的亮点，体现出艺术职业学校作品的设计感。❶"Y—幻巢"的含义：Y有两层意思，一是它与英文单词WHY是一个读

---

❶ 何清. 如何让品牌名称一字千金——让学生认识品牌命名的重要性 [J]. 营销策略，2012（11）：87.

音，希望学生养成爱问问题，勤于思考的习惯。二是 YOUNG 的首字母，象征我们的住宿环境与学生们更加年轻，更有朝气与活力；幻——可以理解为梦幻的、幻想的、幻境的……巢——鸟巢、动物的窝、人居、人与自然的和谐共生……我们认为学生宿舍不是简简单单供学生居住的公寓，要拓展它的功能，让它成为一个学生成长的平台，要像一个社区（虚拟的社会）运作。应具备如下的特征：

1. 作品创艺化

作为一所艺术类的学校，宿舍的硬件设施要体现出设计感，所做作品具有创造性与艺术感。

2. 运管社区化

日常的运行与管理要像一个社区一样，学校成立学生社区生活服务指导中心，除职能部门对其进行日常指导监督外，专门成立一个学生自主管理队伍——学生自主管理委员会（隶属团委、学生会）负责宿舍社区的日常运行与管理。下设社区主任、副主任各一名、男女生服务部部长各一名以及各楼层长，并有纪检部、办公室、生活服务部等职能部门具体负责相关工作。

3. 产品标准化

每一个宿舍内部的床铺设计、阳台安全防护、洗漱用品摆放位置等以及每一层次楼道的监控设施布局都进行了统一标准化的安排，让学生人人都能分享改造后的成果。

4. 生活社交化

在男女生宿舍一楼的大厅，有供学生活动的场地，在这里可以打印照片、玩桌球、喝咖啡、上网冲浪、接待亲友、宿舍联谊等，满足学生的社会交往需求，学校提供各种便利。

5. 服务人性化

一是人性的硬件支持。如为学生每人床边安装三个 USB 弱电接口，既满足学生对充电的需求，也保证了用电安全；二是人性的软件支持。如宿舍报修更智能，学生通过手机 APP 或电脑就可以上报需要维修的设施，修好了还可以接收到短信等反馈信息；三是人性化的制度。本着"以人为本"的指导思想征集学生意见，对宿舍的各种规章制度进行统一修订。

6. 发展生态化

发展生态化，就是崇尚自然，尊重生命，关注学生发展，张扬学生的个性，促进学生自主的可持续的个性发展。在"Y—幻巢"里，每个学生都受到关注与发展，学校将不断创造符合成长规律的教育环境，营造学校人文生态的教育氛围，赋予每一个学生快乐成长的空间，让每一位学生在愉悦舒适的学校教育环境中充分挖掘自身的潜能，实现真正地全面发展。

（二）学生参与设计改造

学校每年的四月和十月开展宿舍文化节活动，由学工处、团委、学生会组织牵头，系部定期举行宿舍美化评比大赛，在活动中征求学生们的设计改造意见。宿舍内部的美化设计上，会经常见到学生别具匠心的设计改造（图5–1、图5–2）。

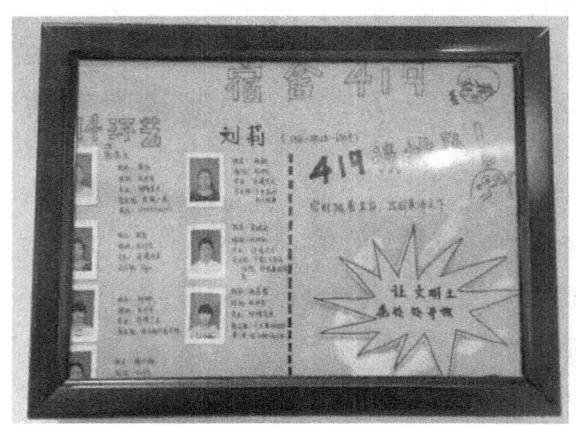

图5–1 宿舍内部

图5–2 宿舍内部

通过问卷调查，学生希望宿舍具有的基本生活条件有：（1）行李箱有存放的位置；（2）鞋子存放空间；（3）热水瓶摆放空间；（4）毛巾可以晾晒；（5）劳动工具有摆放位置；（6）增加储物空间；（7）大型衣物有地方可以摆放等，这些多只局限于功能设置或者储藏空间优化的需求。作为管理方或班主任老师不希望宿舍出现如下情况：（1）在宿舍吃饭；（2）在宿舍开展棋牌活动；（3）嬉戏吵闹；（4）晚睡晚起；（5）鞋子堆放不整齐；（6）空床乱堆物品等，这些都是宿舍管理的常规要求。随着宿舍改造的开展，陆续又收到学生的意见，如：能否将现代常见的诸如电脑之类的电子设备添加至个人生活之中；可否将电子门禁设备、学生的照明设备、床帘等设计到位。学生的积极参与体现出学生对改善宿舍环境的渴望，以及其对个性化的追求，基于此，对老旧宿舍的改造设计应当从学生自身需求出发，充分重视学生的参与性，展现出以人为本的理念。

结合学生意见，整合学校环境艺术设计专业学生的力量，最终完善的设计效果图（图5-3、图5-4）。

图5-3　效果图展示　　　　　　　　图5-4　效果图展示

四、创新措施

（一）进行绿色改造设计

当前，所有的建设项目都提倡绿色环保，因此，对于使用率高的学生宿舍的改造也应当充分重视环保理念和要求。应当强调人、宿舍与周围环境的融合度，应对周围的自然资源进行充分、合理的利用，对原有地形、地貌以及植被等自然条件进行保留。同时对设计进行优化，利用先进的技术、适宜的材料，对资源进行科学的配置。当然，也应当充分利用先进节能设备，例如 LED 灯、智能管理系统等，结合绿色建筑技术，给学生创造良好的室内居住环境，在最大限度上降低能耗。

（二）预留再改造的弹性度

改造设计应当充分考虑未来的发展动态，在设计时预留一定的空间，保留再次改造的余量，如果今后对空间的需求发生变化，就很容易进行二次设计与调整，从而避免再改造时给建筑环境带来损害。

五、效果反馈

（一）人性化的细节设计

根据学生的意见以及学校的实际情况，宿舍改造后有如下变化：（1）床变宽了。从 900mm 增宽到 1100mm；（2）内部空间相对变大。移除中间走道上的桌子，给每位床铺上配备活动小书桌，八人床铺改成七人；（3）内部设施人性化。安装一台新式冷暖空调，每位床位配备三个 USB 充电插头、可上锁的床头储物柜、四层书架、专用鞋架、阳台晾衣架、脸盆架、箱包架衣物等；（4）外部设施便捷。每层楼都设置带浴霸的浴室、开水间、220V 的电源插座、衣帽镜等。

当学生再次走进改造后的宿舍，都迫不及待地发出这样的感叹："新宿舍的空间比老宿舍感觉宽敞多了！""上下床铺的梯子放在两张床中间有楼房的味道！""一张写字书桌，让我们在床上看书上网方便多啦！"

（二）引领性的品位活动

常高艺宿舍"Y—幻巢"进行了大规模的改造，实现了华丽转身。硬件提升的同时，同学们对美的追求、对宿舍文化的建设积极性和参与度也逐步提升。学校每学期开展一次以"美丽 Y—幻巢，你我共创造"为主题的宿舍文化节，将专业文化与宿舍文化有机结合，培养学生良好生活习惯，提升校园生活品位。

宿舍文化节设置了"幻巢之星"和"温馨之家"宿舍评比、"创意之巢"宿舍文化主题摄影比赛以及"我的 Y—幻巢生活"故事征文比赛等多项内容。学生们在活动中创建优美的宿舍环境，学会与他人共处，共建尚美、和谐、幸福的宿舍文化。

六、案例反思

当前，社会普遍追求以可持续发展的方式来对建筑进行改造，学生宿舍这一校园生活的主要场所，其环境的优劣对学生的身心健康发展将产生直接影响。目前，还有很多职业院校存在着老旧宿舍，因此对其改造方式进行研究是十分必要的。在研究宿舍改造设计之时，应当注意各方面因素，涉及施工、管理、使用、节能等，并最终实现科学设计、合理改造、全面优化、促进成长、幸福生活的目标要求。

职业院校学生宿舍的设计改造也许只是刚刚开始，我们完全可以为学生生活质量的提高和环保节能政策的实施发挥积极作用。常高艺宿舍的成功改造对其他院校同行或许会提供一定的借鉴启发，我们更希望借此让人们更加关注学生宿舍的功能发挥，关注职校生校园生活的幸福指数，并共同展开新的探索以及研究。

第五节　园林社区生活

一、背景介绍

近15年来，我国职业教育发展很快，大多数职业院校都新建了校区，校园建筑和环境往往只重视功能性，侧重于满足学生的专业学习需求，缺乏教育性和审美性，规模上追求大而全，布局上喜欢对称统一，建筑上缺乏个性特色，同职业院校学生健康成长和幸福发展的要求存在较大差距。事实上，现代校园建设的关键是文化内涵的丰富和提升，校园环境是教学环境，同时也应该是生活环境、活动环境和社交环境，尽可能实现同社会的同步发展。

要实现以上目标，必须先对校园环境的整体构建进行探究，在更高的层次上对校园环境发展的规律性进行分析，并对相关的经验和教训进行总结，寻求实现其长远发展的良好途径。只有这样，才可以设计出舒适的校园环境，创建好特色的校园文化，满足学生成长发展的需要。本章在结合案例分析的基础上，对校园环境设计进行了深入的研究和探讨，希望可以为职业院校校园建设提供一定的帮助。

二、意义和目的

在目前的职业院校校园建设中，教育工作者越来越重视构建良好的校园文化氛围。在对校园的绿地环境进行规划的时候，除了体现出校园精神，还应该充分结合专业文化和行业文化。前期规划时必须充分挖掘校园文化内涵，根据校园现有建筑和区域特征，制订与现代文化教育观念相吻合、能够顺应其未来的发展动向的设计方案。

职业院校校园主要是为职校生提供一个良好的学习环境，为他们的学习、生活和成长提供成才环境。无论是学生还是老师，在其学习和生活的过程中，校园环境中的公共开放空间都发挥极大的作用，如可以开展大量的社团活动和各项讲座交流活动等。

在对校园空间进行设计的时候，应该在人性化和教育性方面多下功夫。下面以常高艺的校园环境建设——幸福公园式生活为例，试图总结一些规律，对当下职业院校环境建设提供借鉴启发。

三、实施过程

常高艺新校区的建设凸显了人文理念和艺术创意，其内部的建筑能够表现出现代化的风格，典雅精致且不乏艺术品位，同时在生态方面有一定的考量，校园内有湿地公园、创意广场、九曲桥和老房子等，这所有的一切都作为有效的载体，在学校的德育管理中发挥着重要作用。该校以"崇艺、尚美"为校训，充分结合各方面的教育资源，在美的基础上充分融合多方面的内容，包括建筑、景观、空间和装置等。常高艺被当地市政府授予"生态园林单位"，被省教育厅表彰为职业学校校园文化建设一等奖。

（一）校门

常高艺校门为现代钢膜结构造型，主构架以钢铁和产自西班牙的膜材张拉组合而成，辅以灰砖贴面块状建筑，二者融为一体。钢架与拉膜的不平衡造型恰似一棵铁质的巨树，2片白膜远看似两只浮游的白天鹅，又似远航的风帆，寓意学校将由此扬帆驶向美好的蓝海。白天鹅造型又暗合了办学目标"让灰姑娘变成白天鹅的艺术殿堂"。基础部分设计融合了生态理念及日本枯山水造园的一些手法，将天然石材与灰砖体块和竹子作组构，给大门整体嵌入了柔性与自然的元素，使新常艺的大门在视觉上显得优雅独特，形式与内涵上和谐统一（图5-5、图5-6）。

图5-5　校门　　　　　　　　　图5-6　校门

（二）湿地园

位于校园东侧。原为一片鲜有人至的大草坪，为美化景观，改善园内水体水质，2010年春启动设计，2011年岁首完工。湿地园一方面遵从湿地营造的科学要旨，另一方面又循迹园林造作的艺术规律，方尺之地，曼坡起伏，岸线缠绵，辅之以栈道、水杉、小岛。周围遍植搜于附近村落的老树；点缀龟纹、麻黄、鹅卵等诸种美石；广植再力、水葱、梭鱼草、菖蒲等十余种水生植物以清洁水质。湿地一俟建成即成为学生流连之所及新的交通要道，并将作为"印象NCA校园实景演艺"的主舞台区，俨然一处校园胜景。

公园式湿地中间，蜿蜒曲折的木质小桥自由伸展，小广场一个，横向雨路一条，名人雕塑五座。绿化以草坪为主，彰显清、新、美、奇的特色。校园里四季都弥漫着花的香味，随处都有人性化的设计，如休息座椅、路径设计、垃圾桶摆放等。闲暇之余坐在凳子上一边看读书聊天，一边可见役鸭在湖边闲庭信步。在绿化区装置了草坪灯、射灯，夜景尤为美观（图5-7）。

图5-7 湿地图

（三）老火车创意广场

老火车广场的诞生来自于2009年的一次北京"798社区"之行，一具精美的金属车模引发了堆积已久的老校区锅炉房两具旧水箱的再造创意。它们分别被还原为英国"火箭号"（用瓦特蒸汽机驱动的世界最早的蒸汽机车）及19世纪中叶的火车原型。将原来的湖边长廊与车头连接成"车身"，并搜集了许多废旧铁制机件将其作意象式的"拼凑"。在中央区设计了一座欧式古典韵味的老式"站门"，使其与广场上原有的几座不同时代、不同国度的伟人共同构成了一幅有趣、优雅而又跨时空的"对话"，以致发人哲思的"创意广场"。蒸汽机的发明创意使人类社会从"手工作坊"时代进入了现代大工业生产时代，火车使真正的"物流"开始了。这种创意既是对客观社会生产力现实的改变，沉淀到今天它也已具有了"美"的价值（图5-8）。

图5-8 老火车创意广场

（四）振祥路 15 号清朝民宅

原址坐落于老城中心区毗邻京杭大运河北侧，清末典型江南硬山造样式民居。2008 年于旧城改造拆迁废墟中觅得，2009 年重迁复原于常高艺图文信息楼中厅。主要将木结构按原样复架，辅以原屋老瓦施于局部，并着意保留部分残颓之状，加以髹漆且保持老木原味。抬梁、穿斗、挂落、雀替、交错之处尽显江南民宅建筑的历史风貌，与现代化的玻璃钢构采光中厅形成古典与现代交相呼应之独特视觉效果，并成为师生摩习、遐思、唤醒人们对保护文化遗存的意识及承传文化遗产之一隅（老屋木构件花雕板，清代民宅残部，原坐落于常州西瀛里振祥路十五号，2009 年迁置于新校区图文楼中庭）（图 5 -9）。

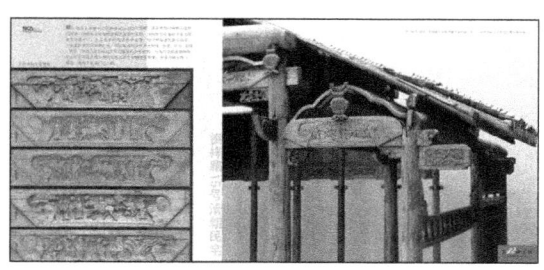

图 5 -9　振祥路 15 号清朝民宅

（五）承园时代

将一批常武地区（江苏省常州市）明清古旧石碑收藏于中，概因该空间为综艺楼主体与后部辅楼之间的一条"狭巷"，用灰砖砌墙青石铺地，间或密植树丛青竹缀以美石。庭中有石榴、黄杨各一株，风过处龙吟细细叶影婆娑，有得江南幽巷之韵。

承园内搜集了一批具有一定历史文化内涵和文物价值的石碑刻。大多为明清以来常武地区一些重要的历史痕迹。记叙事件如：建庙、立祠、修桥、造院和更名。其中部分配以龙凤碑额的石碑为皇帝诰命及谏命的刻文。从侧面反映了常武地区的历史事件及演变，具有一定的历史文化价值。且石碑上镌刻的文字字形隽永雅逸，具有一定的书法艺术内涵，适合学生观摩书艺，揣思历史，传承文化积淀（图 5 -10）。

图 5 - 10　承园

四、创新措施

(一) 生态化要求，促进人与自然和谐发展

就校园环境建设来说，首先应该遵循的原则就是实现其生态化。从古至今，只有充分融合自然环境与人文特色，看到的景致才会更具有美感。充分利用目前已经存在的绿色框架，将水景设计中的一些精妙的构造思路融合进去，通过精心营造，无论是人和自然还是建筑和自然，相互之间都能够交相呼应，将校园中的一派生机呈现出来。不断更替的花开花落，不断交替的春夏秋冬，不断变化的天气，即便寒冷冬日依然挺立的松柏，即便处于寒冬腊月依然散发芳香的梅花，这些大自然的景观及其本质表现出的各种特性，都象征着各种人生哲理，通过实际物质的形式直观地表现出来，与人们的心理相呼应。

(二) 人本化设计，满足师生发展综合需求

常高艺公共区域的人行干道，遵循方便快捷的原则，将教学区、生活区、运动区有机串联起来，与传统校园景观道有所不同，它们的功能除了通行之外，还是一个为人们提供玩乐、休息等的场所，随着道路的延伸，其周围的景观也按照一定的层次慢慢展现出来。在对校园环境中的各个景观进行设计的时候，我们从使用者的实际需求出发，并从物质层面和精神层面两个方面着手，合理设计构建对应的空间和场所，除了美化环境，还能促进人与人之间的交流。就常高艺目前的情况来说，为了突出人的主体性，需要对一些细节进行改进，体现出人性化的特点，比如说地面材料的变化、休闲座椅的数量、自然环境设计等。就校园环境而言，其功能不只

是为师生提供一个学习的环境，同时也是他们生活的场所；在实现其以人为本的要求时，应对环境的舒适性予以足够的重视，使之更好地满足师生学习、工作和生活等方面的需求。

（三）社区化方向，突出专业人文深度融合

职业教育的目的之一是让职校生不断完善自己的人格，职业校园是启蒙学生"社会"意识的园地，进入职业院校意味着开始了自己的职业之路，开启了新的人生旅程。在构建校园生态环境的过程中，将学生作为其主体，使之能够与人才培养的要求相适应，将整个校园定义为一个师生共同成长发展的社区来加以建设。

常高艺是一所艺术类职业学校，培养的是"三创三能"特征的艺术人才，学校环境设计和建设过程中抓住这一根本，将学校建设为一个虚拟的创意产业园，努力实现专业文化和企业文化结合，专业实践和人文熏陶统一，着力构建以"美"为核心的校园环境文化。在审美情感的驱动下，将感情融合于环境，使成长过程更加自然、更加生动。在教育管理过程中，做到和谐共生、润物无声，使校园生活更加有趣、更加有效。

五、效果反馈

2015 年 5 月常州市教育局进行了"我们最得意的校园一角"校园环境文化建设典型案例评选，从全市各校共征集到 500 个案例，常高艺共送评12 个案例。凭借着创意的校园环境建设和独到的校园文化解读一举荣获 7个奖项，成为此次获得奖项最多、获奖率最高、获奖等次最高的参评单位。其中蓝海湾书式生活坊获特等奖、NCA 创美客能量补给站获一等奖。

六、案例反思

成功的校园环境建设，不仅可以为在校师生提供良好的生活、学习和工作条件，还可以成为当地居民的共享空间。由于职业院校的校园一般占地面积比较大，又有很强的文化和专业特色，所以往往成为所在城市或区域的文化景观和教育主体，体现地方文化教育的深层内涵和教育理念。具体应注意如下几个原则。

（一）以人为本的原则——宜

职业院校必须坚持人本化的教育理念，校园建设应从"服务人、发展人"的理念出发，更好地满足师生的校园生活需要。学校的环境景观设计和建设应该促进学生形成良好个性、掌握知识技能、提高综合素养和适应未来发展。

（二）和谐共生的原则——融

职业院校校园环境建设需要综合考虑自身的地形地貌，同时兼顾校园周边的环境因素，将学校与区域融为一体。在校园内部，要通过构筑不同的景观轴线，来展示特色的校园文化，做到"点、线、面"结合，内容与形式的统一，各种环境因素融合渗透，达到人与自然的和谐。

（三）文化优先的原则——特

职业院校都有各具特色的专业，每个专业都有深厚的行业背景，这些都是校园文化建设的独特资源，校园环境建设必须紧紧依托和展示特色校园文化，为培养个性化人才提供支撑，避免千校一面，打造具有独特内涵和魅力的校园环境文化。

（四）持续发展的原则——活

校园的环境设计和建设遵循统一规划、分步实施的原则，校园建设应该处处体现灵活性和可塑性，为未来丰富校园文化内涵和拓展使用功能留有余地。正确处理好历史、当下和未来的关系，有效实现培养学生、发展教师和服务社会的功能，全面促进学校的可持续发展。

第六节　校园智慧生活

一、背景介绍

如今，各种新媒体不断地推陈出新，在给人们带来欢笑的时候，也在影响着人们的生活。根据有关资料，截至 2015 年，中国网民人数大约达 6.5 亿人之多，网络普及率大约为 48.1%，随着智能手机的普及，通过手机上网的人数大约达 5.5 亿人。手机作为便捷上网工具越来越被人们所接受。

职业院校的幸福智慧生活和新兴的技术关联越来越密切。新技术的应用为学校的发展提供了一系列的便利和条件，为幸福智慧的校园生活增添了生机，比方说信息化促进了职校生幸福智慧生活的多样性发展；信息化为幸福智慧生活建设拓展了新空间；新技术提升了职校生幸福文化生活水平等。因此，我们在研究"互联网＋"环境下的职业院校幸福智慧生活，应坚持以社会主义核心价值观为导向，努力结合现代智慧生活的特点，创新智慧校园建设与管理方法，科学构建职业院校幸福智慧生活新阵地。

二、意义和目的

随着经济的高度发展，智慧校园建设正如火如荼地开展，国家教育部信息化发展规划中明确提出，将"加快职业教育的信息化的建设步伐，不断培养多层次的人才"。在时下互联网技术高度发达的大环境下，如何满足学生数字化学习和生活的需求，已经成为当代教育工作者所面对的问题。构建智慧型职业学校校园，积极引导和指导学生合理、有效利用信息化平台，探索获取对自己有用的信息，并最终内化为可以帮助自己成就幸福人生的知识、技能和素养，这将是当下和今后一段时间职业院校面临的共同课题。

下面以常高艺的校园信息化建设过程为例，试图总结一些经验教训，共同应对智慧校园生活带来的机遇和挑战。

三、实施过程

"十二五"中后期，常高艺开启了高水平现代化职业学校的建设的进程，其中校园信息化建设——打造校园智慧生活是我们必须要跨过的门槛。

（一）组织领导是关键

校园的信息化建设是一个较为复杂的工程，几乎涉及师生校园生活的所有方面，需要各部门全力配合。因而，学校首先要组建信息化工作领导小组，从而保证智慧校园建设的持续性与可靠性。

信息化领导小组负责人应由学校主要领导担任，领导小组成员包括教务处、后勤保卫处、办公室、信息中心等部门的负责人，以及网络管理员等与信息化工作有关的人员。主要职责为：确定学校信息化建设的任务和目标，配置人力与物力资源，协调并保障各个部门的信息平台的建设运行等。

（二）基础设施是保证

在整体的信息化建设工程当中，硬件建设十分重要，要从实用的角度出发，综合考虑可使用的资金以及学校所需要的硬件设备，本着"全面规划、逐步实施"的方针，建立科学化、合理化的校园数据库以及服务器，并建立各种防范措施防止病毒入侵。总的来说硬件设施建设是整个校园网络最为重要的基础。

校园服务器与数据库中心是整个信息化平台的中心，是信息化平台高效稳定运行的重要保证。在建设职校网络平台时，应务实地分析智慧校园建设的需求，尽可能做实硬件基础。以组建现代智能化网络平台为目标，充分利用无线网络技术，适度引进社会资源，方便师生使用手机等终端设备参与工作、生活和学习。

首先，常高艺安装了100兆光纤，给所有教室、社团活动场地、办公室布上网线，使学校信息化建设走上了"高速公路"。其次，在2013年学校所有理论上课教室安装了交互式电子白板一体机，实现了班班通。同时，我们引进了移动、联通两家网络公司参与学校信息化建设。高标准的现代化信息技术硬件建设成为学校"构建幸福高效课堂，培育幸福校园生活"的助推器。

（三）软件资源是支撑

软件资源是信息化平台的重要支撑。学校在购买或使用软件资源时，首先要分析软件的功能，选择适合学校需求的软件，确保软件实用高效。如果实在没有适合的软件，应自主研发或委托有关部门代为研发。有了这些强大的软件资源系统，才能够有效地提升学生幸福智慧生活体验，师生在便捷高效的校园环境必然感到心情愉悦、和谐幸福。

（四）队伍培训是手段

信息化建设的目的是为了提高办事效率，方便广大师生的工作与生活，作为使用者必须了解信息系统的功能，熟练掌握操作技能。因此要加强对教职工、学生等使用群体的培训，增强使用计算机和智能软件系统的能力。校园信息化不能仅仅依靠网络技术人员的维护管理，更需要校内所有网络使用人员的共同参与。通过队伍培训，尽快提高师生们计算机使用和网络应用的水平，建设一支高素质技术过硬的信息化建设队伍。

（五）管理制度是保障

在展开信息化建设的相关工作时，首先应该建立对应的规章制度，为智慧校园生活提供保障。比如说：人员管理和培训制度、领导决策与项目审批制度等。通过对各项制度的详细制定和不断完善，在信息化建设的过程中，各个部门和人员各司其职，明确建设过程中的各个环节，使项目能够在稳定、高效的情况下正常进行。常高艺在经过多次调研兄弟院校的成功做法的基础上，根据上级部门的政策文件与本校的实际情况，制定了中长期的信息化建设标准（3～5年），这样能够使得智慧校园建设始终保持一定的科学性和前瞻性。在统一的信息化平台上，根据制度和标准大家规范开展数据与信息共享，全面优化管理和服务，有效提升了校园智慧生活质量和水平。

四、创新措施

一是始终坚持以学生为本，加强对职校生信息素养的培养。在信息化环境下，职校生成为新媒体信息传播的重要受众人群。常高艺注重学生的信息需求，管理上多做调研，倾听学生的呼声，一切从实际出发；引导学生正确接触、使用校园各种新媒体，加强信息素养教育，培养学生具有健康的是非辨识能力和媒介批判能力，使其能够充分利用信息资源完善自我，积极提升校园幸福智慧生活体验能力。

二是信息的反馈必须及时，让师生感受到信息化带来的变化。校园内财物的报修效率是师生最关心的，往往一盏暗灯会打消学生对未来的憧憬；一把坏锁会诱惑学生走向违纪的道路，这反映出后勤无小事。常高艺数字化校园平台实行网上报修制度以来，实行24小时手机动态值班，只要师生有需要，后勤的工作人员可以在第一时间了解情况，解决问题，有力地促进了学校教育教学工作的正常开展。

五、效果反馈

随着"互联网＋教育""互联网＋校园"理念的提出，常高艺已经走在信息化的快速通道上。学生的一卡通已经开始使用，此卡原来只有学生身份识别的一般功能，如表面印有在校生的姓名等基本信息。完善了相应的管理系统之后，成为真正意义上的一卡通。一方面方便了学生校园生活，除了作为胸卡使用外，还可以用作就餐、洗澡、洗衣、超市购物、打水、门禁等；另一方面节约了学校管理成本，大大提升了系部和班主任的管理针对性和有效性。2016 年 2 月学校又引进了《宿舍管理软件》，软件内容包括：宿舍管理和奖惩管理等，每天的宿舍情况都会及时反馈，优秀宿舍与不达标宿舍考核数据和照片都会在第一时间上传，真正提升了管理效率。如今，为了更好地服务于广大同学，学校专门投入巨资引进专门的维护设备，包括：刷卡器、打印机、空卡片等，自助办理这样一张胸卡也很方便，大约 2 分钟可以完成。

六、案例反思

（一）幸福智慧生活需要管理精细化

一个完整的信息化管理系统是实现幸福智慧校园生活的一个必要条件。利用该系统可以更好地实现师生之间的良性互动，有效地降低管理成本，以及避免管理过程中的各种风险，但这些都要求管理人员必须能够及时地掌握相关信息，并制定和实施有效的管理措施。管理的精细化水平提升了，管理的成效才能真正体现出来。有效而精细的管理会促进学校和家庭、教师和学生之间更好地交流和配合。利用信息化高效便捷的特点，从不同的角度了解师生实际的工作、学习和生活状况，进而加深他们相互之间的了解，反过来也可以促进管理工作精细程度的进一步提高。

（二）幸福智慧生活需要评价多元化

幸福智慧生活需要完善的信息化效能评价体系。综合利用信息化平台，对师生各方面信息进行有效记录，评价中既看当前信息，也要兼顾历史数据；既看状态结果，也要分析具体原因；既要重视平台反馈，也要听取师生反映。只有评价方式多元了，评价结果才有可能客观公正，评价的导向功能才能真正发挥，最终提升师生的幸福，对于所有数字化管理服务项目绑定调查问卷或满意率对话弹窗。这样，管理人员对老师的实际工作评价就能够做到及时、全面的掌握。

（三）幸福智慧生活需要参与全员化

受校园信息化的影响，师生的校园生活将会发生一系列的变化。比如，师生之间的交流将不会受到时间、空间的影响；相关的管理人员在处理工作的时候，能够更加便捷高效；学校与家庭、社会企业之间的合作交流更加深入，因此，智慧校园离不开有关各方的积极参与。在充满生机、健康、安全的智慧校园中，教师和学生无疑是真正的主体，信息化带来变化的最终结果是让全体师生在工作、学习和生活的时候能够始终处于轻松、愉快的氛围里，其内心的满意度也会不断提高，进而提升全体师生的成长发展度和校园生活幸福指数。

本章节从书式悦读生活、幸福能量补给、幻巢自主生活、园林社区生活和智慧校园生活五个方面阐释了幸福校园生活的立体构建，它的突出特点是以人为本，树立积极幸福教育的理念，契合职校生成长的规律，尊重学生的主体地位，有效唤醒职校生的主动发展力，通过多维度的设计引导学生用积极的态度发展自我，用积极的心理迎接未来。正如弗洛姆的精辟论述"通过认识具有生机灵性的人的路只有一条：经由和谐相融而非理智所能提供的任何知识，我捧出自身，我融入他人，由此，我找到自己，发现自己"。❶

---

❶　弗洛姆. 弗洛姆文集［M］. 冯川主编. 北京：改革出版社，1997：358.

第六章

幸福团队建设

德育工作是一项复杂的系统工程，其中德育队伍建设是重中之重。任何工作归根到底都是人的工作，既是为了人，也需要人去实施。费尔巴哈曾说过："幸福必须是生活的，生活必须是幸福的。"如果学生管理人员在工作中不能体会到工作的幸福，其工作的倦怠和无助感，不仅影响到教师个人的生活质量，还会进一步影响到学生幸福感的获取以及学校教育目的的实现。

让幸福的团队做幸福的事，让学生具有把握幸福人生的心智能力，常高艺幸福德育的理念，也是团队建设的宗旨。

第一节　概　述

一、幸福团队建设的研究背景

新一代的高职校学生基本是"95 后""00 后"，他们与"70 后""80后"的学生相比，受社会环境影响大，更加追求个性与自由。他们接受新事物快，可塑性强，多以自我为中心，思想观念和价值观呈现出多样化的特点。他们生活在信息社会，智能手机、网络已经成为其生活的一部分，发布信息、获取信息变得简单容易。今天的社会，一道围墙不能再分割校园与社会，学生的管理工作也必须跟上时代的发展。

新形势下的高职校学生管理工作充满挑战，德育管理人员的压力与日俱增：快速发展的社会、多元的观念、个性的学生、全新的手段，对学生管理人员的综合素质和能力提出了新的要求，"单兵作战"的模式已经受到挑战。

高职校受到人力、物力等内外部资源条件的限制，从短时期看，在学生管理工作中不断加大投入并不可行。因此，要提升高职校学生管理工作的水平与效果，必须改变管理的结构，提升管理人员的素质与工作水平，开展学生管理团队建设，增强工作的幸福感。

二、幸福团队建设的研究意义

（一）理论意义：教育理念的提升，对德育本身意义的回归

苏联著名教育家苏霍姆林斯基在《给教师的一百条建议》中指出："在教学大纲和教科书中，规定了给予学生各种知识，但却没有给予学生最重要的东西，这就是幸福。理想的教育是培养真正的人，让每一个从自己手里培养出来的人都能幸福地度过一生。这就是教育应该追求的恒久性和终极性价值。"❶

对于从事教育的教师来说，教育不是牺牲，而是享受；不是重复，而是创造；不是谋生的手段，而是生活本身。构建学生管理的幸福团队，实现教师幸福与学生幸福的互动，这不仅是对学校德育本身意义的回归，也是建设幸福校园、构建和谐社会的关键所在。

（二）实践意义：提升高职校德育实效性的一种积极探索

长期以来，如何与时俱进、有效提升德育的实效性，是德育工作者一直思考的问题。一方面，德育工作受到党和国家的重视，另一方面，在实践中免不了"假大空"的嫌疑，以致师生均无法对其建立起正常的态度和

---

❶ ［苏］B. A. 苏霍姆林斯基. 怎样培养真正的人 ［M］. 北京：教育科学出版社，1992：145.

情感，以应付的态度居多。究其根本，不贴近生活，缺乏生动性，在方式方法上过于教条和死板，其目的更多的是为了秩序稳定和便于管理，具有浓重的德育意识形态教育色彩，人们自然地远离它。

幸福团队建设首要强调的是幸福，是对教师和学生主观幸福感的重视，从而激发出个体的活力，提升德育工作的凝聚力；而团队建设的路径又让它成为一种有益的探索，是从校本研究的角度对德育工作的深化和探索。

三、幸福团队建设的理论基础

（一）权变管理理论

权变理论是 20 世纪 60 年代末 70 年代初在经验主义学派基础上进一步发展起来的管理理论，是以具体情况及具体对策的应变思想为基础而形成的一种管理理论❶。权变理论认为，每个单位或组织的外在环境及内在要素都是各不相同的，因此在管理的过程中，没有普遍适用于任何状况的原则和方法，只能根据管理的具体情景采取相适应的措施。权变理论的突出特点是从人力资源管理、组织结构设计、领导方式和问题决策等方面进行综合决策，强调具体问题具体分析，增强管理的针对性和有效性。

高职校德育建设没有一成不变的模式。社会的进步，职业教育的巨大发展，生源素质的变化，这些都要求改变以往的教育理念和德育模式，采取贴合实际、有效的方式提升管理水平，实现人的健康成长和幸福发展。

（二）需求层次理论

20 世纪 50 年代，美国著名心理学家马斯洛创立了人本主义心理学体系。马斯洛的需要层次理论有两个基本前提：一是人类行为是由动机引起的，动机起源于人的需要；二是人的需要是以层次的形式出现的。马斯洛早期假定人的价值体系中存在五种基本层次需要，即生理需要、安全需要、爱的需要、尊重的需要和自我实现的需要，之后他又在尊重的需要和

---

❶ 姚慧. 权变理论视角下对地方教育科研管理的思考——以课题管理为例 [J]. 江苏教育研究，2013（32）：32–34.

自我实现的需要之间加上求知的需要和求美的需要。他认为，这些需要组成连续的层次。一旦某种需要得到满足，另一种更高的需要就出现，又需要满足❶。

需求层次理论对于高职校德育工作具有重要的指导作用：学校领导者需要了解当代高职校教师和学生的需求，根据他们的需求来调动发展的积极性，让他们能够主动地朝着预设效果靠近，进而达到学校德育管理的目标。在运用马斯洛需求层次理论的过程中，要注意到该理论存在的消极影响，即只关注个人在集体和社会中获得满足，以实现个人的需求，忽视集体和社会的利益，把人和社会之间的需求满足变成一个单向的过程。因此在引入需要层次理论的同时，既要帮助广大师生满足个人正确的需要，也要促进整个校园的发展与和谐。

（三）积极心理学理论

美国著名心理学家塞里格曼及其搭档契克岑特米哈依于 1997 年提出了"积极心理学"思想，并于 2000 年在《美国心理学家》上刊登的《积极心理学导论》中正式提出。积极心理学理论给了德育一个全新的角度，采取和过去德育完全不同的策略和手段，来实现学生的成长与发展。德育管理团队应正确认识自身工作的性质，对其进行积极的解读，以积极的心态面对学生，面对自己与学生的关系，并从积极的角度解决管理过程中出现各种事件；同时德育团队要客观分析自己的地位和作用，通过调动学生自身的积极因素，帮助学生实现自我管理、自我成长和自我发展，让学生认识到自身的积极力量。

四、德育幸福团队的界定

（一）团队

又称为工作团队，是近年来广泛采用的一种管理形式。关于团队（Team），比较权威的定义是琼·R. 卡曾巴赫和道格拉斯·K. 史密斯的观

---

❶ 朱志强. 马斯洛的需要层次理论述评［J］. 武汉大学学报（社会科学版），1989（2）：124－126.

点："团队就是由少数有互补技能，愿意为了共同的目的、业绩目标和方法而相互承担责任的人们组成的群体。"

团队区别于一般的工作集体或者群体，并不是任何在一起工作的人员所组成的都是团队。群体的成员只是完成自己的工作，并不一定参加到共同努力的集体工作中去，彼此之间不存在积极协同作用，群体的绩效仅仅是个人绩效的综合。群体的成员也不认为自己应当为群体的目标承担风险，而只应该为自己完成的工作承担责任。团队的成员首先要能理解团队的工作目标，具有团队共同的价值观，并愿意加入到实现这个目标的共同工作中来；关注他人的观点和成绩，对他人的工作给予积极的支持；愿意和他人共同承担工作中的责任。通过团队成员的共同努力，实现团队的绩效大于个体绩效的总和，并为组织创造出潜力，进一步提升组织绩效。

按照上述的团队定义，可以把团队的构成要素归结为5P，即目标（Purpose）、人（People）、定位（Place）、权限（Power）和计划（Plan）。高职校的德育管理团队，是为达成学校德育工作目标，由德育管理人员组成的工作单位。在团队中，成员具有共同的德育理念，采取共同的工作方法，相互配合，共同承担责任，达到预定的德育工作状态和效果。

（二）团队建设

团队的建设过程是一个复杂的、动态的、长期的过程，其目标是打造一支高效的工作集体。虽然每个团队具有不同的特点，但高效的团队一般具备以下特征：

1. 具有明确的目标。团队成员不仅清楚地了解团队所要达到的目标及达到目标的意义，并认可这些目标和意义；

2. 团队成员必须具有完成目标所需要的技能；

3. 团队成员之间相互信任、互相配合、相互认可；

4. 团队成员之间沟通顺畅，信息交流及时；

5. 合适的领导。团队领导在团队中所起的作用已不是指挥、监督、控制下属，而是担任着教练和后盾的作用。

每个高职校都有德育工作的队伍，这个队伍由校领导、职能部门、系部、班主任等一系列的工作人员组成。这个队伍并不天然就是德育工作团队。德育团队的形成是一个复杂的工程，需要不断磨合与调整。幸福德育团队建设过程就是不断向这 5 个方面特征靠拢的过程，采取的模式一般有任务导向模式、价值观建设模式、角色界定模式等。

五、幸福团队建设的现状分析

历来团队建设受到各个高职学校的重视，有的已经上升到核心竞争力的高度。以往的竞争中人们通常认为一个企业或单位的核心竞争力来自低成本或者差异化的产品，现在人们认识到，通过有效的整合自身所具有的多方面知识和技能，形成一种不容易被对手所模仿的模式，才是真正的竞争力所在。而这种独特模式的形成，关键就在于团队的建设。同时，团队建设也可以有效降低德育管理工作者的"职业倦怠"感，提升其幸福感，有利于提升工作效率。

但是，目前在德育团队建设中，也存在一些需要提升之处。

（一）对德育团队建设的重视程度不足

各学校对专业发展团队建设的重视程度要高于学生管理团队，教师参与的积极性也比较高。一方面是学校学科建设的需要，各种各样的技能比赛、学科竞赛都要求学校加强师资队伍建设，发展专业团队；另一方面，教师从职称评定、专业提升的角度，也更重视参与专业团队。很多教师特别是非师范专业的教师，经过多年的专业训练，对于从事专业教学与研究有着天然的认可心理，而对于从事德育工作则比较抵触，觉得非常陌生。从获得的参考文献来看，对教学团队建设的研究要明显多于对德育管理团队建设的研究。

（二）德育团队建设的目标不够明确

团队建设中尤为重要的一点就是确立明确合理的团队目标，这是凝聚整个团队的关键所在。从一般意义上讲，保证校园教育教学秩序的稳定，妥善处理各类学生突发事件就是高职校学生管理团队的基本目标。但仅仅做到这些是不够的，它的最终目标是促进师生的健康和谐发展。所以，德育管理团队的工作任务可以量化为一个个的指标，加强对教师和学生成长发展深层次的关注、指导、引领和保障。

（三）对德育团队建设的实证研究不够

从百度和中国知网的搜索结果分析，目前对于团队建设本身的研究很多，大多关注团队精神、团队角色定位，以及团队建设的策略、方式、途径等，部分涉及对幸福团队建设进行了研究。但结合高职校学生管理工作的团队建设研究很少，大部分是对小学和幼儿园团队建设进行的研究，而且也是以整个学校为单位的。从团队的每一个层面或者角色来开展的实证研究也比较缺乏，开展幸福德育团队建设的研究则基本没有，尚未形成有效的幸福德育管理模式。

六、幸福团队建设的积极探索

常高艺自 2008 年升格为高职校以来，一直非常重视德育团队建设，在"我学习、我体验、我创意、我时尚、我成功、我快乐"的"6W"学生成长理念指导下，不断进行德育工作的积极探索。

（一）重视德育管理工作，为团队建设提供支持

每个学期校长室都要认真审查德育工作条线的工作计划，协调重大事项和重要节点，保证学校德育理念的一贯性；积极鼓励开展各种德育创新活动，给予德育团队建设必要的经费保障。同时还成立德育名师工作室，建立了总辅导员制，引领德育工作开展。

（二）开展德育制度建设，为团队成长搭建平台

为了推进德育团队建设，学校先后制订了《班主任任职管理制度》《班主任星级评定制度》《班主任月绩效考核与学期绩效考核制度》等一系列规章制度，为团队成员的成长搭建平台。

对应教师教学成长的序列，特别设立了一星至五星的班主任成长序列，每一个序列都有对应的具体指标，对于教师的成长具有很强的引领作用，有助于班主任的自我成长发展。在考核中，班主任星级越高则考核要求越高，享受的津贴也越高。考核过程公开、透明，考核数据每周公示，每月汇总，每学期总结评定。整个考核分为月考核和学期考核两个部分，月考核侧重于常规工作，学期考核侧重于全面工作，互补性强，能够全面反映班主任的工作态度和工作成绩。这些制度实施以来，对于提高常高艺

德育工作的水平、保持德育团队的稳定，起到了有力的促进作用。

（三）加强内外学习交流，为团队发展拓宽渠道

德育工作不能闭门造车，要与时俱进，必须加强学习，加强交流；而对教师来说，最好的待遇就是参加培训，获得提升。每学年常高艺都会根据自身工作的需要，审视自身在德育工作中存在的短板，努力向在德育工作方面有特色、有成绩的其他高职院校学习；同时该校还积极开展内部德育交流活动，提升德育队伍的理论水平和管理技能。如每个学期结束后开展的德育特色活动展示，不仅总结一个学期德育工作中的特色亮点，也很好地凝聚了全体德育工作人员的士气。

（四）构建年级德育小组，为团队建设创新载体

高职生在校学习时间较长，每个年级具有一定的个性，如新生入学主要解决常规问题，培养良好的人际关系，而毕业年级则关注毕业和就业问题。因此，在常规工作进行统一部署的前提下，该校还以年级为单位，开展年级小组建设，由一个年级的所有班主任组成工作小组，更加灵活和准确地解决年级中出现的问题。从班主任中选出年级组长，负责统筹、协调年级工作。年级大会、实施班级德育学分制、学生评语撰写与评定，这些都是年级小组自己组织、自己开展的活动，不仅锻炼了班主任队伍，也让学生从年级和专业两个角度找到了自己的坐标。

（五）积极探索德育科研，为队伍成长提供引领

学校历来重视德育科研工作，学校先后参加了多个国家级、省级的德育课题研究工作，鼓励团队成员参与其中，通过课题研究实现了实践—研究—总结—实践的良性循环。另外，两系还定期开展德育论文（案例）评比，在提高德育理论水平的同时，也极大地推动了德育实践，充分发挥了德育科研的引领作用。

（六）有效实践自主管理，让学生体验成长幸福

让学生体会到成长的幸福，把握幸福人生的心智能力，是幸福教育的宗旨之一。让学生、特别是学生干部参与到学校管理中来，尊重学生，相信学生，让学生在工作中获得锻炼，获得成长。学生会已经成为学校德育工作的重要力量，在维护校园秩序和开展各类活动方面，起到了重要的作

用；助理班主任是新生年级管理的不可或缺的力量，他们是班主任的好帮手，是新生的好老师、好朋友；班级值周工作，每个班级的同学分配到学校的各个岗位，深入了解学校的运转，体会各个岗位的艰辛。通过这些工作的开展，学生不仅锻炼了各方面的能力，还具有了主人翁的责任感。

班主任队伍、辅导员队伍、助理班主任队伍和学生干部的建设是整个幸福德育团队建设的核心工程，近年来，常高艺在这几个方面进行了一些积极的探索，本章下面的内容将分别围绕这四个方面展开叙述。

第二节　幸福班主任队伍建设

一、班主任队伍建设的背景

在高职院校德育管理团队中，班主任无疑是核心力量，班主任队伍建设始终是学校工作的重点。但长期以来，高职院校的班主任队伍建设目标不明，随意性较大，科学性不够，规范性不强。"班主任危机"一度成为教育界讨论的热点问题之一。班主任的成长不能只靠班主任自发的努力。原教育部部长周济在 2008 年全国万名班主任培训开班典礼上指出，要把班主任队伍的建设放在更加突出、更加重要、更加基础的地位，要进一步对班主任工作的本质和任务做深入地研究❶。在这样的背景下，加强顶层设计，明确班主任队伍建设的目标和任务是学校德育工作的当务之急。在复杂多变的时代背景下，走出一条顺应时代潮流又具有校本特色的班主任队伍建设之路是众多职业院校的一致选择。

二、幸福班主任队伍建设的目的和意义

从学校层面来讲，班主任队伍建设的首要工作是明确队伍建设的目标。罗伯特·欧文提出人类一切努力的目的在于获得幸福。追求幸福是人

---

❶ 周济. 加强班主任队伍建设——周济部长在 2008 年全国万名班主任培训开班典礼上的讲话［J］. 班主任之友，2009（1）：4－6.

类的永恒主题，做幸福班主任是教师职业生涯的新境界，建设幸福班主任队伍应是高职院校班主任队伍建设的终极目标。从心理学角度来看，幸福在本质上是指一种愉快和满足的客观心理反应❶。幸福班主任队伍就是一支心理状态愉悦、需求获得满足的集体。幸福班主任队伍建设立足于"90后""00后"成长的新环境，着眼于班主任的终身成长，致力于寻觅幸福教育策略在班主任队伍建设中的积极影响因素，构建班主任成长的良性生态环境。加强幸福班主任队伍建设，打造一支幸福的班主任队伍对良好校风和学风的形成、职校生心理和谐发展、职校生主观幸福感的提升起着重要的推动作用，也有利于高职校教育目标的实现。

基于以上认识，常高艺近些年来在班主任队伍建设方面加大研究和投入的力度，以积极心理学为指导，从教师自我实现需求出发，以幸福班主任队伍建设为目标和任务，采取了一些卓有成效的创新举措，推动着班主任队伍健康、持续、和谐地发展。

三、创新措施

幸福教育的主力是教师，中坚力量则是班主任。德育乃至教育常常要仰仗于班主任的素养。从这个意义上讲，班主任队伍建设是幸福教育的重头戏。虽然班主任队伍建设内涵丰富，头绪烦琐，但也有主线可循，"聘—用—训"始终是班主任队伍建设的主线❷。这三个方面构成了班主任队伍建设的生态系统。常高艺在这三个方面不断创新，探索班主任专业发展的新模式。

（一）选聘有序，成长加速

常高艺是一所年轻的高职学校，教师队伍普遍年轻，青年教师是班主任队伍的主力军，很多班主任也并非师范专业毕业。为此，建立一支结构合理、人员稳定、工作高效、富有活力和凝聚力的队伍是当务之急，而通过幸福班主任队伍建设带动班主任快速成长是学校德育工作的必由之路。

---

❶　孟万金. 积极心理健康教育［M］. 北京：中国轻工业出版社，2008.

❷　陈生树. 唱响班主任队伍建设三部曲："聘—用—训"［J］. 中小学教师培训，2008
（4）：22–24.

班主任工作头绪繁多，责任重大，对教师的综合素质要求较高，常高艺在选聘班主任时也会考虑教师的个人意愿。校学工处在每年 6 月份下发《班主任任职意向调查表》，收集全体教师对下一学年班主任工作的任职意向，然后在所有有意向的教师中进行选优，拟定下个学年班主任队伍名单。

2012 年学校制定并实施了《常州艺术高等职业学校星级班主任评定办法》，开始建立与教师职称序列相平行的班主任任职资格序列，并相应提高班主任的津贴标准。学校以班主任工作成长平台打造和培养模式探索为主线，通过考核和激励相结合的方式，有序地推进班主任骨干队伍的建设。许多优秀教师由此走上了班主任岗位，并长期从事班主任工作，学校德育工作得到快速提升。

（二）用人有法，助力发展

学校的班主任队伍的"聘"是和"用"紧密联系在一起的，用人的过程中时时贯穿着对班主任的评价和激励，以"聘"促"用"。为了提升班主任工作绩效管理水平，倡导班主任在规范班级管理过程中创新思想、以德育人，把管理工作做深、做细、做实，探索班主任管理工作新路子，促进班主任队伍专业化发展和德育管理效能提升，在《常州艺术高等职业学校星级班主任评定办法》的基础上，学校又制定了《常州艺术高等职业学校班主任绩效月考核细则》和《常州艺术高等职业学校班主任绩效学期考核细则》，使学校德育发展逐步规范化、均衡化、品牌化。

（三）培训多样，注重实效

班主任队伍的建设离不开培训。只有不断地学习和充电才能激发班主任队伍的创新精神和创造激情。培训不拘一格，形式多样。具体来讲是将自我学习反思和导师引领相结合，将实践训练和专题研讨、课题提升相结合，将校本培训和校外培训（考察）相结合，注重实效，着眼于能力素养的提升。

四、实施过程

（一）科学规划队伍

每年 9 月，由班主任根据自身条件自行申报班主任星级，学校进行综合评定。从一星到五星，聘任的条件也从宽松到严格，如一星级班主任、二星级班主任无工作年限的要求；三星级班主任至少具有担任班主任工作3年以上的经历，能胜任班级管理工作，具有一定的班级管理能力；四星级、五星级班主任则要求担任班主任工作经历分别在5年和8年以上，工作业绩突出，具有较强的班级管理能力和一定的德育科研能力，曾荣获常州市优秀班主任或相应的市级以上荣誉。

评定程序为：本人对照条件填写申报表，提供相应证明材料，上报所在系部；系部考评小组进行初评，报学校星级班主任考评小组审核；学校星级班主任考评领导小组讨论审批，其中申报五星级班主任的教师在审核前，需要在全校班主任范围内进行个人述职和民主测评；学校在一定期限内公示星级班主任评定结果；公示无异议后公布星级班主任评定名单并颁发聘书。

（二）动态管理队伍

星级班主任的晋级和评定，既呈现出循序渐进的阶梯性机制，又体现了能进能退的灵活原则。如班主任星级评定后，如果达到高一星级班主任的任职年限，且任职期间每学期班主任月考核均为合格以上，有资格在下一学年申报高一星级班主任；而如果在任职期间荣获常州市优秀班主任、常州市德育工作先进工作者、在市级班主任技能大赛中获得名次或者所带班级获省、市级以上荣誉称号的，可提前一年晋级。获德育工作省级荣誉或在省级班主任技能大赛中获得一等奖的可自动升格为四星级班主任。

另外，如果在担任班主任期间发生严重违反师德规范的现象，所管理的班级学生出现重大违纪或违法事件，或由于班主任管理不当引发重大管理责任事故的，经学校星级班主任考评小组建议并报学校批准，视情节轻重，可作降低星级等级、延期晋级或取消班主任的任职资格，取消任职资格的教师在当年年度考核中不得参加评优。

（三）有效培训队伍

学校的班主任培训立体丰富，实在高效，帮助年轻班主任迅速成长。

1. 自我学习反思和导师引领相结合

曾子曰："吾日三省吾身。"常高艺的班主任把每天的德育反思记在

《班主任工作手册》上，按照学校的要求阅读心理学、教育学和管理学等方面的书籍，进行自我素质的提升。个体内心的充盈和经常性的思考保证了班主任们的基本素质。各个系都建立了班主任工作群和博客，班主任们可以在这些平台上分享学习的成果，交流管理经验与教训，实现共同成长。每个学期各系组织三星级以上的班主任与青年班主任进行师徒结对，师傅和徒弟要互相听一节班会课，师傅和徒弟要互相参加一次对方班级的班干部会议。师傅要主动深入徒弟的班级管理中，帮助徒弟尽快知晓学校和系部的工作要求，师徒合力开展各项工作。系部则根据实际情况在学期考核里给予师傅和徒弟相应的加分。多年来，此项举措既保证了学生管理工作有序、稳定地开展，也增进了老德育工作者和德育工作新兵的感情，从一定程度上带动了班主任队伍的整体提升。

2. 实践训练和德育科研相结合

学校很注重在实践训练中提高班主任工作的实效，不断为班主任们创造展示工作常态和创新理念的平台，让班主任从做中学，在学中做。班主任技能大赛、班级值周、教室文化大赛、宿舍文化大赛、团日活动、校园吉尼斯挑战赛等活动不仅丰富了校园生活，还把班级建设真正交给了班主任、交给了学生，各个班级在活动中提升了管理实效，展示了班级特色。

学校还组织班主任参加各类班主任工作专题研讨，如 2012 年 12 月学工处组织全体班主任前往常州花山参加了为期两天的班主任绩效考核专题研讨，再如每周班主任例会上表演系的"说说我的班"、设计系的"班主任工作交流站"等专题研讨与论坛。在这样的活动中，一些见解独特、科研能力强的班主任脱颖而出，学工处将这样的班主任吸收到课题组中，开展德育科研工作，促进了他们理论水平和育人技能的快步提升。《职校生心理与积极职业教育策略》《职校生心理和谐与幸福教育策略》《高职院校学生心理和谐与校园文化建设的研究》（江苏高校哲学社会科学研究项目思政专项课题）是学校近年来在德育工作实践中推进的三个课题，这些课题吸引了全校近 1/3 的德育工作人员加入其中。在学术研究的打磨中，班主任们开始理性地思考自己教育行为背后的意义，寻找职业教育的规律，从而扎实地促进了日常的德育工作。

3. 校本培训和校外培训相结合

外出考察学习是学校班主任队伍建设的一项传统。从 2008 年开始，学校先后组织班主任专项学习过的学校有淮安卫生高等职业学校、常州刘国钧高等职业学校、扬州商务高等职业学校、浙江艺术职业学院、常州幼儿师范学校、江阴中等专业学校、苏州旅游财经高等职业技术学校、南京六合中等专业学校等省内外学校。学习的形式除了组织全体班主任参观、专项交流外，还组织部分班主任作为"先头部队"到相应学校跟岗学习，充分融入对方学校的德育管理，了解对方德育管理的精髓，学习结束以后再进行经验分享。2014 年，学校承办了江苏省文化艺术类学校班主任工作培训，本校 10 名班主任参加了培训；2015 年，6 名班主任前往常熟参加了省艺术类学校班主任工作培训。2015 年 11 月，学校组织 6 名班主任到江苏省常州高级中学参观交流，参与主题班会讨论；2016 年 5 月，常州高级中学组织 30 余名德育工作人员来到常高艺回访交流。在这次活动中，2015级主持与播音 2 班召开了"'00 后'的危机"主题班会，两校班主任以此为案例进行研讨。研讨结束后，两校签订了"班主任成长营"共建协议。

近几年来，学校也积极开展校内的培训和交流活动，经常邀请校外专家和校内名师给班主任们开讲座。另外，在校本培训中，班主任们也能分享经验，提出问题，邀请同行与自己一起研究，共同面对。通过这样的平台，班主任不出校门，就学到了先进、鲜活的经验，而一些具有特色的班级也得到了展示。

通过上述的学习交流活动，拓宽了德育团队的视野，提升了工作水平，鼓舞了士气，增加团队的凝聚力，也让大家在进步中找到了自信。

（四）客观考评队伍

规划、管理和培训工作促进了班主任工作能力的提升，其目的就是帮助班主任享受工作的幸福。而这一切都离不开对班主任队伍的客观考核和评价。《常州艺术高等职业学校班主任绩效月考核细则》指导班主任开展月常规工作，对于不同星级的班主任有不同的要求，星级越高则要求排名越靠前，以体现高星级班主任的示范性。

相对于月考核关注班级微观工作，《常州艺术高等职业学校班主任绩效学期考核细则》则关注班级宏观发展，注重班主任的综合表现和班级的创新发展，让幸福德育的理念真正地落实到班集体的成长和师生个人能力的提升中。

五、效果反馈

班主任队伍建设的效果最终反馈在学生的成长上。当代职校生被称为"90后"的一代，具有鲜明的特征，有学者将其概括为"五强五弱"："一是时代感强，责任感比较弱；二是认同感强，实践能力比较弱；三是参与性比较强，辨别能力比较弱；四是主体意识强，集体观念比较弱；五是个性特别强，心理承受能力比较弱。"❶ 常高艺的班主任队伍建设表面上强调的是对班主任成长的规划和绩效的考核，实际上直指学生的身心发展。无论是星级评定、绩效考核，还是队伍培训，都是为学生服务，致力于学生心理和谐的发展和主观幸福感的提升。

（一）星级评定与考核目标挂钩

《常州艺术高等职业学校星级班主任评定办法》中不同的星级对班主任工作学生满意率与任课教师满意率的考核要求也不尽相同，对德育科研的要求也不一致。这些细微处的规定指引着班主任时刻谨记"以学生为中心"。多彩的班级风貌正是班主任管理风格和学生成长状态的直接体现。

（二）绩效考核与学生成长衔接

《常州艺术高等职业学校班主任绩效月考核细则》和《常州艺术高等职业学校班主任绩效学期考核细则》涉及学生校园生活的各个方面，影响着学生的成长。在月考核和学期考核的引领下，学生在活动中成长、在班级发展中进步，实践能力、心理承受能力、责任感、辨别力和集体观念都逐步增强，出色的学生和优秀的集体频频涌现。

（三）德育科研与德育创新结合

班主任培训中学到的理论及经验直接或间接用于班级德育工作中，成

---

❶ 崔景贵. 90后职校生心理发展的特征与多维评价 [J]. 中国职业技术教育，2009（6）：32－36.

为班级管理源源不断的活水。近年来班主任培训更加关注学生的心理健康教育。2014 年江苏省文化厅班主任培训结束后，多位班主任便将心理画和体验式班会应用到学生工作中，这便是培训最直接的反馈。而利用互联网，建设班级博客、班级 QQ 群、班级微信公众号，已经成为师生交流、家校沟通的重要手段。

六、实践反思

从学校发展角度来看，常高艺幸福班主任队伍建设通过精细化的"聘—用—训"的立体管理制度，有效的激励机制，以班主任和学生的发展为导向，人性化、开创性、务实性的科学培育队伍机制，使班主任能愉快积极地工作，达到了精、气、神的和谐，打造了一支有自己精神和信仰的有战斗力的团队。这支队伍已经成为学校发展的主力军。

从学生的感受上来讲，班主任是职校生生活体验的重要因素。班主任的工作理念和态度影响着学生的身心成长。该校班主任队伍建设拓展了班主任的视野，提升了班主任的教育艺术，增长了他们的教育智慧，使他们积极理解每个职校生，充分发掘学生的潜能，逐步实现职校师生的和谐发展与共同成长。

幸福是人类生活的终极目标，幸福班主任队伍建设前路仍然漫漫，探索之路仍将继续！

第三节　幸福辅导员队伍建设

1953 年，时任清华大学校长的著名教育家蒋南翔同志率先提出了辅导员制度，并尝试将这一创新型制度付诸实践。清华大学经过精挑细选，选出 25 人担任政治辅导员，他们除了业务学习，还挑起思想政治教育的大梁，被称为"双肩挑"，这是中国高教史上的一次重大改革，涌现出一个新兴岗位：思想政治辅导员。1994 年，中共中央出台《关于进一步加强和改进学校德育工作的若干意见》，强调"加强德育队伍建设，要优化队伍结构，建设一支专兼结合、功能互补、信念坚定、业务精湛的德育队伍。"

2000 年教育部出台的《关于进一步加强高等学校思想政治工作队伍建设的若干意见》规定必须以 1∶120 至 1∶150 的比例配置专职思想政治工作人员。2004 年中共中央、国务院共同出台的《关于进一步加强和改进大学生思想政治教育的意见》明确指出，高校要采取有力措施，按照政治强、业务精、纪律严、作风正的要求，着力建设一支高水平的辅导员、班主任队伍。2006 年 9 月 1 日起，教育部出台的《普通高等学校辅导员队伍建设规定》正式实施，切实加强了普通高等学校的辅导员队伍建设工作。❶

常高艺十分重视辅导员工作岗位，从升格为高职校之初便设立该岗位，并积极开展辅导员岗位建设和幸福辅导员队伍建设。

一、幸福辅导员队伍建设的背景

目前，国家及社会对高职校学生德育工作提出了很高的要求，同时高职学生成长环境的复杂化及思想的多元化，也要求不断提高辅导员的工作水平，这些都需要高职校辅导员具有扎实的专业知识理论及强大的实践运用能力。开展幸福辅导员队伍建设，有助于探索新形势、新环境下的高职校辅导员队伍如何更科学、更有效地开展工作，有助于提升学校的德育管理水平。幸福辅导员队伍建设，是常高艺在德育工作中的一项重要尝试和探索。

二、幸福辅导员队伍建设的意义

（一）有利于辅导员工作的连贯性

在许许多多伴随着学生学习生活各个阶段的教育者中，辅导员无疑是与高职院校学生接触最广、交流最多，并能够对学生产生深入影响的一支队伍。在知识经济迅速发展的时代，我国的高职校教育体制还不完善，国家也为此积极开展改革以促进其更好的发展，接连地提出了许多有利于解决高职校学生工作问题的新要求、新任务。作为高职学生步入社会前的引

---

❶ 步秋艳，王秦俊. 数十年来高校辅导员队伍建设研究综述［J］. 思想政治教育研究，2013（6）：112－116.

路人，辅导员的职能与队伍建设的要求也急需得到提升，原有的工作方式已经不能充分满足学生管理工作的需求；同时，随着高职校规模的不断扩大、学生人数不断增加及其他诸多因素的影响，辅导员队伍的规模也需要相应的扩大。但各个学校受到经费、编制等多种因素的制约，辅导员队伍建设面临诸多困难。

因此，必须从更加专业、科学的角度出发，积极地加强和改进新形势下的高职校辅导员队伍建设。其实质就是要不断加强辅导员工作的专业性和连贯性，把辅导员队伍建设成一支幸福的队伍，这样才能让每一个在这个岗位上默默奉献的人找准自己的定位，将这份工作视为终身耕耘的职业。

（二）有利于学校德育工作的专业性

辅导员队伍是高职校德育工作的基层力量，一直奋斗在德育工作的一线，承担着对学生进行教育、管理和服务的重要职责，是贯彻学校德育工作要求和反映学生意愿的桥梁，发挥着重要的沟通、协调作用。能否建设一支高效的辅导员队伍，不仅决定了学生在校期间能否健康成长，也直接关系到学校的德育工作能否顺利开展。因此，常高艺不但重视形成完整的工作流程和制度，更要培养一支专业的辅导员队伍。通过不断的积累、完善与提高，逐渐形成艺术高职校特色的辅导员工作制度与方法，为"三创三能"艺术专业人才培养提供支撑。

（三）有利于保持学生思想政治的积极性

辅导员在高职院校的学习和生活中，承担着重要的甚至不可替代的角色。他们不但是学生生活的老师，还是学生心理健康的"医师"，更是学生思想建构、价值观形成的引路人。其中，辅导员的主要工作内容是对学生的学习、生活加以指导，并给予学生恰当及时的心理辅导，而其中思想政治引导更是辅导员工作的重中之重。辅导员作为学生思政工作中的"排头兵"，承担了大量高职院校学生思想政治教育的组织实施和指导工作，有着其他人所无法取代的重要作用。加强辅导员队伍建设，不仅符合加强思想政治教育、维护学校和社会稳定的教育方针，更重要的是能为社会主义建设培养出一批合格的建设者和接班人。只有将认真工作、幸福生活的态度贯穿到整个辅导员队伍建设中，才能使辅导员工作对学生产生积极的影响，并为成就学生的幸福人生奠基。

三、幸福辅导员队伍建设的创新举措

（一）新老结合，不断优化队伍结构

近年来，常高艺吸收了高校优秀毕业生加入辅导员队伍，他们年轻有活力，能很快和学生打成一片，工作的执行力和创造力得到了很大的提升。但辅导员工作的专业性和复杂性也让他们一时难以完全转变角色，把握工作。

学校积极开展辅导员"师徒结对"，举办正式的拜师仪式，帮助这些年轻人在工作中学习，在学习中工作。工作中给他们"建平台""压担子"，看成长，帮助他们完成从学生到老师的角色转变，掌握学生工作的技巧。

同时实施"总辅导员制"，聘请作风正派、经验丰富的辅导员担任总辅导员，总体负责辅导员日常工作。总辅导员定期召开全体辅导员例会，总结前期工作，指出辅导员队伍在工作中需要改进的地方。通过合理分工，团结协作，打破辅导员之间的系部隔阂，帮助各个系的辅导员形成了全校工作一盘棋的思想，让每位辅导员在工作中不断进步，不断提升辅导员的幸福感。总辅导员列席学校德育条线会议，有效打通德育管理的层级，帮助德育管理层及时了解第一线的德育工作状况。

这种新老结合的模式，结合学校的考核、淘汰机制，使辅导员队伍既富有活力，也能够高效工作。

（二）制度规范，有效提升岗位效能

"没有规矩，不成方圆。"完善的制度是有效工作的基础。规章制度既是辅导员工作的依据，也是工作的工具。近几年来，结合各系德育工作实践，常高艺积极开展制度建设，规范工作开展，提升岗位效能。如艺术设计系制定了《学生手机管理规定》，在全系开展手机管理规范评比，学生结合专业特色设计出了各种有创意的手机袋，管理成效明显，引起媒体关注，《常州日报》进行了报道；艺术表演系制定了《晨读比赛规则》，连续

三年开展晨读活动，《常州晚报》来校采访，进行宣传。2015 年，学校汇总两系及各部门的规章制度，汇编了《学生手册》，全方位规范各项德育管理工作。

（三）专业引领，真正促进人员发展

高职校辅导员专业引领是指针对高职校辅导员的教育和研究活动进行的价值追求、发展方向、知识技能等方面的引导和帮带，也就是对高职校辅导员掌握专业知识与技能、树立专业态度、形成专业自我等方面的引导与帮带。就其实质而言，是理论对实践的指导，是理论与实践的对话，是理论与实践的重建。❶

专业引领的形式有显性和隐性之分，常高艺的显性专业引领如开展"师徒结队""总辅导员制"等相关活动，强化对常规工作的指导和要求；隐性专业引领如德育团队的氛围，每年学校组织的外出考察学习，在处理问题中所体现出的价值理念等，对辅导员的成长起到了"润物细无声"的作用。

四、幸福辅导员队伍建设的实施过程

（一）严格聘任制度

各系设置专职辅导员岗位，接受校部和系部的双重领导，一方面各系直接管理考核各自所辖的辅导员，另一方面校学工处对辅导员实行统一领导和指导。

常高艺辅导员聘任有着严格的要求，首先所有辅导员必须取得国家承认的本科及以上学历，同时要取得相关的技能证书；坚定的政治立场；高尚的情操；无私奉献的精神，关心学生生活，能急学生之所急，想学生之所想，具备做好学生思想政治工作知识和能力要求。

（二）明确岗位职责

辅导员具备教师和德育管理干部的双重身份，不仅仅是高职校德育工

---

❶ 何云凤，孔宪福. 大学生思想政治教育与辅导员专业引领制度建设［J］. 山西青年管理干部学院学报，2012（1）：36－38.

作的骨干，而且还是学生的人生导师、知心朋友。辅导员工作范围广、强度大，因此明确辅导员的岗位职责，避免出现辅导员职责范围不明甚至疏漏的情况，要求工作规范化、制度化，整体、合理、有效推进系部管理工作；协助系部领导做好学生管理的各项常规工作，及时妥善处理各项临时性、突发性工作；重视学生会、团干部队伍建设，有机整合各类教育资源，积极开展各类学生活动。

以"服务学生"为根本，做学生成长路上的教育者、引导者、管理者、服务者，切实加强学生干部队伍建设，全面做好所在系部的学生思想政治工作。支持班主任开展班级管理工作，特别是广泛联系广大青年班主任老师，为其成长搭建平台，创造条件，共同促进班主任队伍能力素质的提升。

（三）支持工作开展

常高艺各个系十分重视辅导员的成长，积极培养、锻炼和提升辅导员的工作能力。每周通过辅导员工作例会、系部班主任工作例会，梳理全系工作数据等工作内容，指导辅导员抓住工作重点，明确工作思路，了解德育工作总体节奏。在此基础上，指导辅导员独立开展部分系部重大活动，如定期召开潜能生会议、做好潜能生转化工作，策划开展宿舍评比活动，组织开展晨读大赛等，通过这些工作的开展，锻炼了辅导员的统筹和组织能力。辅导员要全神贯注于常规工作，但也不能淹没在常规工作中，要学会从学校高度上反思和总结常规工作。每个学期各系都会组织辅导员到兄弟学校进行交流学习，要求辅导员参与德育课题研究或者撰写德育科研论文，提升辅导员的业务水平。

（四）提供发展保障

常高艺关注辅导员个人成长，积极为辅导员打通上升渠道。在用人制度上按照《江苏省高等学校学生思想政治教育教师专业技术资格条件》要求，开展辅导员助教、讲师、副教授、教授专业技术职称评比，辅导员取得相应职称后将优先聘任，享受相应待遇。

学校对辅导员队伍给予了高度的重视，同时也给辅导员的个人发展提供了空间，校部不定期会召开全体辅导员会议，校长与辅导员面对面，共同探讨辅导员工作的进展及未来辅导员队伍建设的展望。

五、幸福辅导员队伍建设的反思

通过近年来的努力，常高艺已经初步形成了一支"团结、协作、高效、幸福"的辅导员团队，在学校的德育管理中发挥不可替代的作用。但毋庸讳言，幸福辅导员队伍建设还存在着一些不足之处。

（一）要树立积极的德育理念

辅导员工作琐碎繁杂，每天要处理各种常规、重复的事项，在工作中首先要树立积极的德育理念。要善于发现学生的成长，善于总结工作的规律，善于指导学生的自我管理，而不被常规工作所左右，失去工作的热情和动力。

相对于常规管理工作，辅导员更重要的是把积极德育的理念传递给学生，把努力实现中华民族伟大复兴的中国梦传播给学生们。幸福的辅导员，应当是学生思想品德的标杆。言传不如身教，无论是作为青年学生的知心朋友，还是他们人生的指引人，辅导员都应当严于律己，自觉践行高尚的品德。只有自己的思想品德达到一定高度，才能潜移默化地将这种正能量传递给学生，从而给他们以积极的影响。

（二）要培养积极的工作状态

幸福的辅导员，还应当有着积极的工作状态，常怀仁爱之心。爱是教育的灵魂，一个学校可以有千千万万名学生，但每个孩子都是独一无二的个体，辅导员应该成为他们在校的"父母"，应该将对学生的爱融入血液，成为自己的一言一行，一举一动。只有将这种爱内化于心，外化于行，才是辅导员队伍给予学生健康成长的最好的"营养"。

在今天这样知识日新月异的信息时代，辅导员一定要锻炼常新之心、常新之行，要保持与时俱进的学习劲头，只有比学生学得更多、读得更广、行得更远，才能在这个岗位上做得更好❶。

---

❶ 李鹏. 我国高校辅导员队伍专业化职业化建设研究［D］. 中国矿业大学（北京），2015.

（三）要营造积极的合作氛围

德育工作需要学校、社会和家庭的共同努力，学校德育工作也需要各个部门和管理层级的通力协作，学会合作，善于沟通，是辅导员工作的必要内容之一。学校应进一步强调对德育工作的要求，积极开展"全员德育"和"全方位德育"，形成良好的德育工作氛围。辅导员要善于与学校其他部门合作，整合资源，形成德育的合力；要善于利用现代信息技术，善于分析常规数据，协调班级工作，做好统筹安排，营造良好的系部工作氛围。

第四节　幸福"小班"队伍建设

所谓的"小班"即助理班主任，亦称班主任助理、辅导员助理等，尽管名称各异，但性质都差不多，是学生管理中的一支微管理队伍。"助理班主任"制度是一种学生自主管理模式，在国外和我国港、澳、台地区普遍推行。其要义在于通过高年级学生以平等、博爱的精神与新生实现良性互动，从而达到开阔新生视野、增进团队互助精神以及加强纵向管理、横向交流的教育和管理目的。20世纪90年代以来，北大、国防科大等几十所高校陆续推行一种有中国特色的学长制。近年，随着高职教育的飞速发展，一些走在探索前沿的高职院校结合本院的实际，逐步形成了以班主任助理为主的新兴学长制。

一、实施的现实背景

多年来学生工作的实践，使我们体会到，德育工作质量如何，将直接影响到学生在校的状况和今后成长的质量。为了提高学生工作的管理效率，常高艺从2009年3月起实行助理班主任制，即从高年级的学生中招聘品学兼优的学生干部，协助低年级班级特别是新生班级的班主任做好德育管理工作。

班主任工作较为烦琐，平时主要负责班级常规管理工作以及处理一些突发事情，事无巨细，小到学生的饮食起居都要管。班主任工作仅仅是教师工作的一部分，很多教师既要从事班主任工作，又要做好教学工作，从早忙到晚，精疲力竭。如果遇上学生打架等突发事件，很多班主任需要花费一周甚至更多的时间去调查、处理，这样，他们很难平衡和兼顾好教学、科研和德育工作。对于一些刚担任班主任的新教师，更是忙得焦头烂额，由于对学生工作的情况不了解，工作缺乏针对性和有效性，很多老师因为不堪忍受班主任工作带来的痛苦，选择了辞职。同时，近几年学校规模不断扩大，学生人数不断增加，学校自实行二级管理以来，许多工作都下放到系里，上面千条线，下面一根针，许多事务性工作都要从最基层的班主任这个"针眼"里穿过[1]。

另外，随着国家经济的不断发展，更多地强调要对学生进行全面素质教育，逐步培养学生的自我教育、自我管理、自我服务能力。助理班主任制度即让学生在教师的指导下参与班级管理，为学生搭建了一个真实的工作场景，让他们在这种工作情境中观察、分析、决策和执行，从而提升学生的自我管理能力，锻炼学生的独立工作能力，积累宝贵的管理经验[2]。

二、实施的重要意义

（一）帮助新生尽快适应校园生活

五年制高职院校的生源主要来自初中毕业生，而且大部分学校实行全日制住宿封闭管理，许多学生都是第一次离开父母独立生活，面对新的群体和学习环境，学生难免会产生恐惧和失落感。作为同龄人的助理班主任是品学兼优的学长，在学习和生活上，均能给新生树立良好的榜样，并与之产生良好的互动效应，能迅速得到其认可与亲近，帮助新生尽快了解和适应校园生活，缩短"过渡期"[3]。

（二）提高学生的自主管理能力

助理班主任主要是从高年级同专业中选拔出的品学兼优学生，不管是

---

❶　张成. 聘高职优秀学生任助理班主任的思索与实践［J］. 科技信息，2013（7）.

❷　白书锋，蒋丽芬，尤建国. 助理班主任制度在高职思想政治教育中的探索与实践［J］. 价值工程，2010（2）.

❸　杨仕勇. 高校班主任助理工作的实践与探索［J］. 安徽技术师范学院学报，2004，18（4）.

学习上，还是班级工作中，都能起到表率作用，从而更好地协助班主任管理班级，还需具备服务意识和奉献精神。他们在担任助理班主任的过程中，班级、宿舍成为其主要工作场所，他们在尽快地融入新生群体、掌握学生的思想动态的同时，还需要有耐心，帮助新生解决可能在生活和学习上会遇到一些棘手的问题，如新生人际交往方面可能出现的不适应。通过协助班主任处理学生问题，使得助理班主任懂得了如何妥善地沟通、做事，如何与学生、老师之间进行有效的沟通交往，如何化解学生之间的矛盾，正确处理学习与工作的关系，从而极大地增强了自信心，提高了语言表达能力。"身教重于言教"，助理班主任在工作的过程中，严于律己，从而激发了自身潜力，提高了自身综合素质。一些工作较努力、爱岗敬业的同学很快脱颖而出，迅速成长为学生骨干，成为学生自主管理的核心力量，以学生管理学生，带动其他学生共同进步。

（三）减轻学生管理者的工作负荷

由于现在的学生多数来自独生子女家庭，他们追求个性，集体意识淡薄，强调以个人为中心。再加上有些家庭的监护责任缺失，如父母离异，少年留守，他们从小缺乏父母的关爱，性格更为孤僻，这给学生的教育工作带来了很大的难度和提出了更高的要求，他们肩负的任务和负担也越发艰巨。班主任将大部分时间和精力用于处理学生日常繁杂事务，无暇顾及和深入了解学生的思想特点，研究学生思想政治教育规律。助理班主任制度的适时推行，从而较好地分担学生管理人员的部分工作内容，让班主任、辅导员腾出更多时间和精力研究掌握学生思想政治教育规律，不断提升自身工作水平，增强学生管理队伍的整体素质。同时也拓宽了思想教育的途径，在方法上也由过去单纯的注入型转为师生双向的渗透互补型，大大提升了管理效果，受到广大师生的欢迎。

三、实施过程

（一）公开选拔，择优录用

学生助理班主任在全系高年级学生中公开招聘，由个人书面提出申请并公开竞选，每个新生班级配备一名学生班主任助理。具体流程如下。

1. 组织报名：应聘者可由班主任推荐或个人自荐，并由学生本人提出书面申请，填写好《助理班主任申请表》。

2. 资格审查：学工处、系部、班主任对应聘者进行资格审查，对照条件对申报人员进行审查并确定面试的人选。

3. 面试要求：面试内容为自我介绍和学生管理案例分析，或者其他一些有针对性的临时性问题解答，重点观测学生的语言表达能力以及解决问题的思路等。

4. 初步确定人选：经考核后由系部对应聘者进行择优选拔，公布初步录用人员名单。

5. 岗位实习：被录取的人员根据系部的统一安排，进行短时期的岗位锻炼，考核其实际工作能力，不能适应岗位要求的将被调整。

6. 正式确定人选：发放聘书，全校通告，正式上岗。

（二）明确任务，定期培训

1. 明确任务

助理班主任归根到底还是学生，由一个被管理者转身成为管理者，角色、意识很难转换，因此首先要明确任务，主要包括制定好学期工作计划、定期召开会议和做好每天的常规检查工作，以及及时做好记录与反馈。

2. 定期培训

为了让助理班主任尽快进入角色，帮助他们有效地管理班级，学校组织不同形式的培训。如：（1）聘请校内具有德育工作理论和实践经验的领导和班主任给助理班主任授课、开讲座，明确助理班主任的职责，要求他们迅速转变角色，找准定位；（2）邀请往届的优秀助理班主任传经送宝，介绍实实在在的班级管理方法，并结合具体案例的模拟，提升他们的工作能力；（3）定期召开助理班主任会议，以座谈会、经验交流会的形式，共同探讨工作中的难点和困惑；（4）拓展视野，参加校外培训，不定期组织助理班主任到其他院校参观学习，借鉴其他院校先进的管理经验❶。

---

❶ 李成革，王争辉. 胡静高职院校助理班主任制度运行中的问题与完善［J］. 教育与职业，2011（26）.

3. 考核奖励

助理班主任主要是参与低年级班级学生的日常班级管理，如早晚自习、宿舍管理等，部分助理班主任还可以结合自身专业优势，参与辅导班级学生的专业自练。他们除了做好本班的班级工作、安排好自己的学习任务之外，还要担负起班级助理的工作，任务艰巨，工作较为辛苦。学校为了激励学生更好地展示自己的才能，鼓励他们积极参与学校管理工作，每学期专门设立助理班主任奖学金。在考核奖励过程中，坚持有差别化全员奖励的原则，肯定每一位助理班主任的付出；坚持重点奖励原则，重点奖励表现突出的学生，从而更好地激发他们的工作积极性和创造性，吸引更多优秀学生参与到管理队伍中来。同时，对于担任过助理班主任的同学，学校在学生评优、提干、入党等方面给予优先考虑。

（三）工作内容，有序开展

1. 组织新生有序报到。协助班主任做好新生报到注册工作，及时了解并掌握学生报到情况；组织新生填写基本信息，建立有效的学生和家长联系方式，如电话、QQ、微信等；带领新生参观校园环境，了解学校基本情况；深入新生宿舍，指导新生搞好宿舍内务。

2. 完成新生入学教育。入学教育内容主要包括《学生手册》的学习和安全教育。《学生手册》是学校根据教育部有关规定结合学校情况制定的学生在校期间的行为规范，助理班主任应利用自习课组织新生学习《学生手册》，了解关于学生管理的相关规定，从而更好地规范五年在校生活的行为举止。学生的安全关系到学校的长远发展，也是每个家庭共同关心的头等大事。助理班主任要利用自习课的时间，认真做好新生安全教育工作，通过讲解身边的事例或安全隐患来提高新生的安全保护意识。学校也会通过各类讲座，增强每位学生的安全意识。通过开展消防演练等活动，让学生掌握安全知识，提高自我安全保护能力。

3. 检查班级常规工作。班级常规工作主要包括：第一，细致而深入地了解班级学生思想动态。助理班主任与低年级同学的专业相同，作息时间相似，学习和生活空间一致，使得他们可以通过多种渠道了解学生的思想动态，掌握着第一手资料。这不仅可以及时解决低年级学生思想上的困惑和生活中的困难，还可以最大限度地预防重大突发事件的发生。第二，助理班主任可以结合自身经历，在学习和生活上给予其必要的引导，帮助他们开展职业生涯规划指导。最后，配合班主任做好班干部选拔工作。班干部作为班级管理的核心，其人选至关重要，助理班主任要协助班主任，精心考察，多提建议，帮助班主任选出最合适的班干部，为以后班级管理工作奠定良好的基础。第四，促进良好学风的建设。学风是班级的灵魂，优良学风是学生成长成才的重要条件，助理班主任要充分发挥榜样和示范作用，积极营造勤奋专注、争先创优的学习氛围。

四、创新措施

（一）坚持"以人为本"，践行学生为主体的管理模式

在学生工作中坚持"以人为本"就是坚持以学生的发展为本，以学生为中心，充分考虑学生的实际情况，运用恰当的策略和方法对学生加以引导、疏通和培养，把对学生的尊重、理解、信任和关注贯彻到工作的各个环节中，耐心、仔细地做好对学生的管理、教育、服务工作❶。助理班主任队伍建设实际就是以学生为主体，将有一定管理能力的学生委以重任，以学生管理学生、服务学生，充分发挥学生的主体作用，达到事半功倍的效果。

（二）做好制度保障，助推学生自我管理的实现

"没有规矩，不成方圆"，任何事物的推行都需要制度的支撑和保障，助理班主任队伍建设也是如此。各系针对本系管理实际对助理班主任的选拔、培训、任用以及岗位的职责、相关考核奖励措施等方面，均提出了切实可行的要求，并形成一整套管理制度，为助理班主任工作的开展提供了依据和保障。

（三）树立先进理念，实现从管理到服务的转变

在助理班主任工作的建设中，要依靠学生的力量推动学生工作，同时培养学生自主生活和管理的能力，这要求管理者从"管理"学生转变为

---

❶　漆小萍. 构建以发展为核心的学生教育管理新模式［J］. 学校党建与思想教育, 2006（4）.

"服务"学生，在服务中进行教育，寓教育于服务之中❶。同时，创造宽松的环境，给他们提供个性发展和自主管理的空间，营造有利于沟通的环境，启发小班助理提高自主管理意识，充分发挥他们的主观能动性，在过程中监督、总结和调整❷。

（四）搭建发展平台，促进学生自我完善和成长

助理班主任工作的建设实质是一种学生自主管理的创新模式，其目的在于通过参与班级管理，促进学生更好更快地发展。为了充分调动学生参与管理的积极性，增强学生的自我管理意识，提升自我管理的能力和效果，学校首先要定期组织他们参加校内外培训，为他们实施有效管理班级提供方法。其次学校组织结对工作，开展传帮带，将有经验的助理班主任与新上任的助理班主任结成对子，指导他们开展新生班级工作，使他们做到心中有数，不至于刚上任就乱了手脚。同时，为了充分鼓舞和激励学生，调动他们的工作积极性，学校在各类省市级评优活动中，优先考虑有助理班主任工作经验的优秀学生。通过多种渠道、多种手段，促进学生自我完善和成长。

五、效果反馈

常高艺近几年聘用助理班主任工作的实践证明，学生的潜能是巨大的，他们通过努力不仅协助学校提升了班级管理成效、塑造了良好学风，也在工作中锻炼和提升了自己的综合素质，受到老师、学生和家长的一致好评，他们在成长中感受着快乐和幸福。

（一）缓解了班主任、管理者的压力，提升了管理效果

目前，常高艺每个班都配备了班主任，他们既是班级管理的责任主体，也要承担着较重的教学任务。据不完全统计，该校班主任的平均课时量每周达16节，有时还要承担额外的工作，如招生、演出等，事务较为繁忙，精力不够，有时无法及时处理班级事务，影响了班级管理的效果；班

---

❶ 奥尔特加·加塞特. 大学的使命［M］. 杭州：浙江出版社，2001.
❷ 陈紫天. 中国近代高校教育管理思想撷英［J］. 河北师范大学学报（教育科学版），1999（4）.

主任自身也是身心俱疲，工作中的积极性和主动性受到影响。自实行"助理班主任制度"以来，班主任有了得力干将，管理的时间、空间得到了有效拓展，提高了管理的效率，班级管理的效果得到了提升。

（二）培养了一批优秀学生骨干，促进了学生共同发展

助理班主任的工作涉及学生在校期间的方方面面，对于学生在校期间的成长具有巨大的提升作用：与学生会同学相比，学生会干部主要负责某一方面的工作，而且这些工作往往具有规律性。而一个班级的常规工作是非常全面的，除了每天的常规工作以外，还有大量的临时任务。这些问题的处理，极大地锻炼了他们的协调、组织及沟通等方面的能力。同时在处理问题时，他们学会换位思考，多方面分析原因，尝试用各种方法来解决问题，从而提升其全局意识与大局观。作为一名学生干部，"身教重于言教"，为了有效地开展学生管理工作，他们必须时刻严格要求自己，做好示范和榜样作用，从而不断地提高自己的思想觉悟。实践证明，绝大多数班主任助理为了能够做好学生管理工作，他们不断学习，认真思考，不断丰富自己的理论知识，从而更好地指导实践工作，有效地促进了自身和结对班级学生的共同成长。

六、案例反思

助理班主任制度的实施，有力地提升了常高艺的德育管理工作水平，在减轻班主任工作压力的同时也锻炼了一批优秀的学生干部。但在实施的过程中也要清楚地看到，助理班主任其身份仍然是学生，他们的学习任务同样繁重，除了参加本班和学校的各种集体活动以外，有的还身兼多个职务，负担较重。低年级班主任要合理使用助理班主任，不能对他们要求过分苛刻，应帮助他们统筹兼顾，学业和工作两不误，真正实现双赢。

作为在校生，助理班主任缺乏丰富的社会经验和理论知识，所以在认识问题、处理问题上还存在着简单、盲目、易误导学生等问题，这些需要学校和班主任多加指导，规范要求。

任何新制度的实行，都会存在利弊，我们所能做的是如何将这项制度的利发挥到最大化，这就要求我们在今后的工作中继续探索、完善这项制度，让更多的学生既能得到有效的锻炼，同时也能体味到这项工作带来的成功感、幸福感，为学生的健康成长提供更高更好的平台。

第五节 幸福学生干部队伍建设

高职院校学生干部队伍是学生中的一个特殊群体，在学校教育教学工作和学生自我教育、自我管理、自我服务中负责某些特定职责、扮演着重要角色。学生干部按照不同类别分为班干部、学生会干部、团委干部、社团干部、自主管理委员会干部等，从层级上又可分为校、系、班三个层面。

一、幸福学生干部队伍建设的背景

高职学生干部队伍直接或间接影响着各项学生工作的开展，高职学生干部队伍的首要角色就是青年学生，他们是一支管理队伍，其素质的好坏、能力的高低和主动性的强弱，将决定学生自主管理目标能否实现。

朱小曼教授指出："没有幸福这一情感产生并积淀于个体的精神世界之中，个体的生活将是不幸的；没有这一幸福情感出现并持续存在于教育过程之中，其教育便是不健全的教育，便是必然要造就出病态和畸形的人的教育。"作为学生管理队伍中的一个重要组成部分——学生干部队伍，他们不仅是老师的好帮手，更是学生们的榜样，他们所具有的示范作用会对其他同学的成长成才产生全方位的影响。因此，全力打造一支具有幸福感的学生干部队伍，对于学生的幸福发展将有重要的意义。

二、幸福学生干部队伍建设的意义

（一）有利于深化对高职院校学生干部队伍的认识

当前对高职院校学生干部队伍建设的研究较为缺乏，已有的少量文献大多在认识方面不够深刻，而且研究方式较为单一，基本都是文献研究，缺少相关实例。在进行幸福学生干部队伍的建设过程中，通过对建设过程的不断摸索，对建设成果的有效展示，对整个建设经过的阶段性总结，有利于深化对高职校学生干部队伍的认识和把握。

（二）有利于学生管理工作的顺利展开

在高职院校的学习和生活中，学生与老师既是知识的接受者与传播者，又是日常生活中的被管理者与管理者。在目前高职院校的管理模式下，每位班主任的管理幅度是 30～40 人，每位辅导员老师的管理幅度为 8～10 个班级，而且班主任和辅导员都兼有一定的课务，在这种情况下要求班主任和辅导员事必躬亲是不现实的。学生干部是维系师生之间关系的桥梁，是老师与同学沟通的纽带：将老师的思想观点和所分配的任务传达给学生；把同学们中的意见、想法及存在的问题反馈给老师。艺术专业的学生由于自身的特点，长期以来养成的专业习惯使得他们过多地强调自我，相比其他院系的学生他们个性较强，表现在学习生活中就是态度散漫，个性独立，不愿服从统一管理，一般自我管理和约束能力较差。因此，在许多工作的开展中，学生干部可以发挥全天候和学生学习生活在一起的优势，及时地发现问题、提出问题，并在老师的支持和指导下更好地解决问题。

三、幸福学生干部队伍建设的创新举措

（一）参与制度创新

学生干部既是管理者也是被管理者，对管理要求和成长需求都有深切的感受，学校组织学生干部积极参与到各项规范制度的调研、调整和制定工作中来，充分发挥学生干部的创造性，形成贴合学生实际的各项规章制度。同时，学生干部又是制度的实施者，特殊的角色和经历加深了对制度的理解和接受，提高了执行落实的效率，也让整个制度制定、宣传、实施等过程更加透明，更加具有公信力和约束力，并大大提升了学生群体的认可度和配合度。

（二）变身活动主体

活动的开展采用项目化方式推进，将活动的组织者和管理者主体变为学生干部。从活动的先期策划开始，到前期准备、现场调度等这一完整的活动过程，都由以学生干部为领导的学生团体去自主完成，教师则担任一

个监督者和引领者的角色。使每一场活动由"学校的活动"转变为"学生自己的活动",同时,也锻炼了学生的策划、执行和沟通协调能力,增加了他们与老师、学生交流的机会,让活动的开展成为全方位锻炼学生干部成长的平台。

(三)创新培养模式

传统的"老师布置任务,学生完成任务"模式无法充分调动学生干部的积极性,常高艺在学生干部培养模式上进行改革创新:岗位需要竞聘、社团自己组建、活动学生组织、值周轮流申报、团队自主管理……通过模式创新,变"要我做"为"我要做",学生干部的工作主动性得到加强,创造性得到发挥。学校、系部和班级给予学生适宜的实践锻炼机会,全力支持学生干部积极去体验、去探索、去反思,从而达到自主管理、自主成长和健康发展的目标。

四、幸福学生干部队伍建设的实施过程

(一)幸福学生干部队伍制度建设

没有规矩不成方圆。学生制度一方面可以为广大学生干部提供一个良好的操作规范和发展平台,另一方面也可以保障全体学生的各项权益,促进全体学生的健康成长和幸福发展。

1. 学生管理制度的制定

高职院校的规章制度大都由学校直接制定,学生按照规章进行执行,这样的好处是省去了许多在制定规章过程中产生的分歧和矛盾,但也可能忽视学生最根本的需求,不利于制度的执行。常高艺对学生规章制度的制定和完善始终遵循着"从学生中来,到学生中去"的原则。参与制定规章制度的除了有校团委老师、系部辅导员这些管理者之外,还有代表着学生权益的学生干部,如班委干部、团干部、学生会及部门负责人等。与会人员站在各自角度提出想法,经过充分讨论后形成制度初稿,然后再到各班级、团支部广泛听取意见,并形成试行稿,一段时间后,学校会进一步搜集学生、老师的反馈信息,对现有的制度进行改良。通过不断上下重复,最终保持的制度合理性和先进性。

以学生染发问题为例，如何规范学生的仪容仪表是很多高职院校所需要面对的一个问题。方案制定初期，面对屡禁不止的这一现象，老师普遍认为应该严肃处理，以起到警示作用。学生则认为应该分情况对待，有些是因为一时兴起，有些则是因为染黑了之后掉色。经过讨论，大家决定对屡教不改，警示无用的染发学生进行严肃处理，在班级常规及个人德育表现上给予体现。对知错能改的学生，给予一定时间的改正期，在改正期内将头发染回正常颜色，则以口头批评教育为主，同时禁止再犯同样的错误。这一方案正式实行后，消除了学生群体中很多不和谐的声音，基本做到了公平公正，在实行过程中收到的反馈意见，我们也一一予以回应。比如有的学生反应，已经按要求整改了，但是头发漂染后多次染黑依然掉色，我们在确认了这一情况属实之后，允许该学生维持现状，但禁止再次染发。有的学生营养不良，发色偏暗偏黄，我们在确认了病历后，也没有对该学生的扣分处罚。经过对以上意见的搜集和回应，最终将该规定正式纳入学生管理条例中。

2. 学生管理规章的执行

规章制度的监督与执行是学生干部工作的重中之重。艺术学校的学生往往个性张扬，又缺乏对自身的约束，加之正处在充斥着叛逆和要强的青春期。导致其行为自由散漫，做事不计后果，违反校纪校规的行为屡屡发生。学生干部作为规章监督和执行的主体，难免要与这些违纪行为"正面交锋"。但同为学生身份，往往违纪者会做出一些挑衅等不服从管理的行为。因此，学生干部在进行监督和执行时，一是自身要做到规范执行制度，切实树立起管理者的权威；二是加强岗位的轮换和角色的互换，让更多的学生体验管理的不易；三是公正客观的对违纪行为进行记录和处理，同时避免和检查对象产生言语和肢体冲突。学校和系部的老师会也会给予学生干部充分的信任和支持，对恶意扰乱自主管理秩序的学生及行为进行严肃处理，共同营造遵规守纪、和谐共处的良好氛围。

（二）幸福学生干部队伍活动建设

丰富多彩的校园活动是锻炼学生干部的良好平台。通过活动不仅能培养学生的组织策划能力，更能培养学生的团队合作能力，促进学生的心理和谐水平，为学生将来步入社会打下坚实的基础。

1. 活动的策划

一个好的策划是一个活动成功的开始。让学生去进行活动的策划，不仅能充分调动学生的想象力、组织能力、调度能力，对他们的语言表达能力、写作能力也能有一个有效的锻炼。但学生干部人员众多，术业有专攻，并不是每个人都能胜任策划者这一角色。因此，常高艺为了提高学生干部的策划能力做了很多努力。首先，我们开设了很多面向学生干部的活动策划方案撰写的培训班，邀请了团委老师、系部辅导员甚至外校的优秀学生干部来进行交流。其次，提倡学生干部内部间竞争学习，学生会、团委以及系部、班级都有自己的特色活动，特色活动的策划一般由学生干部牵头制订，在对多个方案讨论竞标的基础上敲定最终方案。最后，对一些策划能力较弱的学生，我们还安排了优秀学生干部进行帮带，达到共同进步和提高。

学生对自己策划能力提升的需求来自于从"学校的活动"到"学生自己的活动"这一观念的转变。随着参与感的不断增强，在集体普遍进步的大环境下，学生迫切地想要提高自己的策划水平。从被动接受培训，到主动寻求部门负责人或老师的支持，这一明显的转变，标志着学生干部队伍的建设取得了一定的成功。

2. 活动的组织

人际和谐是心理和谐的一个很重要因素。高职院校是学生获得充分人际交往的场所，各种活动为学生提供了人际交往的机会。学生干部不仅是活动的参与者，更是活动的组织协调者，通过不同种类的活动，学生干部获得了比普通学生更多的与人交往的机会，锻炼了他们人际交往的能力，促进了学生干部心理和谐度的提升。比如常高艺校园内每年一度的"K-SHOW"校园歌手大赛是一个大型文化展演活动，目前已经发展为在常高校、高职校学生共同参与的一项文化品牌活动，由常高艺表演系团总支和学生会承办。一方面因为活动参与人数众多，几乎全表演系的学生都会参与，而且到总决赛的时候其他高校的同学也会参与；另一方面比赛场次较多，这个活动从开始到结束一共有四场：初赛、复赛、决赛、总决赛。

2014年的"K-SHOW"比赛由表演系学生会全权负责，从最初的活动策划、前期宣传，到任务分工、现场的组织协调、后期的总结，学生干部负责每一个环节的工作。在整个活动结束以后，学生会副主席感慨道："这次活动，我们几乎和全校的师生都进行了沟通协调，还有其他高校的选手、乐队的邀请、安排，真没想到，我们这么厉害。"可见，好的活动就为学生干部提供一个好的平台，在顺利高效推进活动的过程中，学生干部的视野、心理、能力等都得到了拓展提升。

五、幸福学生干部队伍建设的案例反思

（一）学生干部能力建设急需加强

能力建设是实现学校对学生教育管理目标的重要手段。其目的在于提高学生干部的工作能力。加强能力建设，要求广大学生干部要在独立思考、积极探索、相互学习的过程中不断总结和积累工作能力，同时在工作中要谦虚好问，善于学习，主动向老师、其他学生干部请教，以增强自己的工作能力。加强能力建设，要把重点放在加强干部的学习能力、分析判断能力、创新能力、团结合作能力、人际沟通能力以及控制复杂局面能力等几个方面的培养与训练上。

（二）学生干部工作作风急需改进

学生干部必须从发展自我、服务学生、实现价值的角度出发，对自己的选择和岗位负责，热爱自己的本职工作，在学习上追求上进，工作中精益求精，生活中以身示范。

1. 工作领域

工作领域是作风建设的一个主要方面，重点是要反对学生干部队伍中存在的对工作马虎了事的态度，以及官僚主义、拉帮结派等不良现象。在工作出现错误时要敢于承认错误，承担后果，并努力纠正错误，尽量减小错误造成的损失；学生干部还要努力发挥团队协作精神，诚心诚意地向其他干部、老师和同学学习，群策群力，共同营造一个乐于奉献和勇于创新的工作氛围。

2. 生活领域

学生干部是学生中的公众人物，生活中的一言一行都可能会引起广大同学的关注，同时同学们也会以比一般学生更高的标准来评价学生干部。目前学生干部在生活领域的作风问题突出表现在部分学生干部不能以身作则、铺张浪费等，因此必须对学生干部进行更高的要求和教育，要加强对学生干部日常考核，自觉接受同学们的监督。在对学生干部进行激励的时候要尽量避免物质激励，倡导精神上的鼓励，要求学生干部真正做到严于律己，率先示范。

（三）学生干部选拔培养急需规范

1. 规范学生干部选拔的原则

（1）民主集中制原则

选拔学生干部不能忽视群众意见，要广泛征求学生看法，同时也要善于发现有潜力的学生，采取民主推荐和组织考察相结合的方法，严把入门关，真正把德才兼备的学生选拔上来，防止凭个人主观印象或假公济私，为照顾个人关系而任用干部，做到学生干部选拔公开、公正，以确保学生干部的基本素质。

（2）结构化原则

学生干部队伍应有延续性和典型性，干部的分工各不相同，要从性别、专业、年级、特长、性格等不同角度来考虑位置的安排。层次的安排达到结构优化，要充分调动各方面的积极主动性，充分发挥各人各部门的特长，以实现功效最大化。

2. 规范学生干部选拔的标准

（1）学习成绩

学风的好坏关系到学校能否培养出较高文化素质的学生。学生干部更应该多下功夫狠抓学习，切实带头做到以学为主，给其他同学树立榜样。事实证明，一个学习成绩经常亮红灯的学生干部很难有精力做好管理服务工作，也绝对不会受到学生的尊重和认可。

（2）思想政治素质

学生干部应该是学生中有正气、讲原则的典范，是各类思想教育活动的带头参与者。只有怀着为同学服务、为学校奉献、在工作中锻炼完善自我的动机的学生才可能真正担负起学生干部的责任。

（3）组织协调能力

一个干部组织协调能力较强，工作开展井然有序，遇到突发事件也能泰然处理。一个学生干部不仅自己要做好，而且要善于把自己成功的经验与其他同学分享，帮助他们选择适合自己特点的方式方法，一起进步，真正起到带动一大片的作用。

幸福创业实践

第一节　概　述

高职院校学生在选择进入院校的那一刻起就开启了他人生职业生涯的第一步，他们的学习内容将实现从以学习文化理论知识为主到理论知识和专业技能并重的转变。常高艺根据专业特点和市场需求，确定了"三创三能"艺术人才培养目标，依据健康心理和谐发展、幸福校园生活构建、未来职业生涯规划、就业与创业能力提升等领域引导学生开启一段崭新的职业生涯成长之路。本章从创业教育开展、社团建设、实体培植、创业和就业能力培养等几个部分，通过生动、鲜活的案例和形式多样的实践活动，帮助和引领学生幸福创业和就业，从而建设更富有生机和活力的幸福常艺大学生创业新生态。

一、创业教育的背景

近几年世界经济有逐渐复苏的态势，全球大环境经济发展错综复杂，在某种程度上对国内经济运行和结构调整产生了一定的影响，中国的传统经济模式和产业结构调整面临严峻考验。近年来，很多大学生面临着"就业就等同于失业"的严峻就业形势，对此国家对此高度重视，党的十八大报告提出"政府促进就业和鼓励创业"，国务院总理李克强指出，顺应网络时代推动"大众创业、万众创新"，构建面向人人的"众创空间"等创业服务平台。如何在严峻的社会背景下精心培育、积极引领在校大中专学生树立创业意识和创业动机成为当今职业教育最为关注的热点。

学校的创业教育是为学生创业活动提供知识与技能支持的重要来源，在很大程度上影响学生的创业意愿❶。常高艺"十二五"期间结合艺术人才培养特点，就率先提出了"三创三能"的人才培养目标。围绕"三创三能"人才培养目标，提出"打造良好创业创新生态环境、建立健全创业创新辅导机制、搭建创业创新课程大赛平台"的工作目标，构建以"美"为核心的校园创文化，让创业创新蔚然成风，着力培养适应产业发展需求的高素质应用型人才。

二、幸福创业教育概念界定

创业——可理解为开拓、创新的业绩。"创业"在中文中普遍使用的有以下三个条件：（1）强调创业的开始的困难；（2）强调过程的发展和创新的意义；（3）相对于前人有新的创造成果。

创业教育（Enterprise Education）——开发在校大学生创业基本素质、提高创业能力的教育活动。一句话总结，创业教育就是培养创业者的教育活动，通过开设相关的创业教育课程及举办相应的创业实践活动来整体提高学生的创业素养和能力。

幸福创业教育实践——从所界定的概念内涵来看，幸福创业教育是顺应常高艺构建"幸福常艺"、培育"三创三能"人才及"6W"成长策略的实施而适时提出，其旨在为常高艺学子营造一种愉悦、健康、和谐、轻松、幸福的育人氛围，引导学生学习创业理论、体验创业情景、培养创业意识、参与创业实践，从而激发创业潜能的全过程。

---

❶ 祖鹏，邓梅. 创业环境对高职学生创业意愿的影响研究［J］. 职教通讯，2012（36）：74
－77.

三、创业教育研究意义

通过幸福创业教育实践的理论学习、情景体验、意识培养、实践参与、潜能激发这样一个系统过程,逐步形成并架构起一套适合常高艺学子全方面循序渐进的创业就业教育新模式,通过创业教育与实践,学生从发现商机到决策、规划、实施、评价、反馈等全过程感知生产经营的特点和要求,让学生初步了解创业的艰辛和快乐,获得创业的基本知识与技能,掌握自谋职业、创新创业的方法和本领,并通过创业实践活动达到改善社会地位、提高生活水平、投身社会公益、创造社会财富和实现自身价值的目标。另外幸福创业教育为社会主义文化繁荣培养具有创新意识、创造能力的互联网+时代社会文艺工作变革的参与者和实践者,已成为新时代大学生素质教育的新突破和人才培养模式的新探索。

四、创业教育理论基础

欧洲和美国等国家创业教育的理论和实践开始较早,在我国开展的比较晚。1999 年,创业教育正式被纳入国家高等教育改革中的重要发展方向。我国的高职校创业教育更多的理论研究偏重于学校创业教育实施和大学生创业活动开展等方面,所取得的成绩总体表现为创业教育相关课程在学校及社会的普遍开设,以及政府对鼓励大众创业已经颁布的法律、法规和政策。

五、创业教育的现状

创业教育是高等教育的完善和发展,从中央到地方政府和各高职院校的创业教育的宣传和实践都在如火如荼地进行着,从国家到地方制定了一系列政策,支持与鼓励开展大众创业教育,政府、高职院校及社会机构、也逐步培育了一批国内自己的创业教育师资。在大众创业时代,大学生选择创业呈快速上升趋势,根据 2015 年调查数据显示,近 6 万名大学生中6.3%的受访者选择创业,相比 2014 年的 3.2%上涨近一倍,中国正走入"互联网+"的时代,青年创新创业热情空前高涨。然而,创业教育目前所呈现的成果与当前国家大力支持、社会热切期待、学校积极推进的客观实际要求还存在一定的差距。调查显示，国内与国外大学生创业比例存在很大的不同，国内很少的毕业生会选择创业，这与国家、与学校大力发展创业教育很不相符，在大众创业创新的背景下，大学生创业教育任重而道远。

（一）创业教育理念认识不完善

创业教育理念是我们开展和推进创业教育实践的先导，指引着创业教育实践的发展方向。然而，创业教育在一段时间内作为一种教育改革理念走进我国各大高职院校却具有鲜明的短期功利性动机和行政强制性色彩。就创业教育刚刚起步的十年，是典型的"行政强制性"的反映，体现在院校"内部自觉"明显不足，往往为了完成某种带有"功利性"或"行政强制性"指标而为之。创业教育起初实质仅仅停留在完成某种行政性指令考核，而未能真正纳入学校德育教育或课程教育体系；更多院校开展的创业创新教育只是单纯地提倡毕业生创业，培养并传授学生基本创业知识与技能，而对于学生创新意识、思维、开拓精神以及社会责任等更为重要的因素往往被忽略，创业教育的根本出发点和理念存在明显的偏差，这极大地制约了创业教育的开展和发展。

（二）创业教育氛围营造不完整

创业教育的顺利开展和推进有赖于社会、家庭和学校共同营造的良好发展环境和氛围。校园文化对大学生成长成才的重要性已经得到社会各界的普遍认可，但由于我国创业教育的起步晚，发展慢，更多的是对来自外力强制作用的适应。常州属于经济发达地区，大学生创业教育相比国内其他城市开展得相对较早，但在执行层面更多的是依赖人社、教育等行政职能部门的推进，创业教育的校园内驱力明显不足，创业教育环境和氛围的缺失，系统的不完整性阻碍着学校创业教育的发展。

（三）创业教育平台建设不健全

幸福创业教育开展是一项创业理论知识推广与创业实践开展并重的教育。创业实践是内化、体会、检验创业理论知识的一个检验平台，是实施创业教育的必不可少的一个重要环节，也是创业教育平台建设的核心部分。幸福创业教育平台体系的构建对学校创业教育成效具有基础性，甚至起到决定性的作用。建设一套融规范、实用性和可操作性为一体的幸福创业教育实践体系平台是一项投入资金需求量大、涉及面广的系统工程，仅凭学校一己之力很难满足开展幸福创业教育现实的需求。因而，幸福创业教育平台的构建需要社会、企业、学校和政府协同合作，共同搭建共存、共享、共赢的创业教育平台体系。

（四）创业教育师资结构不合理

实施任何一项教育任务，都离不开教育的实施者——教师。教育的主体是学生，而教育活动的顺利开展和有效实施的关键是教师，创业导师应该是具有很强实践性并且具有一定创业经历和经验积累的从业者。由于国内教育行政体制的原因，既具有丰富的创业基本理论知识，又具备一定的创业实践经历或经验的师资人才实属少见。高职院校中绝大多数从事创业教育的教师无创业经历，其理论研究大于实践；还有很大一部分创业课程是由相近课程甚至边缘课程的教师仅仅通过相关创业理论的培训后兼职任教，没有形成专业团队。显而易见，这样的师资配备难以适应当前创业实践教育的基本需求，这就导致当前很多学校的创业教育只注重的理论知识传授，创业实践锻炼而严重缺乏，导致创业教育纸上谈兵，流于形式。

上述四大现状不仅是阻碍学校创业教育有效开展的强大阻力，也是国内创业教育现阶段存在的普遍现状与亟待改进之处。

为适应经济社会发展需求，缩短与发达国家的教育差距，近年来，在政府有关部门的通力合作与有力推动下，通过多种渠道、多种形式送出去引进来，经常性地开展师资培训、创业课程现场推进会（观摩）、创新创业大赛等活动，努力改善校园创业教育环境和困境，积极推进创业教育和实践活动的开展。创业创新教育已逐步成为职业教育教学改革新的增长点，市级、省级、国家级各类创业创新赛事已成为一种常态，较好地促进了校园创业教育的开展，为学生创业意识培养和能力提升提供了积极的支撑。

第二节 幸福创业教育开展

随着社会的进步、经济的转型和教育的发展，全球对人才需求结构也在发生着日新月异的变化。面对当前大学生就业难的压力，高职院校如何让毕业生走出困境成为当下社会新的热点，如何培养高职院校学生创新意识和创业能力，提高其社会竞争力，已成为高职院校迫切需要重视和解决的重要课题。

一、幸福创业教育

创业教育作为一种实用教育，是培养特色艺术人才的重要内容和形式。常高艺早在 2012 年就提出了"三创三能"的艺术人才培养目标。学校通过探索以"美"文化为核心的积极德育教育模式，积极开展幸福创业教育，让学生在愉悦、轻松、有趣，具有一定实用性、趣味性和实战型的创业教育实践中幸福成长。

二、幸福创业教育开展的目的和意义

幸福创业教育不仅可以让学生更好地掌握创业基础理论知识，培养创业素养、创新思维和就业创业能力，而且还让更多的职校生能通过接受学校的幸福创业教育而走上自主成功就业或创业的道路，为将来顺利地融入社会、服务社会和实现自我价值打下坚实的基础。

三、幸福创业教育实施开展

（一）创业教育融入就业指导课之中

各年级分不同阶段开设不同职业、就业、创业相关课程，学时为 10 ~ 32 课时。为了提升学生创业心理素质和技能水平，常高艺系统开设了创业课程，让学生系统地接受创业教育，通过感知和实践，真正获得创业就业必须具备的心理、素养、能力和精神。

（二）引入创新创业教育先进课程

从目前整个现式来看，有两种方式引入创业教育课程：第一，就是向国外相对成功的创业教育课程学习；第二，积极开展第三方合作，与国内相关领域机构开展创业教育培训合作。常高艺自 2009 年派出首批教师接受由江苏省职业教育学会主办的第三方创业师资培训以来，首次在学校引入由光华创业基金会主导的"如何创办一个小企业"创业培训课程，开始在高年级班级中试点推行。该课程的推出在当时受到了部分有创业意愿和动机的学生的支持和拥护，在高年级毕业班学生中产生了积极影响。2012年，通过常州市人力资源与社会保障局，再次培训了具有"SYB"创业教育资质的教师，同年，开始在校园中积极推广并实施"SYB"项目培训，专门针对中高年级有创业梦想的学生群体开展创业项目培训课程。通过讲授创立企业的整个流程和各个环节，以及创业项目如何选择、模拟创立企业的各个步骤，撰写创业计划书等系列培训、实践和演练，让学生在轻松、愉悦的氛围中感受和体验、模拟和实践如何创办和经营一个企业的知识、技能和创业乐趣，这些课程与项目的融入让学生在校园"创"文化的学习中得到了锻炼与成长。

（三）丰富"创文化"教育实践平台

"大众创业，万众创新"是当前国家和社会对广大青年鼓励和推崇的要求，高职院校学生拥有激情与活力、知识与技能，理当抓住机遇，努力实践，敢闯敢拼，勇敢的创新创业，为实现自身梦想而努力拼搏。学校积极开展以"赛"促建，在以"美"为核心的校园文化建设中有效开展"创"文化建设，整个校园充满着"创意、创新、创造、创业……"的氛围，到处都洋溢着以"创"为主题的特色文化。

1. 组织多姿多彩的"创文化"活动

学校为构建以"美"为核心的校园文化，积极开展"创"文化活动。有效激发学生的创造潜力，充分发挥社会企业的创业优势积极营造"创文化"氛围。常高艺校与常州市福彩中心共同举办的以废彩票为原料的"指尖上的创意"大赛、以各类废弃物品为原料开展的"我环保、我创意"等创意节活动、"创意摄影大赛""海澜杯职业生涯规划大赛""海澜杯创业设计大赛"等，这些活动的开展寓教于乐，使更多的学生在不经意的各类比赛中得到锻炼、成长，通过参与、体验、感受让学生从中学到如何去创造、如何去规划自己的未来、如何在实践中一步一步达成自己的人生规划目标，以及如何为了实现自己的创业目标而更好地努力。

2. 参与形式多样的创业主题大赛

组织学生参加各类创业大赛，历练学生创业团队。常高艺自开展创业教育以来，先后组织多批学生积极参与市教育局、市人力资源与社会保障局举办的各类创业设计大赛。从 2010 年起，每年都精心选拔、积极备战"江苏省职业院校创新创业能力大赛""常州市金蝶杯创业沙盘大赛""光华创业设计大赛"等各类创业类大赛，并先后取得了一、二、三等奖的优异成绩。通过参加各种比赛，学生可以得到不同程度的锻炼，提高自己的创业意识和能力。创业大赛是高职院校学生感受和参与创业模拟训练的一种非常有效的途径，可以涵盖理论和实践两部分内容，通过赛事不但锻炼了学生团队，同时也让带队老师多了一些实战经历，从而更好地开展创新创业教育和引领工作。

通过积极地参与竞赛既可以检验学生创业理论知识的掌握程度，又能丰富实战经验，提高创业实际能力。这为学校建立创业教育知识体系提供了很好的理论实践平台，从而更好地促进了学生创业知识的学习和提升。

四、幸福创业教育实践特色

（一）教学内容突出实效性

从创业教育状况来看，其教学内容突出的是实效性。通过幸福创业教育学生不仅能够掌握创业项目的选择、企业运营管理、财务核算、产品营销以及市场调查预测等创业理论知识，而且知道具体如何去把握、运用与实践。无论是实施"SYB"创业培训还是"NEFT"创业教育项目，都将创业流程和步骤按照实际可操作性进行讲解和实践，课程设计按照企业创办的真实流程展开。通过系统地学习创业课程，学生基本能熟悉和了解企业创办的整个过程，熟悉创业者所应该具备的综合能力、品质以及企业经营的理论知识。这种完善、系统的创业教育教学内容和培训项目不断地激发了学生的学习兴趣和创业热情，也切实地实现了良好的创业教育教学效果。

（二）教学环节关注参与性

推出幸福创业教育的教学最终目标就是要全面提高学生的创业意识、创业精神、创新创业能力和创业幸福感❶。长期以来，创业教育课程中学生参与度高，让每个学生在平等公平的环境下参与模拟创业，积极参与每个环节，真实地让学生体会创业过程，提高创业热情及创业意识。为了让学生真切了解企业创业流程、经营方法，创业师资在授课方式上重点摸索，总结出创设创业环境、案例分析、角色扮演等多种形式，最大程度还原企业经营管理的实景。另外创设情境中重点引入企业经营困难，例如财务、人力资源、生产、营销等，并通过教师指导的方式分析解决困境。

（三）第二课堂有益补充

第二课堂是各类高职院校开展学生综合素质提升的有效延伸，精心策划、设计、组织、运用好第二课堂是对学校教育教学的有效补充。目前各类职业学校都非常关注第二课堂，活动开展也非常活跃。有许多高职院校成立了创社团、创业社或职业生涯规划协会等学生社团组织，有效地拓展了课堂教育。第二课堂社团活动的开展学生参与范围广、兴趣高、成效快，是对创业教育实践活动的非常有益的补充，有助于毕业生实施创业，这种作用和影响是重要和深远的。

（四）教师队伍得以提升

国外创业师资相对稳定，并且师资水平很高。其中不乏有很多创业教师具有自主创业的经历，这就保证了他们对创业涉及的理论与实践知识及行业企业的需求变化有敏锐的洞察力和丰富的实战经验。而国内创业师资相对贫乏不稳定，通过近几年的努力，创业教师队伍有所提升。作为常高艺校，经过多方努力和送出去引进来的灵活机制，目前已经初步形成相对数量的师资队伍。与此同时，教师也在不定期通过参加各类培训、参与教

---

❶ 刘思. 高职院校大学生创业教育现状调查及对策［J］. 天津商务职业学院学报，2014（2）：73－74，82.

学、比赛及现场观摩交流会等学习来不断锻炼和提升。

（五）经验交流不断加强

创业教育与企业的密切合作与交流、优秀企业及毕业生创业典型的推广与展示，是国内外开展创业教育的亮点。通过与企业密切合作，一方面给学生传授创业教育的理论知识，另一方面给学生提供一线工作学习的机会和体验。通过种种深入企业的实践与考察学习，很好地培养学生创业意识，这些都是无法从创业教育课堂中学习获得的。因此，创业教育的过程更要关注与企业的联系，按照创业教学安排，创设条件让学生到企业的不同岗位进行实习和体验，从而丰富自己的实践经验。此外，学校还定期将创业成功的毕业生邀请到学校给学生开展经验介绍，为学生提供面对面交流的机会，使学生能够及时了解创业领域发展趋势和未来前景，使得创业教育更加具有鲜活性和典型性。

五、幸福创业教育反思

创业教育是职业教育改革和发展的动力源泉。幸福创业教育体系的构建，是学校为构建以"美"为核心的校园文化建设的重要内容。如何有效构建合理、科学、实用的幸福创业教育体系是常高艺一直以来为之探索和研究的"创文化"课题。

（一）应积极构建科学合理的创业教育课程体系

1. 幸福创业教育须与就业指导相结合

大多数高职院校都会选择创业教育与就业指导有机结合的方式❶。但创业教育与就业指导教育不能成为"并蒂莲花"。伴随着高职院校对就业指导、校企合作等工作的不断尝试与深入探索，在企业参与创业经验推广等活动形式的推动下，创业教育与就业指导相结合的模式得到了不断的发展与深入，现在的创业教育课程类型已有了许多鲜明的变化。在教育对象上，从单一的准毕业生接受创业教育拓展到各年级的学生在不同阶段接受

---

❶ 吕际云. 以生为本理念下高职院校创业教育工作探析［J］. 中国科教创新导刊，2013（31）：150－151.

内容丰富、形式多样的有针对性的就业指导和创业教育。

2. 幸福创业教育必须与专业及地方特色相结合

高职院校创业教育课程体系的精髓不仅囊括理论和实践，而且更加关注共性以及个性发展。与此同时，学生能够更加明确地把握和了解所学相关专业和行业的发展与现状，加深对本专业工作性质、特点和社会需求的了解，自觉锻炼和提高运用所学专业理论、实操技能和将来从事一线工作的实际应用能力，提升在相关专业领域中的创新能力和创业意识。

高职院校培养的众多人才，多数毕业后留在当地或附近区域工作，支持地方经济，这是职业教育服务地方的直接价值体现，也是对地方经济效益和社会效益的直接贡献。所以必须将创业教育课程体系和地方经济建设与社会发展紧密结合。在课程内容建设上，把地方性旅游、环保、会展、创新、创意等区域性品牌放在突出重要的位置。在其课程形式上，则对校企合作和模拟创业等实践环节加大力度，以培养更加适合并促进当地经济更好更快发展的创业创新型人才。这种凸显本地特色，并将创业教育课程与地方特色密切结合的课程体系，所培养出来的人才就能够更加深入了解当地的经济发展状况与社会发展前景，也有利于形成地方稳定的创新型创业人才队伍。作为艺术专业院校，我们更多的是将激发学生的创意、创新能力与服务地方创新驱动发展作为创业教育与地方特色、专业结合的有效接入点。

3. 幸福创业教育须与教材建设相结合

教材是创业教育课程的核心，如何将创业教育真正落实到高校创业教学全过程，最终落脚点必然需要建立在专业而且具有一定权威性和可复制性的创业教育教材。学校自 2009 年开设创业教育课程以来，不断地在探索中总结经验，先后引入《职业指导与创业教育》、北京光华创业基金会推广的创业课程《如何创办一个小企业》、国际劳工组织推广的"SYB"创业教育等课程。

4. 幸福创业教育需理论、实践相结合

任何职业教育都离不开理论和实践相结合的模式，理论联系实际环节非常重要，如何开展创业实践课程教学在创业教育环节中显得尤为重要。

创业实践教学课程这一环节恰恰迎合了高职院校学生的实践动手与操作能力较强的特点，这部分实践教学课程多安排在相对较高年级，多由创业模拟课程和实践课程两部分组成。创业者自主创业的能力和综合素养，必然要通过其自身积极参与的多种多样的创业实践活动来取得并得以提升。所以在创业教育中，要将理论知识和技能的转化最终形成实际生产的应用，最后全面提高自主创业的能力。因此，创业教育的实践体系构建必需拓宽多种渠道和途径，全面开展创业实践训练，鼓励学生参加创业沙盘大赛、职业计划设计大赛、创业论坛、沙龙、优秀毕业生企业家专题报告会、创业交流等活动，同时让学生自主创办和经营"创意工坊""民族民间工艺坊"等实体店来强化创业实践能力。

（二）应积极构建科学合理的创业教育目标体系

创业教育目标体系的科学性和合理性在高职院校创业教育中发挥主导作用。幸福创业教育目标体系主要有四个方面组成。

1. 幸福创业意识的培养

学生要树立正确的创业意识和创业思维，才能使学生正确对待创业，正式认识创业，对创业有全新的认识，从而树立正确的创业观❶。

2. 创业知识体系的完善

学生想要在创业中成功，就须利用在校期间完善创业知识体系。不仅要在创业理论知识如法律法规、经营管理、科学技术等方面深入学习，还要深入企业一线，真实了解真实企业运营理论和实践知识。只有学生扎实地学习了实际企业运营，才能在进入社会后创业的道路上有稳定的心态，面对挑战。

3. 创业能力结构的提高

创业能力的培养直接关系创业成功与否。只有在创业过程中掌握具体实践能力，才能真正地在实际创业中切实面对复杂的竞争环境。

4. 创业动机品质的培育

具有良好的创业品质是成功企业健康发展的保证。企业品质的好坏直

---

❶ 段晓芳. 新形势下对大学生创业问题的分析与思考［J］. 文教资料，2013（33）：158－160.

接影响了企业发展方向的优劣。因此，学生在学习创业教育知识体系的同时，也要培养优秀的创业品质，比如乐观豁达积极向上的心态、较强的自信心、拼搏精神、宽广的胸怀、包容的品质、理性的思维与判断、强烈的成功意识和高度的社会责任感等优秀品质。

（三）应积极构建幸福创业教育课程评估体系

为了更好而准确地了解创业教育开展的实际效果，一是要建立完善的高职院校学生的创业信息跟踪服务平台，及时收集反馈机关信息；二是要定期开展创业学生创业初始成功率及创业所带来的经济、社会效益等综合数据分析，建立创业信息跟踪数据库，为学校创业教育发展、课程开设提供理论与实践依据。

（四）应积极推动幸福创业教育师资队伍建设

1. 从根本上加强高职院校创业教育的开展，关键在于创建一支能担当、负责任，具备专业创业教育知识能力的师资队伍。创业教师对学生的参与、教学环节的合理性、教学案例的启发、游戏本身的创意等都要有很好的设计和实践。

2. 高职院校可采取"走出去"和"请进来"相结合的办法，打造创业教育的优秀教师团队。可选择部分中青年骨干专职教师分批进入企业锻炼或到具备资质的培训基地进行进一步培训与深造；还可聘请相关行业专家学者和高技能人才、企业领导等兼职教师充实到创业师资队伍中来。

（五）应积极开展幸福创业教育生态环境建设

1. 学校结合学生自身特点成立创业社团，并以此为依托，通过丰富的载体和活动形式，完善创新创业教育工作机制。在学校专刊、校园广播、网络、橱窗板报、校园文化长廊等各种刊物媒体上开辟创业宣传阵地，对创业文化和成功创业事迹大力宣传弘扬，全方位激发学生青年团体的创业热情与潜能，构建积极向上的创业教育生态环境。

2. 发挥网络优势，为学生提供资讯支持

面对创业教育迅猛发展的今天，高职院校要很好地利用"互联网＋"的平台，借助多媒体，了解现行的市场前沿及最新信息，利用并开发好现代网络平台，鼓励学生互联网创业，通过网上创业这种模式实现"学生从学校到企业的零距离对接"。

3. 搭建孵化平台，为学生创业提供基地支持

高职院校要有效结合学校特色及专业特点，借助校内外实训场所、创业基地及校外合作企业等，联合地方政府、行业企业，建设创业教育实训基地，积极为学生创业者提供资金、场地、政策辅导等全方位的服务，引导学生在这一架构中根据专业特点和个人未来发展兴趣爱好兴起创业热潮。

第三节 幸福创业社团建设

常州艺术高等职业学校幸福创业社团是在团委及招生就业中心的指导下成立的校园创业组织，社团旨在激发社团成员的创业热情，鼓励社团成员学习创业知识，推进校园创业文化建设。

一、幸福创业社团建设的意义和目的

常高艺在进行学生专业社团建设过程中引入创业教育，鼓励学生通过这一平台的创业社团，积极开展"专业社团建设 + 创业实体运作"创业教育模式探索❶。

（一）指导学生创业实践

大学生尝试多种形式创业，如淘宝开店、实体店开设、代购、出售二手商品等，但很多在校大学生没有创业专业理论知识体系，在市场上遇到风险后，没有足够的资金维持而面对失败，产生经济的损失。因此，从创建院校创业社团的角度来支持和帮助学生参与创业过程非常有必要，通过各创业社团培训和创业教师系统、规范、实用的理论辅导与实践培训，最大限度地培养和提高学生的创业素养与创新能力，使其在今后的创业之路

---

❶ 岳瑞凤. 谈创业教育视角下的高校专业社团建设 ［J］. 河南科技学院学报，2011（5）：92－95.

能多一份沉稳，多一份胜算。

（二）提升学生创业能力

创建学校幸福创业社团，进一步规范学校创业社团工作的业务流程，优化管理，提升效率和彰显成果。统一的创业社团管理，能使学生在创业社团的团辅帮助下，明确创业目标，培养创业意识，提高创业能力。通过经营管理创业社团，社团成员可以储备创业的知识、能力和提升创业意识。

（三）孕育培植未来创业者

常高艺倡导专业文化与社团文化的有效对接和融合。在幸福创业社团建设过程中，学校利用各专业知识，通过校企合作开展多种形式创业教育。邀请资深行业人士来校指导，鼓励社团成员立志创业。各专业教研室紧密联系各自专业特色，创立了以资深教师为首的具备一定创业实践模式的实体专业工作室，各实体专业工作室进一步发挥自身在行业内的优势积极开展校企合作。近年来，学校先后培植成立了"H30小肆工作室""鸿鹄设计工作室""创意工坊""延陵蓉"等创业社团实体。通过这一模式的探索，社团成员、相关专业的学生在创业实体内进行实践锻炼，对社团和学生来说，可谓双赢。学生以企业、工作室为课堂，熟悉职场环境，了解企业项目的操作流程，在校企合作创业实体空间中更好地掌握与专业有关的实体运作知识，有了初步企业锻炼和专业工作室工作的经验，从而使社团学生对进一步创业有了更深刻的认识和心理准备。

（四）提升学生的综合素养

社会实践、志愿服务、理论学习等创业社团活动对高职院校学生提出了一定的挑战，同时对学生的创业热情起到了激发作用。学生可以在创业社团活动中互相学习、帮助激励，共同解决难题，营造和谐氛围。创业社团活动在一定程度上，特别是对学生创业心理素质、创业道德的养成等起到了不可低估的作用，是课堂教学所无法代替的。形式多样的创业活动能使学生在愉悦的创业实践活动中得到自我表现、自我成就的良好机会，从而有助于充分挖掘其自身的潜能和创造力，有利提升学生的综合素养。

（五）构建和谐的校园环境

好的社团活动能促进和谐校园的建设。要想在学生校园生活中构建和谐的校园环境，就一定要注重积极支持学生自主管理、自主成长。一个成功的创业社团，对和谐校园建设有着积极意义，创业社团文化的健康发展有利于提高学生思想政治素质，构建幸福和谐的校园环境。

二、幸福创业社团建设与实施策略

（一）培育创业者优秀的创业品质

高职院校创业团队的思想和意识是非常重要的。优秀的创业思路意味着成功了一半。学生在创业教师的指导下，首先要建立自己的创业思维，能够甄别创业项目的优劣，全面分析并选择、规划好自己的创业道路培育优秀的创业品质。在创业成功的案例中，成功都是通过努力才能获得的。

（二）开展有效的创业社团成员培训

首先需要了解各创业社团的具体情况，报名人数、动机、热情度、知识准备程度等因素来衡量社团可塑性。其次选拔优秀创业教师定期组织社团成员进行就业创业指导课程，结合校企合作，理论结合实际，增强学生的实际参与经营感受。最后对创业介绍、创业机会、创业资源、企业创造、市场营销、竞争分析、风险控制、创业计划等方面的专业知识进行有的放矢的指导。学校要积极争取政府、社会资源，多渠道地对社团成员开展创业教育和培训，给愿意创业的学生提供机会。

（三）通过实践提升创业社团成员能力

学校通过举办创业计划书、创业技能大赛等活动，利用各类比赛给学生创造更多的锻炼机会。当学生创业社团出现困难、市场不能开拓时，学校创业师资团队及学校层面要给予更多的经济、政策、人员上的支持帮助与辅导。积极的组织创业社团参与各类创业沙盘大赛和创业优秀项目等大赛，只有多锻炼，学生的能力才能得到提高。

案例：常艺学生自主创建的"创意工坊"社团就是其中一个典型，社团通过自主招聘、公开选拔的模式吸纳对创业具有强力意愿、有一定创业思想和团队协作精神的志同道合的学生组成"创意工坊"社团组织。该社团组织学生利用业余时间来实行销售经营管理，社团完全采用自主管理的模式，在很大程度上锻炼了一批有自主创业意愿的学生。学生通过该社团在协作能力、经营意识、创业能力等方面得到了有效的提升。

三、幸福创业社团建设案例反思

高职院校学生社团活动具备多样性、特殊性等特点，使其在学校的不同类型的社团中具有一定的特殊性。

（一）学生社团组织管理规范，利于提高学生的创业素养

学生社团成员因为相同的兴趣、爱好、特长、观念等因素而走到了一起，个体成员因为同一目标、兴趣和利益聚集，在社团目标上整合更清晰，社团管理更规范；社团目标明确又为社团成员施展能力与提高素质提供了条件。

社团在发展中不断吸引新的志同道合的成员，学生在社团活动中表现较高的积极性和主动性，可以促使社团健康稳定的发展。每年的新老交替"新鲜血液的输入"对社团活动有着强烈的新鲜感和热情，社团呈现出"推成出就""以老带新"，的良性循环，利于提升学生的创业素养。

（二）学生社团发展形式多样，利于提高学生的心理成就感

职校生生活在一个稳定的社会中，成长过程比较简单顺利，根据其年龄阶段的特点，学生心理尚处于不完全成熟阶段，容易产生不自信、错误判断、承受能力不佳等心理现象。如果找不到一个寄托的朋友或兴趣爱好，自我定位不准确，很容易出现心理障碍甚至心理疾病，而通过参加形式多样的创业社团活动能让他们乐在其中，表现自我、张扬个性、显现能力，从而有利于提升不同阶段学生的心理成就感。

（三）学生社团渗透性强、辐射性广，利于推动建设校园的创业文化

社团活动具有强大的辐射力，影响着校园的整个文化系统建设。学生社团渗透性强、辐射性广，学生在参加社团活动的同时，内在素质、修养和能力也得到了升华，这种影响是持续的长久的；学生在一个社团中实现自我发展的同时，也在潜移默化地感染、促进其他的学生社团的发展。故而，社团对校园文化建设和发展的作用和影响逐渐得到了师生的关注认可

与重视。创业社团活动全方位调动了学生的积极性、扩展了学生的智力水平、激发了学生的创造愿望、提高了学生的创新能力、锻炼了学生独立意志、促进了学生校园价值观念的转变、丰富了校园创业精神的内容。所以校园文化建设通过校园社团活动载体很好的体现，反过来也有利于校园文化建设。深层次、高质量的校园文化，需要内容丰富、积极健康的幸福校园创业社团文化，近年来，常高艺社团建设的快速发展，在学生的教育和管理中都起积极的作用，创业社团也已逐渐成为校园社团中的一颗耀眼新星。

第四节　幸福创业实体（项目）培植

目前我国大学进行的创业教育的主要形式无外乎以下几种方式：一是渗透在素质教育之中的，通过开设创业指导的课程，进行企业家素质、企业经营管理、风险投资等理论知识方面的教育；二是引入国外一些成功创业教育培训教程和方法（例如：北京光华创业基金会引入的"如何创办一个小企业"、中国人社部引入的"SYB""GYB"等创业教育课程）；三是举办创业教育的讲座、比赛；四是建立企业家培训班、建立政府创业扶持基金、创业孵化园等。从目前的现实情况来看，国家虽然对学校的创业教育做了积极的倡导并高度关注，学校、社会各方面力量也在积极鼓励学生自主创业的行为，但国内大学生创业激情和比例依然与发达国家有一定的差距。大学生流于书面知识和理论，而真正要落实到创业实体（项目）走上创业之路的却是凤毛麟角。

一、幸福创业实体（项目）培植的感念界定

创业实体——查阅资料没有具体的解释和定义，从字面理解笔者觉得应该是通过具体的实践，将某一个抽象的实体（项目）想法、计划通过具体的实施来创办具有一定实际价值和载体的经济实体（项目）。

二、意义和目的

我国职业教育快速发展，创业教育已经成为高职院校课程改革主流教

学体系的必不可少的一部分。然而，仅仅停留在开展创业理论教育，而不去更好地搭建创业实践平台与扶持创业实体的建设，事实证明这样的创业教育是不成功的教育。职业类院校应该将创业培训课程纳入学校教学课程改革的主流课程体系，通过完善教学大纲、制定教学计划、安排教学课程、保障课时津贴、确保资金投入等措施的基础上，积极创导和培植幸福创业实体建设，真正落实到政策和资金等方面。通过创业实体的扶植培育，让更多的大学生通过创业实体（项目）培植建设，提高创业实践能力，展现风采，服务国家，经济发展。

三、幸福创业实体（项目）的实施过程

坚持是开启创业之门的金钥匙。坚持以素质教育为内涵，以大学生创新素质养成、创业精神培育、创业能力实践为定位，扶持大学生创业培训基地，开展大学生创业实践活动和创业实体（项目）的培植。把创业教育培训与创业实体（项目）培植渗透进人才培养方案，逐步建立和完善创业教育体系，由创业教育、实践锻炼和企业实体组成。积极引导学生参与创业实体（项目）、体验创业、锻炼技能、提升能力。

案例：以常高艺校园为例，整个常高艺校园就是一个充满着创意的"虚拟文化创意产业园"，常高艺把每个专业实训空间打造成与企业直接对接的工作室，将市场中真实的项目和要求引进课堂，让师生得到实实在在的锻炼。在常高艺，"创文化"已渗透到每个空间设计、活动开展、项目实施、工作推进中，学校鼓励师生通过自己的想法提出新思路、新认识、新方法，探索新规律，创新新构想，创造新成果。学校建设并开放了"鸿鹄装饰工作室创意工坊""H30小肆""延陵·容传统创意服饰""白羽汽车饰件""陶陶CG工作室""班"等创业工作室，并支持学生运用自己的专业、智慧和创意，展示个体和集体的创意作品。

四、幸福创业实体（项目）创新措施

艺术教育的鲜明特色决定了艺术类专业院校有别于非艺术类专业院校，在积极响应创业教育的同时，结合自身特色，将创业教育不断地融合

到专业课程与实践教学中，逐渐摸索出了一套适合常艺的创业教育与创业实体培植体系。近年来，学校为了加强学生的专业建设学习和未来创业创新能力，主要从以下几个方面创新举措：

1. 打破传统课堂教学，倡导专业公司化教学模块

学校为了让学生学到更实用、更符合社会需求，将来更能适应社会的真正专业技能与知识，根据艺术教育的特殊规律和其特有的专业特色，加大了课程改革的力度，在各专业课程体系中推行工作室制度，将产学研有效融合，打破传统的课堂教学模式，将项目化教学、公司化运作管理模式引入课堂。学校先后成立了"鸿鹄装饰设计工作室""艺景工坊"等设计类专业工作室，成为教师、学生、产教研融合的项目化工作室。

以鸿鹄装饰工作室为例：这是一个年轻、充满活力的青年团队，由环艺专业教师和企业设计师、来自不同年级和班级的学生打造的与专业紧密结合的创业工作团队，该团队密切联系专业与企业，实行项目化教学与创作授课的方式，由教师带领学生展开实践，学生成为该工作室的真正主人，从工作真实场景第一线到设计、从项目个体到项目整体运作管理，每一个环节都让学生创业团队得到真切的体验和实践，使学生在创业实践中得到成长。

2. 外引内培创业项目，实施梯队式人才培养模式

学校将创业教育与专业教学相结合，积极探索"专业＋创业"教育特点，将两者紧密结合寻找一条"项目＋模拟＋实战"的创业教育之路，构建实践演练，培育自主创业人才的教育模式。近年来，学校积极探索"外引内培"创业项目，在合作相对比较稳定的企业中寻找创业合作伙伴，建立实战平台，培植创业项目。服装专业教研室先后与企业合作成立"白羽汽车饰件工作室""延陵容中国传统服饰工作室"，平面设计专业成立"杜尔文创"等一批具有公司化模式运营的专业工作室，实施梯队式人才培养模式。

以延陵容传统服饰工作室为例：为了传承和发扬地方特色传统文化，加强校企合作和创业创新建设，本着立足本土，发掘（常州）延陵文化，觅青果遗韵，寻延陵古风，汲龙城精髓，2014 年 1 月常艺以服装教研室周

俊霞老师领衔，成立了"延陵容传统服饰文化研究设计工作室"。创业工作室主要以低年级服装专业学生为主。学校在工作室运行期间投入必需的辅助设计、缝纫设备、展架及专业场地合计 20 余万元，并提供了宽敞的设计专业工作室场地及网络资源，安排了固定的指导老师，对研发成果优先配套相关开发经费及人员保障。经过三年多的打造，"延陵容"已经成为一种独具丰厚地方文化色彩的特色产品，通过与企业及市场对接，初步取得一定的市场及品牌效益。此创业实体（项目）开创了以"美"为核心的校园创意文化项目，依托服装设计为载体，融合延陵本土文化，锻炼并培育了学生创业团队，丰富了校园幸福创业实践内涵。同时，此项目也被常州市教育局列入常州市职业学校学生创新实践项目。

3. 模拟股份制经济体，项目化培育创业合作团队

在众多创业实体（项目）、基地培植的基础上，为了更好地让学生有一块创业实战演练的场所，学校在地方紧缺的情况下，专门腾出一间门面房和一间阅览室用作学生创业实体培植，先后成立以股份制形式，学校、部门、学生共同参股的创业实体——"创意工坊""H30 小肆休闲吧"，让学生自主经营管理（学校、部门不盈利）。学生在参与经营过程中享受到创业成果，经历创业艰辛，培养创业精神，提高创业能力，从而达到把创业教育与创业实体（项目）培植合二为一。

五、幸福创业实体（项目）效果反馈

学校经过近几年的内涵发展，在教育教学课程改革等方面都取得了可嘉的成绩，尤其在专业建设，将创业意识教育融合专业课程建设与教学中取得了一定的成绩，学生在融合项目化教学特色的工作室、校企合作模式工作室及模拟经营实体中得到了充分的锻炼和提升，即在学习过程中学到了一定的专业理论知识和技能，同时又在参与创业实体（项目）实践中得到有效锻炼，学生不仅在专业学习上缩短了与社会需求之间的差距，更能在今后参与或自主创业上得到理论与实践知识技能的积累，为自己人生创业之路奠定了一定的基础。

第五节 幸福就业（创业）能力培养

党的十七大切实提出大力发展就业，通过创业来带动就业，使更多劳动者成为创业者[1]，《就业促进法》也明确了创业带动就业，加强职业技能培训的法理地位。这一系列政策是国家积极应对就业困难所采取的新政策。在新形势下，要及时转变思路，抓住企业主导的就业政策方向，积极开展就业创业能力培训，利用在校期间开展大学生就业能力和创业能力提升，通过各种渠道和方式优化、历练学生未来创业与就业能力。

一、创业就业能力概念界定

创业能力——创业能力是一种以智力为核心、具有很强社会实践、具有创造性特征的综合能力。成功的创业者是具备包括创新能力、市场开拓能力和组织能力、经营管理能力在内的各方面的综合能力[2]。

就业能力——就业能力，顾名思义就是满足你工作要求的能力，就是企业实际的工作能力要求，应该包含你的专业技能、经验、工作态度、其他软实力（例如沟通能力、协调能力、组织能力、团队合作精神等）。

二、幸福创业就业能力培养的意义和目的

如何破解就业难问题成为政府、学校、家长共同关心的热点与难点问题。而要想解决这一难热点题的关键则是提升大学生自身的职业能力与职业素养。现在，就业问题不仅仅是就业困难，而是就业困惑或就业能力低。高职院校只有通过系统的职业生涯规划、创业教育和培训等提高大学生就业能力。很多学生刚考入大学过于对自己的放松，心态未及时调整，缺乏对未来认识，导致大学生在毕业时会感到无助的就业压力。所以对于

---

[1] 朱鸿飞. 不断改革构建具有特色的创新创业教育体系——黄淮学院创新创业教育力推学校转型提升［J］. 决策探索（下半月），2013（5）：66.
[2] 郭晓梦. 关于提高大学生就业能力的案例分析与思考［J］. 济南职业学院学报，2012（5）：76–77.

我们高职院校学生在校期间，更要采取各种手段和方法，加大对在校大学生的职业就业（创业）能力的培养，通过有效的职业生涯规划、创业课程开设、社团活动开展、社会实践活动等形式使在校大学生在就业（创业）能力得以提升。只有这样大学生未来毕业时能胸有成竹、从容稳健地踏入社会工作岗位，立足岗位，实现自己的职业归属感、幸福感及人生价值。

三、幸福创业就业能力培养的实施过程

提高大学生本身的就业（创业）能力，须做到如下几点：第一要科学系统地做好职业生涯规划，第二要学会自主学习、学会控制时间、学会与人相处，第三要加强以下各方面的创业（就业）能力培训与自身修炼来不断完善、提升自身综合素养。

（一）加强职业道德修养，明确人生目标

高职院校大学生应正确认识社会，正确评估自己，准确定位，确定自己在大学及进入社会后的奋斗目标。在校期间大学生要对自己进行职业整体规划，将个人发展与国家社会发展相结合，勇于挑战自己，争取在自己身边创造属于自己的成就。

（二）提高综合素质，立志全面发展

高职院校大学生在掌握专业知识的另外一方面，也要通过在校期间各方面的学习及能力提升培养，最终使自己进入社会具备一定的学习能力、工作能力、就业能力、创业能力。因此需要大学生规划好大学生活，努力提高各方面能力，塑造适应社会的复合型人才。

（三）参加实践活动，提高多种能力

参加实践活动是理论结合实践最实用的方法。第一，作为第二课堂的社团活动是大学生全面展现自己综合素质的平台；第二，参加比赛，比赛不仅是检验所学知识灵活应用水平的有效手段，更是学生认识不足、寻找差距、树立目标的绝好机会；第三，参加暑期社会实践活动，更进一步培养与人沟通能力，深入了解社会；第四，多参加志愿者活动，新时代的大学生不仅要具备生活能力、学习知识能力，更要有一种奉献大格局，要有取之社会、回报社会的大思维与公益之心。

（四）加强沟通交流，建立人际关系网络

大学生在学习知识结构的同时，更需要提高情商思维。而沟通能力，与人交际能力是情商思维中的重要部门。提高沟通交流能力，不仅可以帮助大学生积累自己的原始人脉，为自己的职业道路提供一个人脉基础，通过交流，让更多的同类人了解你，走近你，让更多有就业创业想法的人走到一起。

（五）加强自信，争取求职成功

自信不能停留在想象上。要成为自信者，就要像自信者一样去行动。面对社会环境，我们每一个自信的表情、自信的手势、自信的言语都能真正在心理中培养起我们的自信。自信也是一种成熟的表现，是达到预期的效果，能够达到自己所期望的能力，实现特定的目标或信念。自信直接关系到求职、创业是否成功。

（六）培育职业成熟度，促进职业发展

职业成熟度的三个方面：知识能力系统、纠正专业态度，培养职业精神，这直接影响着大学生就业创业成功与否，职业成熟度极大地影响着学生的就业潜力与职业前景。

（七）提高求职技能

高职院校学生应了解就业政策，熟悉就业过程、摆正心态，不对职位期望值过高，有深度的思考职业问题；不盲目求职，对所应聘单位做全面了解，并对自己做好充分的就业准备，从容面对就业竞争环境。

（八）提升合作能力

在学校期间，要加强学生的协作能力的培训，鼓励积极参与活动及比赛，主动沟通，遇到问题及时解决，让周围的人感受你的真诚，在协调与沟通中解决问题。

（九）提高对企业的忠诚度

干一行爱一行，做任何工作都有一个从不熟悉到熟悉的渐进过程，任何一家企业需要的都是对企业有绝对忠诚度的员工，所以，高职院校要更好地加强学生职业道德教育，提高职业素养、培养爱岗敬业的职业精神，对自己和所在企业单位给予信任和支持。

第八章

幸福健康成长

第一节 概 述

一、引言

本章将依据青少年身心成长发展的众多理论，结合职校生的典型校园生活案例，从德育教育、学习模式、身心发展规律和人际交往等方面研究并总结出一系列引导高职生在校期间幸福健康成长的可行性方案和具体措施。通过对行为主义理论、社会学习理论、人格发展理论等教育学、心理学理论的研究和实践，论证职校生的幸福教育策略的可持续性和推广价值。

依据我国教育现状，与同龄的普高学生相比，很大一部分的职校生过早地卸下了文化学习和高考升学的包袱，这就意味着他们把更多的时间和注意力放在校内外的人际交往及就业走向方面，也会对个体本身多加关注，以自我为中心的现象较为突出；同时，与普通大学的学生相比，一些职校学生对于专业学习的动机和认知度不足，学习意志和学习方法也远远达不到专业课程的要求●。因此，除了学业本身的困扰之外，职校生更多地会面临自我认知、是非观判断、情绪控制、抗击打能力、抗干扰力、人际交往及生活技能等多方面的问题●，并由此引发了一系列言语及行为上的矛盾与冲突。特别是职校校园内师生之间、同伴之间存在的各类争端，乃至新闻中所播报的悲剧，都不难看出端倪。换句话说，职校生的一些行为偏差背后所反映的心理问题，尤其值得每个职业教育工作者关注和深思。

打造幸福校园，为学生营造积极、健康的校园生活氛围，是职业院校德育工作的核心，同时也为职校生的专业学习成长及心理健康发展提供了有力保障。尤其需要注意的是，职校生简单地被归类为文化成绩差、品德行为不端、综合素质不高的"差生""小混混"等。这类偏见以及舆论导向极易促使职校学生形成对自己的认知偏差，产生自暴自弃或者消极抵抗等不良情绪及行为。作为职校教育工作者，尤其是德育类教师，必须明确一点：学生的心理问题直接影响并导致不当行为的发生●。换句话说，引领职校生正确的认识及评价自我，帮助职校生规划在校的学习及日常生活，增强职校生在校的主人翁意识，是促使他们幸福健康成长的主要内容和重要意义。具体来说，在专业学习方面，任课老师要营造积极的学习氛围，形成鼓励机制，增强学生的学习兴趣和学习动机；在德育工作方面，生活辅导员、各班班主任以及心理老师需积极介入和引导学生课后参与学校的各类开发兴趣、拓宽视野的职业体验类课程和寓教于乐的校园文化活动，让学生体验专业学习的益处和校园生活的乐趣，从而以积极向上的心态面对学习、面对自己、面对同伴和学校，最终达成职校生的心理和谐和学校幸福教育的目标。

● 杨利民. 高职学生学习心理特点分析及教育策略 [J]. 宿州学院院报，2005，20（3）：109－111.

● 孙永波. 对高职生学习、发展与心理健康问题的思考 [J]. 中国校外教育（下旬刊），2014（11）：129－135.

● 李巫熙. 试论高职院校心理健康教育的德育功能 [J]. 职业教育，2007（3）：61－62.

二、概念界定

（一）德育健康的概念

彭海林在《高职院校德育与心理健康教育的问题探究》一文中提出"德育是教师按照一定社会或阶级的要求，有目的、有计划地对学生施加影响，以培养学生思想意识和道德品质的活动"。他同时还指出，德育在我国的历史、政治以及人文环境下显得尤为重要。具有中国特色的德育教师需要从政治教育、思想教育和道德行为规范等方面给学生提供积极正确的引导❶。健康的德育是职校生身体健康、心理健康以及学习健康的重要保障。

（二）学习健康的概念

根据西方学习理论，尤其是行为主义理论和社会学习理论，学习健康包含的内容有神经及大脑发育引导的健康的生理基础、环境与行为共同作用下的学习结果、外显学习行为到内化社会认知的平稳过渡以及内在驱动力对学习行为和学习结果的积极引导等❷。结合我国现行的德育教育实践，学习健康即为积极德育干预下的职校学生在校期间保持身心健康和维持良好人际关系的结果。

（三）身体健康的概念

普遍认为的身体健康包括两个方面，"一是主要脏器无疾病，身体形态发育良好，体形均匀，人体各系统具有良好的生理功能，有较强的身体活动能力和劳动能力；二是对疾病的抵抗能力较强，能够适应环境变化，各种生理刺激以及致病因素对身体的作用。"❸ 对于职校生来说，在这个年龄段，青春期后期各项生理指标变化显著，体型、体态等亦呈快速发展状态。学生能否在生理上适应、在心理上接受如此明显的身体变化，是他们

---

❶ 彭海林. 高职院校德育与心理健康教育的问题探究［J］. 边疆经济与文化，2006，52（4）：121－122.

❷ Ormrod，J. E. (2004). Human learning.

❸ 百度百科. 健康. http：//baike. baidu. com/link？url＝JE5h58609flNO0bR9ErzauKPPAJqb hwVWaIni0bqwuTUk6pkJzcLwMWLKEBMDDLx.

能否平稳度过青春期，由孩童转变为成年人的关键。由此而带来的自我认知、同伴评价等问题，也会成为学生在校期间的一个挑战。因此，德育工作者必须积极引导青春期的学生克服生理变化带来的不适感，纠正学生此刻产生的心理层面的认知偏差，帮助学生完成青春期到成年期身心全方面的转换。总而言之，教育工作者要时刻牢记，职校生的身体健康是他们学习健康和心理健康的大前提。

（四）心理健康的概念

根据人类发展学理论，不同时期、不同社会背景以及不同年龄段的人对于心理健康的定义及评价各不相同。埃里克森的阶段理论中指出，人的一生要经过八个主要的社会及心理冲突。无论哪一个特定阶段的矛盾与冲突被成功解决与否，个体都会被迫完成生理发育成熟与社会需求达成的过程，进入下一阶段。职校学生正处于该理论的第五阶段，形成身份同一性以及防止角色混乱是他们完成该年龄阶段的心理过渡和发展的重要任务❶。换句话说，从心理发展的层面来说，职校学生会反复地求证自我，询问"我是谁?"，并自行建立社会角色和职业角色；如果这一过程出现偏差，那么学生在进入成人期则会出现角色混乱和迷失，亦或将孩童期的心理特征带入成年期，也就是我们常说的"不够成熟，太幼稚"或心理不健康，对他们的学习、工作和生活造成不少的困扰。因此，心理健康是学生身体健康和学习健康的根本。

（五）和谐人际关系

通过对接触人群的观察，相比普通高中和高校的学生，职校生涉及的朋友圈或者说人际关系更为多元化。除了处理和家长、老师以及同学的关系外，他们还接触了一些社会群体，这类人群通常年龄要长他们五六岁至十一二岁。在与这一类人群交往时，尚处于懵懂期的职校学生在言语、行为和观念上都面临着不小的冲击和考验。考虑到职校生所处的人格发展阶段，即正在形成社会角色和身份的同一性，人际关系的和谐与否直接决定了职校生是否能通过外界来正确认知和判断自我。如果外界的评价标准与

---

❶ Sigelman, C. K. & Rider, E. A. (2011). Life – Span Human Development (7th Edition).

个体自我认知相符，学生则会顺利完成心理上、人格上的发展与过渡；反之，学生可能会出现一系列的心理及行为上的不良反应。人际关系对于职校生的良性专业学习和幸福校园生活提供了平台。

三、研究背景

我国本科院校前些年的扩招盛况随着教育改革和发展的逐步成为常态，职业教育这一概念被各类教育部门及一线教育工作者所重视。越来越多的学生及家长开始思考"要文凭，还是要手艺"这一问题。作为先行的职业教育院校，不仅要在专业教育领域精益求精以配合用人单位乃至社会生产力的需求，同时又要充分考虑到作为未来社会劳动生产的主力军，职校生的身心健康发展亦关乎生产力及产品之根本。搭建和谐、幸福的校园教育环境平台，正是为职校生的个体良性发展提供土壤。

学生成绩或行为上的一时偏差导致了社会上绝大多数人对职校生的普遍成见，同时很多学生自己也默认和接纳了此类社会评价，并从行动和心理上予以消极"配合"。这不仅仅是职业教育不得不面临的现状，也成为职业教育工作者开展工作的一大阻碍。要从根本上纠正这一现象，就得从职校生的心理建设方面入手，由内化的心理活动来指导和影响外显的学习行为和其他社会行为。这也是本书倡导的心理和谐与幸福教育策略想要达到的效果。

第二节　品德健康发展

一、背景介绍

常高艺倡导的积极德育，实际上是积极思想品德教育和积极心理教育的结合。根据多年的工作经验和总结，德育教育和心理教育的不可分割性已被普遍证实❶。传统的德育教育，无外乎从政治层面、法律层面和道德

---

❶ 米兰. 论高职德育与心理健康教育的整合［J］. 中国科教创新导刊，2010（13）：250.

层面对学生的个体行为进行约束，以满足小到班级、学校，大到整个社会的行为准则和规范要求。它过分强调了环境作为外因与个体行为发生的相互作用，而忽略了心理活动对个体行为的主导地位。因此，以往的德育教育通常以各种刻板、教条的校规和班级公约来制约学生的学习行为和社会交互行为。也就是说，学校强行规定学生要如何做，却不明示为何要这么做；道德品行的评定也只是基于行为的对错，而不问动机和原因。最终的结果往往是师生之间过激的言语矛盾或行为冲突。因此，心理教育对于德育健康发展的介入就显得尤为重要了。

二、意义及目的

德育教育和心理教育的有机结合，从根本上提升了学生个体的主导地位。由灌输理念式的教育模式转为积极引导。具体说来，就是从心理教育的层面入手，教师并不强行干涉或者劝阻学生的个体行为，而是正确地引导学生主动地形成正确的行为准则和道德观念。常高艺尤其重视学生主人翁意识的培养，在积极心理学理论的干预下，学生能自发形成健康的群体行为模式。因此，即便有极少数行为不当的个案，也会在群体行为和规范的导向下，逐渐转变。这是常高艺积极德育的一个重大突破。

三、实施过程

常高艺自 2008 年来便开始摸索并逐渐形成了一套完备的学生自主管理体系。德育教育的主导者从德育教师、各班班主任及辅导员转变为学生本身。学校从早晚自习常规管理、"Y—幻巢"学生公寓管理、班级轮岗值周及"蓝海湾"书式生活坊值勤等方面，组建了多支自律、高效的学生自主管理团队，从教师手中系统接管学校面向学生的各项教育及管理。

四、创新措施

（一）早晚自习常规管理

由常高艺两系学生会组成的学生常规管理团队，自周日返校至周五离校期间，根据《学生手册》的要求，在教学楼对各班学生进行早、晚自习各一次的常规管理与评价。管理范围涉及：

1. NCA 校园胸牌的佩戴；

2. 学生日常着装的规范；

3. 各班早自习的出勤率；

4. 两系晨读大赛的评分；

5. 各班晚自习的出勤率及效果。

虽然由学生负责校园常规管理并不新奇，各个学校都在进行，但常高艺更注重的是学生主体对校园常规管理中各项条例的制定意见和执行情况。也就是说，学生主动参与管理条例的制定，自己定的规矩自己遵照执行。这比学校强制性的管理更易被广大学生接受和配合。这从心理教育和学习理论的层面上分析，学生的主体地位得到提升，也就意味着自觉行为的强化；同时，"榜样"作用刺激着学生将个体行为与身边同伴的行为进行比较和竞争，"同伴学习"模式也促使个体行为同化并融入良性的群体行为中。

（二）"Y—幻巢"学生公寓管理体系

常高艺自 2014 年 "Y—幻巢" 学生公寓改造项目启动以来，不断摸索与开发新的学生自主管理体系。在两系学生宿管部常规查寝的基础上，增加了更多人性化、客制化（顾客定制）的服务理念。学生宿管部由过去单一、刻板的早晚查寝和卫生督导，逐渐演变成 "Y—幻巢" 学生公寓服务中心。具体的新增做法如下。

1. 学生可以自行设计并美化个人的居住空间，增强学生在校期间的归属感。

2. 对于学生公寓的公共区域，学生亦可提交美化设计方案。校方定期评比并挑选优秀作品及方案，展示于学生公寓的公共区域内。由于学校的专业特色，学生普遍具有艺术方面的天赋，因此，借学生公寓的空间，给学生更多展示才华的机会和平台，提高学生专业学习的积极性。

3. 学生宿管部逐渐淡化管理和督查作用，扩展人性化、客制化的服务范围，提升服务质量。如宿管部提供常用药，并组织培训简单的护理及包扎技能；服装设计专业的学生提供衣服缝补项目；器乐专业学生组织夜间小型音乐派对；环境艺术专业的学生私人订制宿舍改造方案；民间工艺美术专业学生提供手工 DIY 宿舍装饰小摆件等。

4. 学生会及社团在学生公寓公共区域定期开展一些小型分享、交流活动，如传授宿舍收纳、清洁的小窍门，交流在校期间如何省钱和简单理财，分享提高学习效率的方法和途径等。

不难看出，常高艺学生公寓在功能上有了重大转变。它由单一的学生休息场所转型为多功能型的学生社交活动中心、职业体验基地及休闲娱乐区域，极大地满足了职校生校园文化生活的需求，提高了职校生校园生活幸福指数。

（三）班级轮岗值周制度

班级轮岗值周制度是常高艺的一大创新举措。全校高职各系一至四年级一共 38 个班级，根据校历，每周安排一个班级值周。本班的所有学生以教学助理或工作助手的身份，分配到学校的各个部门，如校长室、办公室、文印室、教务处、学工处、后勤保障部等。值周的学生将深入各个教职工岗位，全面了解和体会学校的常规管理。一方面，在学生和全体教职工的通力合作下，学校的各项常规工作和突击任务得以顺利且高效地完成；另一方面，这再一次体现了学生在常高艺的主体地位，他们全面参与到学校从上到下的各项工作中，则会对学校的管理机制和运行模式有更为透彻的理解。

（四）"蓝海湾"书式生活坊值勤

"蓝海湾"书式生活坊是常高艺的学生阅览室，整体打造偏向于年轻人喜好的海盗主题咖啡吧风格。聆听轻柔的古典音乐，在书坊的跃层沙发上小憩片刻，挑一本自己喜欢的书躲在"船舱"里安静地读一读，轻步书坊欣赏书吧独特的空间设计和各类稀奇摆件……这个阅览室成了学生课后最爱光顾的场所之一。当然，"蓝海湾"学生自主管理团队随即成立。"蓝海湾"各项规章制度的制定和执行都由这支团队自主完成，常高艺对在校生积极德育、自主管理的渗透在此已初见成效。详尽周全的运营机制、人性化的服务管理理念都体现在学生自行撰写的《蓝海湾书吧友情提示》中，具体如下。

1. NCA 校园胸牌相当于身份证，别忘了胸牌，千万不要失"身"噢！

2. 衣冠楚楚君子不愁，拖鞋背心暂且换下，您的配合我们尊重。

3. 吃完零食再进馆，进馆零食不再开；棋牌游戏馆外玩，玩完进馆给你赞。

4. 斑痕累累的图书馆你还愿意来？呵护馆内物品从你我开始！

5. 爱护公物自我监督，墙壁干净大家维护，桌椅书本无刻画写，书架整齐无脏乱差。

6. 悄悄的我走了，正如我悄悄的来，我挥一挥衣袖，不留下任何垃圾。

7. 图书也有家。亲～，看完后请把我送回"架"。

8. 保持安静手机静音，轻言细语脚步放轻，切莫喧哗追逐打闹，时光荏苒岁月静好。

9. 图书如爱人，请好好保护自己的爱人！

五、效果反馈

常高艺的四支学生自主管理团队在德育教师和学生干部的共同努力下，羽翼日渐丰满，校园日常学习和生活管理制度逐步完备，学生队伍自主管理效率稳步提升，全体在校生的主人翁意识与日俱增，同时，在校德育教师也反映，学生自主管理团队已经成了教师日常管理工作中不可或缺的中坚力量。

六、案例反思

常高艺对学生的德育教育关键在于对学生心理特点的深度理解和积极干预。虽然本节主要介绍了学校学生自主管理体系的具体措施，但这并不表明校方和教师无作为。根据发展心理学的学校系统对儿童及青少年的影响假说，学校阶梯式或层级式的组织机构对于学生执行校纪校规的约束力也是呈层级式的发展。国家教育政策和校方的各项规定为学校发展和学生成长指明大方向，学校各职能部门和组织是学生学习行为发生的理论引导者，教师资源的合理利用为学生的在校常规学习及生活提供了明确指导，同伴学习则对学生的学习活动及日常行为提供了最有效、最有目的的参考。换句话说，在日常生活中，同伴关系是否融洽，同伴评价是否与自我评价一致，是处于青春期的职校学生最为关心的问题。因此，组建各类学生自主管理队伍，形成学生自主管理条例，运作学生自主管理体系，是在充分分析和研究常高艺学生心理发展特点后，总结的一套有效的激励机制。学生在自主管理中，互相学习，互相监督，互相评价，并对照同伴进行自省，德育效果显著。

第三节　学习健康发展

一、背景介绍

关于职校生的学习健康发展，涉及的层面颇广。根据教育心理学的相关理论，学生认知发展水平的提高，学习及语言能力的培养，个体、性别、社会和道德层面的区分都值得教育工作者逐一讨论及研究。尤其在个体差异方面，智力因素、认知水平、学习技能、创造力，甚至经济基础和家庭道德观念等都对学生是否能健康地学习和发展造成重要影响。考虑到上述因素，很多教育学派都将学生中心论作为教育改革和实践的理论依据，渐渐摒弃了传统的教师中心论。

二、意义及目的

教师中心论，从字面上理解，即把教师作为知识传递的主体，学生是知识学习的受体。这是在全世界范围内被长期广泛采用的教育理论。为了确保学生对基本知识、技能的获取，教师在严格规范的课堂标准指导下，采用严谨、正规且传统的教育手段，例如直接讲授法、讲座法、素材的直接演示法及学生习题法等。这些教育过程包括反复阐述知识点、回忆课堂内容、复制和储备课本中的知识材料等。通常情况下，教师基于传统教育理念向所有学生直接提供完全相同的知识、信息及技法，并不关注学生因个体差异而可能导致不同的学习结果，也忽略了不同学生个体各异的成长与发展空间。

学生中心论，又被称为学习者中心论、间接学习论、小组中心论或者民主讨论法。为了打破传统教育理念的老旧手段，鼓励更多的学生积极参与学习活动并给予反馈，教师开始从时间上和手段上渐渐减少对课堂的主导。从而使学生有了更多的机会来自行决定他们的学习行为和方式。在这过程中，他们也许会走一些弯路，经受一些坏的学习结果，但是反复经历这样的学习过程，学生终会从自身、同伴和小组学习中总结经验教训，最后形成行之有效的自主学习方法。同时，学生在自主学习中培养了独立思考的能力，提升了决策水平；在小组讨论中，学习如何与人沟通和交流，培养了领导和组织能力。另外，学生中心的学习理论鼓励师生走出课堂，关注和学习知识储备以外的各项技能。换句话说，学生中心理论可以通过课程活动设计和师生评价系统满足不同学生的个体需求，同时激励学生制订和保持长期的学习目标和动力❶。

相比之下，直接教育手段或教师中心论，会限制学生的课堂或学习参与度，不同学生的个性特点和学习需求也无法被一一满足。同时，教师在课堂上也很难时时抓住学生的注意力。所以，为了提高课堂效率，培养学生健康的学习行为及习惯，常高艺的部分老师率先尝试学生中心的教育模式，收到了显著成效。

三、实施过程

以常高艺一位教育心理学教师设计的"高职二年级英语词汇学习的任务型教学设计"为例，来具体谈谈学生中心论教学的实施手段。

（一）学情分析

以常高艺播音专业二年级的学生为例（12 播音 2 班）。本班学生活泼、热情并且高度团结；同时，他们对新颖、活泼的教学形式接受度和参与度极高。但是，在开学初的英语教学过程中，教师发现学生对传统的英语教

---

❶ Minter, M. K. 2011. Learner – centered (LCI) vs. teacher – centered (TCI) instruction: A classroom management perspective. Journal of Business Education 4 (5): 55 – 63.

学模式毫不重视，也未养成良好的英语学习习惯，一度对英语学习没有兴趣，突出表现在阅读课前期的词汇学习环节。学生长期被动地接受讲授法的教学模式，一提到"读单词""背单词"，就条件反射般地产生消极抵抗心理。

（二）教材分析

《高职英语》共分六册，案例所用教材是第三册，以职业场景为主题和内容的来源，精心设计了一系列新颖、实用性强的主题和活动。案例教授单元（Unit 7）以职场安全为主题，介绍了职场安全的相关政策和守则，旨在启示学生在未来步入职场之际，应时刻警惕职场中的潜在危险，并学会保护自己。职校学生未来的职场生活多面向工厂及企业单位，因此职场安全教育对于职校学生来说尤为重要。该单元的词汇量多，且多与职场安全问题有关，专业性、针对性强，是职校学生平时英语学习中不常涉及的一部分内容；因此，教师在新单元初始专门安排一节单词课，为之后的教学打好基础。

（三）学法设计

教师设计了任务性教学模式，旨在激发和培养学生对英语学习的兴趣。具体来说，通过小组竞争的机制，学生会在好胜心的驱使下，产生对英语学习的间接动力，这是重新唤起学生热爱英语学习的第一步。同时，每项教学任务都是以小组自学为主，把课堂还给学生，教师只起解惑和纠错的作用，让学生体会自学的乐趣，他们会从自学中形成强烈的成就感，进而培养他们良好的自学习惯和自学能力。所以，这样的教学模式，绝非一节课而已，而是一个长期的、持续的教学过程。

英语单词和短语的学习，无非是读音、拼写以及在句子中的使用，从本班学生的智力水平来看，并与英语的语法学习和阅读训练相比，英语单词学习并无真正的知识及学术层面的难点可言。换句话说，学生完全有能力可以自学本单元的新词和短语。因此，教师大胆放手，将课堂交给学生，通过分组活动，每组学生在小组长的带领下一同朗读生词，一同查找中英文的词义解释，一同完成缺词填空练习；教师在整节课中起到组织课堂、解惑以及纠错的作用。另外，考虑到学生的学习能力有差异，教师设计了额外的拓展训练，供学习能力强的学生在完成教学常规任务之余，可以根据自己的学情有进一步的提升。

本节课是以学生小组自主学习为主，教师指导和答疑为辅的开放式课堂。全班 25 名学生抽签，并分为 6 个学习小组，每小组在小组长的带领下，独立完成朗读、中英释义、英英释义以及句子的学习任务，并开展组间竞争，以激发学生的学习热情。

教师在上课的前 5 分钟进行本单元及本节课的导课活动，学生通过教师导课，明确本单元的学习任务及本节课的学习重点——新授词和短语。接下来的 25 分钟内，在教师的组织下，进行自主学习。教师再用 5 分钟进行全班的解惑与总结，把学生在本节课中出现的问题集中指导和讲解。最后 5 分钟进行课堂总结，也就是总结本节课的教学内容，并检验学生的学习情况，最后布置作业及下课。

四、创新措施

在新授课环节，全班 25 名学生，分为 6 组。每个小组在小组长的带领下，领取教学任务单，在组内根据任务单的说明和练习自行逐一展开学习活动。每完成一个练习，小组长举手示意教师，由教师进行学习成果检验。在得到老师的认可之后，他们涂写任务进度表以告知全班，并进入下一个任务的学习。最先完成全部 5 个学习任务的小组将获得本节课小组竞赛的第一名。不难看出，本环节的设计思路以学生自主学习为主，教师讲解及答疑为辅；学生在组内合作学习，在组间展开竞争。这样的学习设计，打破了词汇教学中教师"满堂灌"的传统教学模式，真正还学生课堂的主体地位。学生自发地主导学习活动，极大地提高了学生参与课堂的积极性，提升了课堂学习效率。同时，学生的学习动力受到外在小组竞赛机制的刺激，也大大提高。

经过 25 分钟的小组学习，大部分学生已经基本掌握本节课词汇的朗读、拼写及基本用法等内容，教师只需要总结并重点纠正几个常见错误即可。

最后一个教学环节是学习结果的检验及作业布置。通过这一环节，学生和教师都可以清楚地了解本节课教学目标的完成情况。教师会提供几个与词汇用法有关的题目供学生练习，学生通过练习即可反馈出本节课的学习效果。最后，教师布置作业。

五、效果反馈

采用任务性教学一段时间以来，学生们对于此类上课流程已很熟悉，并愿意积极配合教师的教学活动。比起授课初期的只关注小组比赛名次，学生们现在更注重自学的效率和组内合作的学习方法。学生会在课堂上主动的大声朗读单词，背诵单词；他们也会相互讨论单词、短语和句子的意思和用法；遇到不懂的知识点时，学生会及时地向老师询问，杜绝一知半解。值得肯定的是，通过一个阶段的教学实践下来，教师发现有些学生并不盲目相信教师的讲解，对于不理解、不明确的知识点，会一而再，再而三的反复求证、确定。良好的学习习惯在学生身上渐渐地培养起来，这个班级的学生不再惧怕英语学习。

六、案例反思

任务性教学更适合小班授课。40 分钟的课堂时间，对于拥有 25 个学生的班级来说，略显紧张和仓促，教师的精力容易分散。在上课环节中，对于每个小组无法一一照顾周全。这时候，小组长的作用就显得极为重要，小组长在得到教师的反馈信息之后，应及时与组员沟通，以便全体学生都能及时得到并掌握准确的知识。当然，学生中心理论也并不是全然完美。对于学生数量众多的大课来说，学生中心论也许并不现实；另外，小组学习模式对于教师的课堂把握及时间控制的能力要求颇高。

第四节　身体健康发展

一、背景介绍

俗话说身体是生活和工作的本钱，身体健康对于所有人群来说都是十分重要的,尤其现今社会,物质条件越来越好,人们对身体健康投入了更多的关注,高职生处于青少年阶段,他们的身体健康与否更是关系着他们的学习生活。

二、意义及目的

如今的高职生以 16~20 岁居多,从生理角度上来说,这些学生正值发育高峰期,也就是第二青春期阶段,这个年龄阶段是整个人生的黄金时期,也是学习生涯的宝贵时期,然而,该时期的学生对于自身的身体机能与变化缺乏了解,已知知识部分来源于网络,真正意义上的校园生理健康教育和科学引导则相对匮乏。

三、实施过程

(一) 了解高职生的生理发育特点

1. 体格的完善

"大学时期是身体发育的关键时期,在身体形态方面,身高、体重、胸围、肩宽、骨盆都有较大的增长。身体各部分的比例关系达到正常、匀称,显示出青年特有的魅力。"❶

2. 生理的成熟

在校期间,高职校学生各方面的脏器逐步成熟与完善,"大学期间,同学们的体内组织和器官的机能逐步成熟。脉搏日趋稳定并趋下降;血压处于正常;肺泡面积、容量增大,肺呼吸由浅而快变得深而缓;胃部容积增大,肌肉的蠕动力加大、胃液分泌活跃;肠的长度和容量都有增加,食欲增大,消化力加强。"❷

(二) 研究高职校学生的身体状况

"关于身体健康的研究综述:身体健康是指躯体、器官、组织及细胞

---

❶ 胡建,林雁双. 浅谈大学生的生理特点与青春期教育 [J]. 中国林业教育,2004 (11):61-62.

❷ 胡建,林雁双. 浅谈大学生的生理特点与青春期教育 [J]. 中国林业教育,2004 (11):61-62.

的健康，要求无病无虚弱。近几年来，世界卫生组织还提出了人体健康的'五快'标准：食得快、便得快、睡得快、说得快、走得快。世界卫生组织通过大量调查发现，现在的 20～30 岁的年轻人，其健康状况还不如 40 年前的同龄人。可见，在世界范围内，年轻人的健康状况是令人担忧的。"❶

现代高职校学生普遍存在着身体与心理素质不佳的问题，高职学生生活的大环境（如：校园环境、同学之间）中都欠缺一种规律的生活方式和对待身体锻炼的科学态度，学生少有固定、长期且科学的体育锻炼计划，即使部分同学有一些运动爱好，经常运动的学生也并非出自身体锻炼的主观目的，主要是为了娱乐，比如跑酷。对于现代高职生的身体状况，调查资料显示："2009—2010 年，北京、南京、广东、湖北、四川等地的大学生健康素养水平调查中健康素养水平分别为 24.75%、1.8%、66.2%、38%、15.8%，其中健康基本知识分别为 41.77%、15.4%、42.8%、37.8%、24/2%，健康生活方式或行为分别为 13.37%、0.7%、59.2%、32.1%、7.4%，健康基本技能分别为 73.04%、36.7%、41%、42.2%、61%。其共同结论认为：'学生健康素养总体水平不高，对健康基本知识有一定的了解，对健康技能有一定的掌握，但学生并不一定都能转化成健康的生活方式和行为，知识理念和行为之间存在着差距。'"❷

在这样的情况之下，看到高职生身体健康的发展重要性，让学生在校期间了解自身的实际情况，并积极参与到锻炼身体的行列中，参与各项校园活动，为美好的未来提供健康有力的体魄显得尤为重要。所以常高艺学工处和团委在学生的健康发展方面投入了大量的人力、物力，组织了不少健康积极的活动，受到了师生们的充分肯定。

四、创新措施

学校是学生生活、学习和交往的主要场所，他们置身并参与各种学校

❶ 王雨霏. 西安市高职院校学生体质健康现状对策及研究［D］. 陕西师范大学，2009（9）.
❷ 叶显芳. 高职院校学生健康素养形成之探索［J］. 高教论坛，2013，4（4）.

组织开展的活动，如体育课、运动会以及一些以班级或年级为单位组织的体育活动，在高职生的学校生活中起到了积极向上的引导作用。

（一）趣味运动会

中国大百科全书中指出运动会即"运动竞赛指有计划有组织的体育运动比赛"。我国举办运动竞赛的任务是推动群众体育运动的开展，提高运动技术水平向人民群众宣传体育运动，丰富文化生活检验教学和训练工作质量，交流经验，增强人民之间的团结和友谊。举办国际性运动竞赛的任务在于促进国际友好交往，推动运动技术水平的发展。运动竞赛是体育活动中最重要的组成部分之一。❶

校园运动会即"学校可以通过举办学校运动会培养学生的终身体育意识和勇敢顽强的性格以及超越自我的品质和迎接挑战的意志，同时也有利于培养学生的竞争意识、协作精神和公平观念，提高学生适应社会、环境的能力，促进友谊，增强团结。学校运动会还有一个重要的功能，那就是传播体育文化，丰富校园文化，促进学校和谐的校园建设。"❷

常高艺结合在校学生的特点以及可开展活动的实际情况，将冬季运动会以趣味运动会的形式开展，每一年举办一届，且主题活动不同，在运动会中同学们积极向上的劲头和班级荣誉感成为参与运动会的最主要的动力。运动会以学工处牵头，两系做好协作工作，分设拔河赛、跳长绳、踢毽等活动项目，先以系部为单位，进行各年级各班级角逐，赛出各年级每个项目的第一、第二、第三名，再以校级为单位，决出每个项目的一、二、三等奖，同时表彰一些积极参与运动会比赛以及运动会活动的班级，效果良好。

学校以班级为单位组织学生参与运动会中，除了可以增加学生的班级荣誉感和责任心外，同时也能增强学生的体质，激发他们对运动的兴趣与热情，培养学生终身锻炼的意识和勇敢顽强的性格。

（二）新生毅行

毅行是近两年兴起的一项城市运动，对于参加者年龄无要求，只要能

---

❶ 体育词典编辑委员会编. 体育词典［M］. 上海：上海辞书出版社，1984：1.
❷ 王二伟. 上海市部分高校运动会开展现状与发展研究［D］. 华东师范大学，2010.

将预定的公里数走完皆可参加，这样的运动受到了城市人的热爱，常高艺团委也将此项活动列为新生的活动之一。

毅行运动是户外体育运动的一种形式，又称百公里徒步，起源于香港，由香港慈善机构乐施会组织的公民自愿参加的徒步活动，也是香港乐施会主办的一项重要的慈善活动。"毅行者"活动是香港最大型的体育筹款活动之一。毅行者（Trail Walker），创办于1981年，原为考验英国士兵耐力的一项筹款活动，1986年乐施会开始与其合办，并首次公开欢迎市民参加。1997年英军撤离香港，乐施会与其他服务机构合作主办"毅行者"，筹得的款项用于帮助香港的弱势社群或协助亚洲、非洲的贫穷人士自力更生和救灾减灾❶。

五、效果反馈

从2015年起，每年的四月，校团委组织一年级新生参与到毅行活动中，本着"培育和展示学生积极向上的精神面貌，践行低碳环保的理念，促进同学之间的交流与合作，增进理解与沟通，努力培育协作向上的团队精神，让同学们在感受磨难与体验艰辛中收获成功、收获自信、磨砺心志，为顺利完成学业和帮助学生健康成长创造条件"的目的，要求无身体不适的学生都参加该项活动。在组织活动的同时也向新生班级宣传毅行活动的意义与目的，让学生更加自主、积极地参加毅行活动。2016年的4月组织的毅行活动将主题定为："带一抹绿色回幻巢"，结合学工处组织的"Y—幻巢宿舍文化节"活动，将本届毅行活动的路线制定为：新校区——夏溪花木市场——新校区，全程约20公里，建议学生们在终点站利用休息时间，逛一逛花木市场，带一两盆绿植回宿舍，把我们的宿舍装扮得更美好。活动受到了全校师生的关注和肯定。

六、案例反思

通过近年的校园运动会组织情况来看，学生对于运动的积极性一般，从报名情况中看出，就男女生而言，相对男生对于这样的体育运动稍显积极一些，女生无论是从心态或者是体能上都比较欠缺。学校在今后运动会组织上更多地考虑在校学生的实际情况，除了一年一度的运动会之外，多组织开展一些户外活动，增强学生们的运动兴趣度，比如开展篮球赛、羽毛球赛等。

毅行活动已经成为常高艺新生的一项必选项目，从效果上看，每个班级都能全程参与，班主任也全程陪同，从不同程度上实现了班级融合与师生之间的信任合作；参与毅行的新生们通过参加长时间、长距离的徒步，体能和毅力都得到很好的锻炼，对全校健身具有一定的宣传和示范作用。同样今后也可以将此运动融入高年级学生、学生干部和教师队伍中去，让每一位师生的体魄更强健，生活更美好。

第五节 心理健康发展

一、背景介绍

关于心理健康的研究，学者林增学认为，"广义的心理健康是指一种高效而满意的、持续的心理状态；狭义的心理健康指人的基本心理活动的过程内容完整、协调一致，即认知、情感、意志、行为、人格完整和协调。近年来，世界卫生组织在身心健康中提到了'五快'和'三良'，这三良为良好的个性、良好的处事能力、良好的人际关系，说的也就是心理健康的标准。"❶

心理因素在人们的日常生活中发挥着举足轻重的作用，它与我们的学习生活、人际关系和个人情感都密切相关，因此，每个人都应该认识到自身心理健康发展的重要性，高职学生更应该如此。

---

❶ 王雨霏. 西安市高职院校学生体质健康现状对策及研究 [D]. 陕西师范大学, 2009.

二、意义及目的

一所高职校就像是一个微型的社会，里面充满了各色各样的人，刚进高职校的学生心理一定会对学校生活的期望和现实之间的差距存在失望感，因为它并不像想象中的那么美好，虽然脱离了家长在生活和学习上的贴身管理，学习上也没有中学老师那样严格督促，在这样的情况下，内心的寂寞与突如其来的"幸福感"等各种心态开始干扰同学们的生活。所以，高职校教师一定要重视学生在刚进入学校后的心理变化，了解他们的心理落差，关注学生的生活与学习，并且要开导学生要学会独立，学会自觉，让高职校学生的学校生活变得充实而有意义。

三、实施过程

如要关注和了解学生的心理健康问题，我们应该从以下几点入手。

（一）分析高职校学生心理现状

1. 学习上的压力

高职学生学习方面的压力来自多个方面。首先，他们基本都来自各中学学习成绩中等甚至偏下水平的群体，文化基础相对薄弱，并且在学习的自觉性与能动性上本身把握不够，部分学生在校期间出现过不思进取、得过且过等情绪；其次，进入到一个新的校园环境，对于如何适应新的学习环境，学生没有一套属于自己的学习方法，从而导致部分学生对学习报以无所谓的消极态度；再次，学校在课程的安排上相较于中学时期较为宽松，这也使得高职学生一时无法适应，突然拥有了许多空余时间，使得本来基础就比较薄弱的学生更加没有了自我要求和积极进取的动力和热情，再加上对所学专业的不甚了解和对未来的迷茫，这些都让学生本身就存在的消极情绪更加澎湃。

2. 情感上的迷茫

高职校学生在校期间的身心都处于成熟与未成熟的过渡时期，本身缺乏生活阅历，对于男女生交往和爱与被爱之间缺乏正确的理解，常常放任感情肆意妄为，认为进入高校不谈一场轰轰烈烈的恋爱等于白活。因此，在高校校园里频繁出现交往不得体、为所谓的爱情而失去理智，出现争风吃醋甚至大打出手的行为等；另一方面，同学们进入一个新环境之后必然结交了一些"知己"，并且在与同学的交往中常以哥们相称，如遇困难与不顺心，这些所谓的哥们因为朋友义气必当挺身而出，为朋友两肋插刀，因为这样的情况在校园中屡见不鲜，甚至因为这些同学们的不理智行为而出现了寻衅滋事、群架斗殴等现象。从两方面来看，高职生的情感把控能力较弱，需要学校和老师们多了解和关注。

3. 网络中的诱惑

网络是一把"双刃剑"，网络的出现和普及，不可否认地给我们的学习、交友、通信、商务等提供了前所未有的便利，然而，各种色情、暴力、反动、诈骗也充斥其间。江泽民同志曾经指出："互联网是开放的，信息是庞杂多样的，既有大量进步、健康、有益的信息，也有不少反动、迷信、黄色的内容。互联网已经成为思想政治工作一个新的重要阵地，国内外敌对势力正竭力利用它同我们党和政府争夺群众，争夺青年。我们要研究其特点，采取有力的措施应对这种挑战。要主动出击，增强我们在网上的正面宣传和影响力。"❶

"在网络环境下高校大学生道德状况的变化也受到关注，一些论者认为网络给青年学生带来道德相对主义、自由主义、人际情感疏远、道德规范弱化、道德失范行为和犯罪行为等。如何应对网络带来的挑战，研究者们也提出了许多建议，如国家应该给予高度重视，进行网络立法和行政管理，并加强高校德育中的网络法制教育、网络道德教育；进行两课教学信息化改革、利用计算机工作站开展正面宣传等；加强大学生的社会主义信念教育、人生观价值观教育、传统文化教育、社会主义道德教育、正确的网络观教育等。"❷

（二）分析高职学生心理问题产生的原因

1. 家庭影响

首先，家庭教育存在不适当的教育方法和教养方式。现在大部分家庭

---

❶ 孙晓冰. 开展中学网络德育的必要性与可行性分析［D］. 东北师范大学，2004.
❷ 张静. 网络环境下的高职院校学生德育工作研究［D］. 西北农林科技大学，2008.

只重视智力教育，而忽略了学生健康人格的培养，家长将家庭中所有的事情一手包办，只求孩子的学习出类拔萃，然而在前期的各种督促和关心后，相当多的家长在子女考入大学后将更多的精力转移到提供经济支持上，而对子女的心理成长问题则关注不够。

其次，"家庭的人际和谐程度直接影响孩子的心理发育，调查案例中发现，一些学生的心理问题的产生与父母关系不和，如父母离异或父母性格怪异，或者与爷爷奶奶、姥姥姥爷等主要亲属关系的不和谐以及父母或其他长辈营造的家庭氛围、家庭人际关系的和谐程度有直接关系❶"。

最后，家庭的经济状况对大学生的心理健康也有一定的影响。当代大学生们面临着巨大贫富差距的考验，如果家庭教育引导不够，一些家庭经济贫困的大学生就会浮躁、自卑，进而产生偏执、虚伪的心理倾向，甚至引发假、丑、恶等不良行为。

2. 环境（社会和学校）影响

现当代社会存在着不可忽视的影响着青少年心理健康发展的各种因素，比如：社会的变化、网吧的大量存在、生活节奏、社会风气、不健康的思想情感和行为等，还有当代社会的重个人轻国家集体利益，重知识才能轻道德品质，重奢华享受轻艰苦奋斗的不良风气，给在校高职学生造成了相当大的不良影响，经常使他们产生学习无用论，上学为混一张文凭等的观念。

学校的生活环境对于学生的身心影响是极大的，学生们在校园里要独立面对学业上的压力，生活上要学会自理，还要学会与来自不同地方，拥有不同性格的同学相处，协调各方面的人际关系等，这些一拥而上的压力使有些学生感到很不适应，往往会感觉无所适从，尤其在刚刚入校的新生身上反映尤其明显，如果他们对上述问题处理不当，不能及时给予同学关心与引导，长此以往，必然会产生严重的心理障碍。

3. 个体因素影响

目前，高职校的学生，年龄一般处于 16～22 岁，属于青年期的初期末

---

❶　王晓燕. 大学生心理问题产生的原因探析［J］. 全国高校心理健康教育与心理咨询学术交流会，2004.

和中期。由于其独有的生理、心理特点，这一时期的学生还并未真正完全成熟，对一些事物的认知处于似懂非懂的阶段，容易出现人格不健全、情绪不稳定以及自控能力弱等心理问题。"由于交际出现障碍，大学生遇到问题，找不着相应的人诉说、商讨，致使问题越大越加重心理负担，造成抑郁、焦虑等症状出现。另外又由于交际受到影响，致使一些学生不愿与他人进行交往，自我独处形成孤傲、自僻、偏执等症状，同样，也会影响大学生的心理健康。即使经过近一年的同宿舍、同班内、同年级的交往学习、生活，有时有个别学生还不能完全融入进去，游离于集体之外，因此我们必须做好大学生的心理健康工作。"❶

在诸多影响中成长起来的高职生，可能面对种种心理健康问题，因此关注高职生的心理成长与健康刻不容缓。

四、创新措施

在学校管理中，促进学生包括心理素质在内的整体素质的提高，是体现出学校教育在心理健康教育方面的根本目的，也是学校管理工作的基本点。学校管理工作既要体现教学的作用，也要发挥学生管理的根本目的，最终为学生创造和谐、幸福、愉悦等积极向上的心理环境。

（一）做好心理健康教育课堂教学和辅导工作

引进心理学教师，开设心理健康教育课程，系统教授心理知识，使学生了解自身心理发展、变化规律及特点，帮助他们缩短心理适应期，掌握相关的心理保健知识；定期结对市级优秀教师到常高艺举办心理讲座，帮助学生集中解决特定时期、特定情景下普遍存在的心理问题。如 2016 年 4 月 6 日中午，来自常州市实验初级中学的徐仙老师来常高艺，同全体中国舞班学生一起分享了青春期的感悟，以此正确引导学生健康成长。常高艺除了做好学生辅导工作之外，也积极组织家长参与辅导，2016 年 4 月 22 日下午在综艺楼 205 舞房就开展了一场关于"如何与孩子相处"的交流与辅导，活动圆满成功，并且许多家长在活动中收获良多，也感悟到与孩子

---

❶ 李海萍. 高职高专学生心理问题的现状及对策［J］. 中国工业年鉴，2014（1）.

的沟通和相处是一门学问。

（二）建立学生心理危机预警及干预机制

心理健康教育重在预防，要建立学生心理危机预警及相关的干预机制，在学生出问题之前进行心理援助。这是有效预防学生心理问题和因心理问题出现的突发事件的方法。当然这需要根据各个学校的情况而制订计划，以常高艺为例，我们在各年级各班设置心理委员一职，定期进行每月的沟通交流会，通过月报，排查班级中心理异常的学生，做到及时地了解每一位学生的心理变化，并且在第一时间对学生心理突发事件起到了有效的干预。

五、效果反馈

常高艺从 2008 年开始摸索并逐渐形成了一套完备的学生自主管理体系，以最基层的班主任和辅导员为主，通过上节所述分为三个环节对学生的心理问题进行辅导、干预以及咨询，在一定程度上减少了学生心理问题的形成，往往在学生心理变化的初期，班主任老师已经从班级心理委员处得知其最近的一些变化，班主任可直接干预并适当做好疏导工作。在对新生入学时采用心理健康普测，采用问卷式调查，建立学生心理健康档案以及心理健康报告，并实行跟踪；针对各系部特点以及高职生的心理特点建立学生心理问题的应对预案，先由班主任主动对重点人群开展交流与心理辅导，预防或减少心理问题的发生，同时加强专业心理教师的咨询培训，建立心理咨询中心，更好地开展心理辅导咨询工作。

六、案例反思

高职校心理健康教育是一项长期而艰巨的任务，需要多方齐心协力，高职学生辅导员思想教育指导工作的常规与琐碎较易导致只注重眼前的事务性工作而忽略本质，有很多时候是无法真正触及"90"与"00后"学生的内心世界，思想教育工作的成效也只能够留在表面。希望在今后的心理咨询和干预中能更多地发现学生内心深层的想法，不断探索，寻求更多良策将学生思想教育工作开展得更加主动和有效。

第六节　和谐的人际关系

一、背景介绍

"奥尔特曼（1973）认为良好的人际关系的建立和发展需要经历四个阶段：

定向阶段：对交往对象的注意，选择和初步沟通等心理活动；情感探索阶段：随着双方共同情感领域的发现，双方沟通也越来越广泛，自我暴露的深度与广度也逐渐增加。人们的话题仍避免触及别人私密性的领域，自我暴露也不涉及自己基本的方面；感情交流阶段：人际关系发展到这个阶段，双方关系的性质开始出现实质性变化，此时的人际关系安全的安全感已经确立，谈话也开始广泛涉及自我许多方面，就有较深的情感卷入；稳定交往阶段：人们心理上的相容性会进一步增加，自我暴露也更加广泛深刻，可以允许对方进入自己高度私密性的个人领域，分享自己的生活空间和财产。"●

二、意义和目的

人际关系存在于生活中的种种细节中，作为现当代的高职校学生，应该拥有和谐的人际关系，人际关系是一张网。"'成人教育之父'戴尔·卡耐基在他的《人性的弱点》一书中说：一个人的成功只有15%是靠其专业技术，而85%则要靠他的人际关系和为人处事的能力。现代社会对大学生的素质要求越来越高，通过人际交往建立起来的人际关系网在日常生活学习等方面表现得越来越重要。早在20世纪90年代初，在联合国教科文组织的面向21世纪教育的国际研讨会上，就有学者提出未来人才应具备三本教育护照：第一本护照是学术性的，第二本护照是职业性的，第三本护照

● 百度词条. 人际关系，http：//baike. baidu. com/link？url＝odt9KVAi5ErxJLImZGbrbSARU TyLT47DseD_409o5dGdm7XcN_19Asp1Og5gEaELLEDZdjcLjSJwLuCTozaeca.

则是良好的公共关系。建立良好的公共关系离不开人际交往，人际交往是一个人的人格、才华和能力的集中展现。良好的人际交往能力不仅是大学生活学习的需要以及成才成长的有利保证，更是大学生将来走出校园迈向社会适应社会激烈竞争的有力保障。因此，大学生人际交往能力的培养在现代社会显得越发重要。"❶

三、实施过程

（一）如何培养和谐的人际关系

随着智能手机以及电脑等高科技产品的不断涌现，人与人之间的交流变得越来越少。麦可思研究院公布一项"90 后"大学新生调查显示，45%的大学新生最担心人际关系，39% 的"90 后"大学生表示存在人际关系问题。可见，"90 后"大学新生相对来说更担心人际关系问题。那么，大学生应该如何培养人际交往能力呢？

1. 认识自己

在人际交往中，首先必须正确地认识自己，从性格、兴趣爱好、能力以及优缺点等各方面对自己都要有清晰的认知。与人交往过程中做到既不清高，也不妄自菲薄，保持一种平和、理智的心态，展现真实的自己，用真心才能换得好朋友。

2. 树立良好的个人形象

个人形象的好坏直接决定人际交往的成败。穿着得体、举止大方、为人真诚的良好形象在人际交往中使别人感到轻松、自在，愿意与你交往，达到事半功倍的效果。良好的个人形象是通过日积月累，把自身好的方面不断展现给他人，把自身不好的地方逐渐改善的一个过程。

3. 端正思想

纠正人际交往就是"拉关系，走后门"的错误观点。时代变迁，社会竞争越来越激烈，良好的人际关系是事业成功的重要条件，当代大学生对此都有深刻的认识，有的学生在交往上都是有意识、有目的地广泛建立各

---

❶ 王卓敏. 浅谈大学生人际交往能力的培养［J］. 品牌（下半月），2014（11）.

种关系，甚至在具体的人际交往过程中过分追求实用、注重实惠，哪个对自己有利就和哪个交往，实用及功利色彩比较浓厚。这种行为是不可取的，只有一方获得好处的人际交往是不会长久的，在人际交往中打动人的是真诚，真诚才能得到别人的信赖。

4. 换位思考

"'己所不欲，勿施于人'设身处地地为别人着想，不要把自己不喜欢的事情强加给别人。如果能站在别人的立场多想想，彼此就有了理解的基础。当你要批评别人的时候，先让自己思考30秒，如果你是对方，会不会接受这个批评，会是什么样的心情。时间久了，你会发现身边的朋友越来越多，别人也会觉得你非常有人缘。"❶

5. 掌握交谈的技巧

交谈是人们交流思想和表达情感必不可少的途径，在人际交往中起着极其重要的作用。

一是学会用真心赞美他人。在我们的社会交往中，人们希望被人注意到自己"小"的优点和长处，并得到赞美，他会感激赞美他的人，在增加自信的同时，对赞美者好感度也会有所增加。但必须恰到好处，若尽说恭维肉麻之言，则会令人心生厌恶、轻蔑之感。如果能够学会满足别人人性的渴求，懂得赞许、善于表扬，那么必将成为一个有同情心、有理解力、有吸引力的人，反之，若在人际交往中过度恭维，却令人难以入耳，不但降低自己的人格，而且得不到对方认可，将适得其反。

二是学会使用微笑。当人们交往中自己微笑的时候，大脑会向我们传递"我很幸福"这样的信息，然后我们的身体就会自然放松；而当我们向别人微笑时，对方也会感觉更舒服，在收到微笑的同时，大部分人都会回报以微笑，这个良性循环会使人际交往过程中更加愉悦与舒心。

三是学会倾听对方。我们经常听到一句话："一个好的听众一定比一个擅讲者赢得更多的好感。"确实，在聆听时，注视说话人，用目光注视对方的双眉间，可以营造轻松的气氛，不要打断说话者的话题，让演讲者

---

❶ 王卓敏. 浅谈大学生人际交往能力的培养［J］. 品牌（下半月），2014（11）.

有自信，且让他成为主角，同时巧妙、恰如其分地提问，这才是一场理想的交流。当我们用心聆听，了解对方脾气、性格，同时发掘对方的需求，发现别人想要的东西之后，告诉他你愿意帮助其达成目的，以及如何帮助他，这样的交流放在任何场合都是舒畅而自然的。

（二）家庭人际关系

个体的社会化是一个漫长的过程，这样的进程在人类的繁衍史中已经进化了万年，它不仅是个人的成长过程，也是一个受到包括家庭在内的综合因素影响的成长过程；同时，独生子女与非独生子女，以及孩子所拥有的家庭环境、价值观、世界观、性格特点、能力动机等多方面都影响其成长与发展，存在的各种因素都成为个体在社会化的过程中将面临更多新问题。因此，根据独生子女在现今社会独有的身心发展特点，探索其规律，做以下几点探讨。

1. 家庭环境中父母态度对高职生的家庭人际交往的影响

在不同的论著及许多相关资料中发现，父母在对孩子的态度一般可分为以下几种：极为严厉、比较严厉、一般严厉等，在这样的家庭氛围中，家长的严厉程度成为孩子能否与家长进行主动沟通的重要分界线，越是主动沟通的孩子的家庭氛围越好，相对地在社会实际交往中也相对得心应手；然而在一些家庭中，孩子们不愿意与家长进行沟通与交流，在这些家庭教育中，父母对孩子的态度相对比较极端，一般分为过于严厉或任其发展，这些都不利于孩子的健康成长；相比较上述两种情况而言，在家庭中，父母态度民主，家庭氛围和谐的条件下，孩子在人际关系发展中较为积极。

2. 与父母矛盾冲突对职校生人际交往的影响

"通过问卷调查发现，调查对象与父母矛盾冲突分布在经常、偶尔、很少3个水平。对与父母矛盾冲突对大学生家庭人际交往的影响分析发现，职校生家庭人际关系的评价中，职校生与父母经常或偶尔发生矛盾冲突，其对人际关系的评价得分显著低于很少发生冲突的大学生。这一结果表明，矛盾冲突是影响人际关系的重要因素之一，如果矛盾冲突经常发生，则不利于人际关系的积极发展。"❶ 因此，我们可以了解，孩子在成长过程中，父母之间的互动对孩子的人际交往产生了不可忽略的影响，甚至，父母的一言一行在孩子的人生不同阶段中都有着举足轻重的作用。

在几年的任教和班主任工作中，发现班级中相对情绪容易激动，或者相对内向自卑的学生，细究其成长环境都存在一定问题。多为父母离异，有些孩子由爷爷奶奶抚养，或者父母感情不和，导致孩子在成长过程中，尤其是在进校的一至三年级阶段性格有所改变。并且在基本的班级人际交往中出现问题，往往无法与班中同学正常交流感情，或是不愿意倾诉等。

四、创新措施

（一）掌握学生的宿舍人际关系

学生宿舍管理是学校管理工作的重要组成部分。宿舍管理得当，对学生主体意识、品行修养、价值观及世界观、人生观的形成都具有重要的作用，对学校的整体教学教育系统也有很大的影响。

1. 探查宿管人员和学生之间的关系

宿舍内部的人际关系是除去学生班级交往中最主要的人际关系，其中包括服务与被服务、管理与被管理的两种关系。宿管人员以及宿管部（学生会）所做的一切工作，都是本着"服务于学生"的宗旨开展工作。在这样的人际关系当中，宿管人员是服务者，住宿学生就是被服务者。在这样的关系中包括服务供需矛盾和学生的生活习惯、公德水平和管理要求之间的矛盾，即学生对服务的需求和宿管人员所能提供的服务质量和范围之间的矛盾。它们是学生宿舍管理工作中的主要矛盾，是否解决这两对矛盾，反映服务质量、管理水平的高低，同时影响宿管人员和学生之间的关系和学校育人的整体效果。服务是建立在一定物质基础之上的活动，受服务设施、服务人员素质的影响，这些条件不具备，服务供需矛盾就不可能很好地解决。然而物质投入并非是提高服务质量的唯一条件，科学化管理最能

---

❶ 李辉山，包福存，何蓉. 家庭环境对"90后"大学生人际关系适应的影响研究——以兰州六所高校的调查数据为例［J］. 兰州交通大学学报，2012，4，2（31）：（134－139）.

发掘服务潜力。常高艺近些年致力于从宿管人员管理学生这样的固有模式中抽身，逐渐让学生成为宿舍管理中的大军，为住宿的同学们创造良好的物质条件，协助同学们自己制定管理制度，严格落实制度，使同学纠正其不良生活行为，培养学生的良好生活习惯。因此，在落实这样新的管理制度的前提下对学生辅之以公德教育、艰苦奋斗的教育，并随时用"敬告"的形式提醒学生自觉纠正不良生活习惯，以在不断的实践工作中解决服务供需矛盾，再而解决学生的生活习惯、公德水平和管理要求之间的矛盾，服务质量的提高指日可待。

2. 关注寝室内部关系

除去宿舍内部的管理矛盾之外，宿舍也是高职生人际交往的重要基层单位，是构成宿舍管理活动的细胞，只有提高寝室的管理工作，才能提高整体水平。"宿舍对大学生起到'第一社会，第二家庭，第三课堂'的作用。"❶ 因此，研究寝室内的人际关系，是搞好宿舍管理工作的基础。

寝室是一个小集体，由全室同学选举一位寝室长，负责寝室内的卫生、秩序、物品管理、安全以及值日等一切日常事务，室长是寝室内的核心人物，负有对管理信息上传下达的责任，寝室同学间的感情纠葛和其他寝室的关系往往也牵扯着室长。因此，要了解寝室内的人际关系，把宿舍管理工作做好，做好寝室长的工作是首要任务。在寝室间因竞争荣誉、性格冲突或其他生活琐事造成"邻里不睦"时，寝室长站出来解决问题是关键。为避免矛盾的扩大化，室长应担起调解的责任，特别是对认识的方面，应以"求同存异"为原则，大家共同探讨与解决。搞好寝室内的人际关系，才能把寝室内的日常事情做好。倘若学生思想境界不高，人心不齐，有利齐争，钩心斗角，势必影响寝室内的正常学习和生活。寝室管理人员要把寝室内的事情管得很细也不可能，但要做到"宏观控制""多方参与"调动学校的各种教育力量齐抓共管，这对学生寝室的管理、人际关系的健康发展都起着积极作用。

---

❶ 高玉宇. 优化宿舍管理促进大学生心理健康［J］. 浙江万里学院学报，2003（8）.

（二）了解班级内部的人际关系

班级的概念，最早始于班级授课制（class - based teaching system）的出现，夸美纽斯在其著作《大教学论》中首先作了系统的论述，他认为班级包括学班和学级。在现代意义上的班级一般是指学班，"学班是将同一学习目的或任务的人群根据某一标准进行界断和安排，是对学生施加系统的学校教育影响的场所❶"。

在学校环境中，班级相比较于寝室这样的小集体是正式组织，一个普通的、比较成熟的班级，具体表现如下。

第一，现任班主任具有较高权威，通常学生对现任班主任的工作比较满意。班主任是一位拥有多年教学和班级管理经验的老师，管理班级收放自如，学生也能听其劝导与教育。

第二，班级组织结构相对稳定，班级有自己的班干队伍，各项活动的开展基本可以自理，班主任交给班委负责人后，活动基本都可以有序进行。班委成员都有一定的号召力和组织能力，在班级事务处理方面能与班主任密切配合。

第三，班级内部大多数学生的集体荣誉感较强，对于学校举办的活动都能积极参与，并为班争光。班级里学生之间的关系基本稳定，对班级也有一定的感情，对班级热爱，在班级文化建设月里，很多学生为班级活动献计献策；面对不理想的比赛成绩，大家的情绪都很低落等，这些都能彰显班级学生的集体荣誉感较强和对班级的热爱程度。

第四，班级中也存在部分争吵与暂时的感情不和问题，在此期间，在班干部首先调解不成功之下，转由班主任处理，这样的情况在一般的班级中是存在的。

五、效果反馈

综上所述，班集体在高职生的人际交往网中是一个基本的单位。班主任在班级中的作用是肯定的，班主任对待班级态度积极，班级状态呈现稳

---

❶ 高丽娟. 班级非正式群体的社会学分析［J］. 石河子大学，2015(6).

定状态，若班主任对待班级态度一般甚至消极，班级状态一般较为紊乱，班级干部不作为或者起不到任何作用，由此可见班级环境中有一位认真负责且有足够经验的班主任是比较重要的。无论是从宿舍或班级作为常高艺关注学生人际关系的切入点，班主任在这两个方面都扮演着重要角色。

六、案例反思

关注在校学生的人际关系，关爱学生的成长，从班级、宿舍以及学生所在的家庭入手，了解每一位学生的心理状态，培养他们的人际关系，从中调解矛盾，让学生在高职校的学习生活中学会和谐地与人相处，遇到困难时正确疏导学生，成为德育工作者的每日必修课，效果也有目共睹。

高职校学生年轻充满活力，他们处于一种希望被理解、渴求交往的心理状态。良好的人际关系和交往能力不论是在校园还是将来走到社会都是学生自身成长和未来事业发展的必备条件，因此，如何正确认识和处理人际交往中存在的问题具有极其重要的意义。高职校学生应针对自己在人际交往中存在的问题，结合自己的性格特征，以健康向上的态度和积极的行为处理人际关系，构建校园和谐的人际关系。

参考文献

一、著作教材类

［1］王少安，周玉清. 大爱精神与大学文化建设［M］. 北京：人民出版社，2008.

［2］［古希腊］亚里士多德. 尼各马科伦理学［M］. 苗力田，译. 北京：中国社会科学出版社，1990.

［3］［美］杜威. 民主主义与教育［M］. 王承绪，译. 北京：人民教育出版社，2001.

［4］［美］弗洛姆. 弗洛姆文集［M］. 冯川，等，译. 北京：改革出版社，1997.

［5］孟万金. 积极心理健康教育［M］. 北京：中国轻工业出版社. 2008.

［6］［西］奥尔特加·加塞特. 徐小洲，陈军，译. 大学的使命［M］. 杭州：浙江教育出版社，2001.

［7］体育词典编辑委员会. 体育词典［M］. 上海：辞书出版社，1984.

二、期刊论文类

［1］苗元江，余嘉元. 积极心理学：理念与行动［J］. 南京师大学报（社会科学版），2003（2）.

［2］崔景贵. 育人为本：我国职业教育创新变革的基本策略［J］. 教育与职业，2007（30）.

［3］齐佳. 幸福文化视域下高校校园文化建设探析［J］. 教育与教学研究，2012（7）.

［4］黄雪萍. 如何构建个性化的学校文化［J］. 广西农业机械化，2011（3）.

[5] 钟涛，将国庆. 浅谈大学生志愿服务活动与爱心校园文化构建［J］. 青春岁月，2014（2）.

[6] 李伟胜. 衡量学生成长状况提升班级生活质量——解读"新基础教育"班级评价方案［J］. 中小学管理，2004（6）.

[7] 张惠君. 浅谈班级文化建设［J］. 学周刊 B 版，2014（12）.

[8] 陈桂兰. 论高校学生管理制度的建设与创新［J］. 学周刊 B 版，2014（12）.

[9] 茹鲜古丽. 关于伊宁卫生学校学生手机使用情况的调查报告［J］. 考试周刊，2010（29）.

[10] 陈矫. 积极心理学视野下大学生幸福感教育［J］. 经济研究导刊，2010（1）.

[11] 吴发科. 培育积极心理 建设幸福校园［J］. 现代教育论丛，2011（3）.

[12] 陈筱梅. 创建幸福校园 师生快乐成长［J］. 北京教育，2015（1）.

[13] 潘静. 学生餐厅细部人性化设计［J］. 城市建设理论研究（电子版），2011（31）.

[14] 何清. 如何让品牌名称一字千金——让学生认识品牌命名的重要性［J］. 营销策略，2012（11）.

[15] 姚慧. 权变理论视角下对地方教育科研管理的思考——以课题管理为例［J］. 江苏教育研究，2013（32）.

[16] 朱志强. 马斯洛的需要层次理论述评［J］. 武汉大学学报（社会科学版），1989（2）.

[17] 周济. 加强班主任队伍建设——周济部长在 2008 年全国万名班主任培训开班典礼上的讲话［J］. 班主任之友，2009（1）.

[18] 陈生树. 唱响班主任队伍建设三部曲："聘－用－训"［J］. 中小学教师培训，2008（4）.

[19] 杭国金. 谈职校生心理和谐的重建［J］. 现代教学，2016（10）.

[20] 步秋艳，王秦俊. 数十年来高校辅导员队伍建设研究综述［J］. 思想政治教育研究，2013（6）.

[21] 漆小萍. 构建以发展为核心的学生教育管理新模式［J］. 学校党建与思想教育，2006（4）.

[22] 陈紫天. 中国近代高校教育管理思想撷英［J］. 河北师范大学学报（教育科学版），1999（4）.

[23] 祖鹏，邓梅. 创业环境对高职学生创业意愿的影响研究［J］. 职教通讯，2012

(36).

[24] 刘思. 高职院校大学生创业教育现状调查及对策［J］. 天津商务职业学院学报，2014（2）.

[25] 吕际云. 以生为本理念下高职院校创业教育工作探析［J］. 中国科教创新导刊，2013（31）.

[26] 段晓芳. 新形势下对大学生创业问题的分析与思考［J］. 文教资料，2013（33）.

[27] 岳瑞凤. 谈创业教育视角下的高校专业社团建设［J］. 河南科技学院学报，2011（5）.

[28] 朱鸿飞. 不断改革构建具有特色的创新创业教育体系——黄淮学院创新创业教育力推学校转型提升［J］. 决策探索（下半月），2013（5）.

[29] 郭晓梦. 关于提高大学生就业能力的案例分析与思考［J］. 济南职业学院学报，2012（5）.

[30] 杨利民. 高职学生学习心理特点分析及教育策略［J］. 宿州学院院报，2005（3）.

[31] 孙永波. 对高职生学习、发展与心理健康问题的思考［J］. 中国校外教育（下旬刊），2014（11）.

[32] 李巫熙. 试论高职院校心理健康教育的德育功能［J］. 职业教育，2007（3）.

[33] 彭海林. 高职院校德育与心理健康教育的问题探究［J］. 边疆经济与文化，2008（4）.

[34] 米兰. 论高职德育与心理健康教育的整合［J］. 中国科教创新导刊，2010（13）.

[35] 胡建. 林雁双. 浅谈大学生的生理特点与青春期教育［J］. 中国林业教育，2004（11）.

[36] 叶显芳. 高职院校学生健康素养形成之探索［J］. 高教论坛，2013（4）.

[37] 王占坤. 毅行运动研究［J］. 体育文化导刊，2015（1）.

[38] 王晓燕. 大学生心理问题产生的原因探析［J］. 全国高校心理健康教育与心理咨询学术交流会，2004.

[39] 李海萍. 高职高专学生心理问题的现状及对策［J］. 中国工业年鉴，2014（1）.

[40] 王卓敏. 浅谈大学生人际交往能力的培养［J］. 品牌（下半月），2014（11）.

[41] 李辉山，包福存，何蓉. 家庭环境对"90后"大学生人际关系适应的影响研

究——以兰州六所高校的调查数据为例 [J]. 兰州交通大学学报, 2012 (31).

[42] 高玉宇. 优化宿舍管理促进大学生心理健康 [J]. 浙江万里学院学报, 2003 (8).

[43] 高丽娟. 班级非正式群体的社会学分析 [J]. 石河子大学学报, 2015 (6).

[44] 崔景贵. 90后职校生心理发展的特征与多维评价 [J]. 中国职业技术教育, 2009 (6).

[45] 崔景贵. 职校生心理发展与职业学校心理教育 [J]. 职业技术教育, 2004 (31).

[46] 崔景贵. 积极职业教育范式的基本理念与建构策略 [J]. 教育研究, 2015 (6).

[47] 翟帆. 职业学校里"问题学生"的误读 [J]. 中国教育新闻网——中国教育报, 2015 – 06 – 25.

[48] 翟帆. 走进95后职校生的心理世界 (下) ——追寻积极, 为职校学生幸福人生奠基 [J]. 中国教育报, 2015 – 07 – 02.

[49] 陈浩彬. 幸福与幸福的教育 [J]. 教育理论与实践, 2012 (7).

[50] 吴建斌. 幸福教育: 高职生积极人格培养策略 [J]. 黑龙江高教研究, 2013 (6).

[51] 张立. 大学生幸福感教育的积极心理学解析 [J]. 社会科学论坛, 2009 (5).

[52] 陈辉, 黄高贵. 高职学生主观幸福感自我心态图及自我效能感的相关性研究 [J]. 职业, 2011 (32).

[53] 于家杰. 高职学生主观幸福感与自我效能感关系的研究意义 [J]. 延安职业技术学院学报, 2012 (2).

[54] 吴玉国. 让每一所学校进步让每一个班级幸福 [J]. 华人时刊, 2013 (5).

[55] 张成. 聘高职优秀学生任助理班主任的思索与实践 [J]. 科技信息, 2013.

[56] 白书锋, 蒋丽芬. 尤建国助理班主任制度在高职思想政治教育中的探索与实践 [J]. 价值工程, 2010 (34).

[57] 杨仕勇. 高校班主任助理工作的实践与探索 [J]. 安徽技术师范学院学报, 2004 (4).

[58] 李成革, 王争辉, 胡静. 高职院校助理班主任制度运行中的问题与完善 [J]. 教育与职业, 2011 (26).

[59] 吴佳蕾. 基于积极心理学理论的大学新生心理健康教育研究 [D]. 大连理工大学, 2011.

[60] 李鹏. 我国高校辅导员队伍专业化职业化建设研究 [D]. 中国矿业大学 (北

京），2015.

[61] 王雨霏. 西安市高职院校学生体质健康现状对策及研究［D］. 陕西师范大学，2009.

[62] 王二伟. 上海市部分高校运动会开展现状与发展研究［D］. 华东师范大学，2010.

[63] 孙晓冰. 开展中学网络德育的必要性与可行性分析［D］. 东北师范大学，2003.

[64] 张静. 网络环境下的高职院校学生德育工作研究［D］. 西北农林科技大学，2008.

后　记

　　《职校生心理和谐与幸福教育策略》是常州艺术高等职业学校（江苏联合职业技术学院常州艺术分院，简称"常高艺"）主持的江苏高校哲学社会科学研究项目（指导）思政专项课题《高职院校学生心理和谐与校园文化建设的研究》（课题批准号：2015SJD339）深入开展行动研究的一项成果展示，也是该校德育工作不断取得进步和提升的阶段性回顾与总结。同时，该教育策略也是立足当前艺术特色人才培养，面向职业学校德育未来发展的目标与努力方向。

　　本专著从2016年7月开始着手编写，经过提纲制订、资料收集、文稿撰写、统稿修改、校对付印等多个环节，历时18个月。本专著共分8个篇章，46节，每个章节以理论和若干实践案例相结合，总字数20余万字。专著的第一章由杭国金负责，第二章由马岚、王志勇、宰湘婷负责，第三章由齐放、季红霞、周婧、黄琴负责，第四章由夏成晨负责，第五章由邓照春负责，第六章由罗业尧、戴静负责，第七章由熊伟忠、夏慧琳负责，第八章由蒋梦超、陈心怿负责，部分章节在负责同志牵头下吸纳了少数三星级以上班主任参与协作，共同完成。并由杭国金、马岚、季红霞三位同志进行了四轮修改统稿，最后由高慰、杭国金两位同志负责总统稿。

　　在编写过程中，江苏理工学院崔景贵教授给予了真诚并专业的指导，一些兄弟院校的领导和老师分享了相关数据和成果，出版社的专家和老师为本书的顺利出版贡献了智慧和汗水，孔庆霞、戴润润、汤亚琴等老师在校对、排版等方面付出了辛勤的劳动，在此一并感谢！

由于编著者水平有限，编写时间仓促，缺点和错误肯定不少，衷心期待职教界的专家、同人以及各位读者批评指正！我们一定以此为契机，进一步潜心职业教育、追求幸福教育，为师生的健康、幸福、成长继续努力。

编著者

2018 年 1 月